죽은 이후에도 삶은 계속된다

사후생을 증명하는
다섯가지 근거

죽은 이후에도
삶은 계속된다

사후생을 증명하는
다섯가지 근거

최준식 지음

목차

시작하면서 ··· 8
사후생을 긍정하는 다섯 가지 근거 ··· 14

첫 번째 근거
근사체험 20

근사체험이란 무엇인가? ··· 25

드디어 사후 세계의 빗장이 열리다. ··· 31
- 근사체험에 대한 학술적 연구의 시작

근사체험 연구의 창시자, 레이몬드 무디
근사체험을 최초로 학술적으로 연구한 케니스 링
근사체험의 강력한 주창자, 죽음학의 대모 엘리자베스 퀴블러 로스
의학지에 최초로 근사체험 연구 논문을 게재한 핌 밤 롬멜
자신의 근사체험을 베스트셀러로 만든 의사, 이븐 알렉산더

근사체험의 단계 ··· 51

제 1 단계: 체외이탈(Out-of-Body-Experience, OBE) 체험 ··· 52
제 2 단계: 터널 통과 체험 ··· 66
제 3 단계: 빛의 존재와의 만남 ··· 73
말할 수 없이 아름다운 영혼의 세계 ǀ 빛의 존재와 같이 하는 '삶의 회고' ǀ 무조건적인 사랑 체험하기 ǀ 사랑과 함께 배움도 ǀ '빛'의 정체는? ǀ 종교와는 무관한 빛의 존재
제 4 단계: 장벽 앞에 서기 ··· 97
제 5 단계: 귀환 ··· 99

두 번째 근거
임종침상 비전(Death Bed Vision) 108

임종침상 비전이란 무엇인가 ··· 111
임종침상 비전에 대한 연구와 회의론 ··· 122
사례 ··· 127

세 번째 근거

사후통신(After-Death Communication) 142

사후통신이란 무엇인가 ··· 149
사후통신 연구의 선구자: 빌 구겐하임 ··· 151
다양한 방법으로 나타나는 사후통신 ··· 155
- 사후통신이 나타나는 여덟 가지 방법에 대해
1. 임재함 느끼기 ｜ 2. 청각적인 사후통신 ｜ 3. 촉각적 사후통신 ｜ 4. 후각적 사후통신 ｜ 5. 시각적 사후통신 ｜ 6. 선잠 혹은 꿈속 사후통신 ｜ 7. 전화 사후통신 ｜ 8. 물질적 사후통신 ｜ 9. 기타 가외의 체험에 대해

네 번째 근거

영매(Medium) 연구 210

간략하게 본 영매 연구사 ··· 214
게리 슈워츠는 왜 영매 연구를 시작했을까? ··· 218
게리 슈워츠의 실험은 어떻게 진행됐을까? ··· 225
영매들 이야기 ··· 237
영매 에드워드 이야기 ｜ 그 외 다른 영매 이야기—치코 자비에르 ｜ 사후세계를 묘사한 최고의 영화--"Astral City" ｜ 영화 아스트랄 시티의 내용은?

다섯 번째 근거
환생 연구 264
- 어린아이를 대상으로 한 이안 스티븐슨의 연구를 중심으로

20세기에 서양에서 갑자기 나타난 환생 연구 ··· 272
느닷없이 20세기 중엽에 서양에서 각광받은 환생론 - 에드거 케이시의 경우
환생을 옹호한 대표적인 서양 의사 - 브라이언 와이스

인간의 환생을 처음으로 학술적으로 연구한 이안 스티븐슨 287
인간의 환생 연구에서 독보적인 이안 스티븐슨 교수
이안 스티븐슨은 누구?
스티븐슨은 왜 어린아이를 주된 연구 대상으로 삼았을까?
정식의 사례로 등재되는 과정은?
사례 1—전생을 기억하는 아이들
사례 2—전생의 언어를 말하는 사람들
사례 3—모반과 선천적 결함

책을 마치며 ··· 338
부록 ··· 342
"인간 의식의 사후 존속에 관한 서울 선언 (2025)"

시작하면서

나는 지난 2025년 4월 19일 "인간 의식의 사후 존속에 관한 서울 선언"이라는 제목의 선언문을 발표하는 자리를 가졌다. 선언문은 내가 이끌고 있는 '한국죽음학회'와 영국 옥스퍼드 대학의 지영해 교수가 운영하고 있는 'Oxford Humans Korea'가 협업해서 작성했다. 이 선언문에서 우리는 인간이 죽으면 육신은 소멸하지만, 의식은 사라지지 않는다는 것을 명백하게 밝혔다. 이 같은 선언을 한 이유는 인간이 죽은 뒤에도 의식이 존속한다는 사실이 한국 사회에 잘 수용되지 않았기 때문이었다.

국내에는 잘 알려지지 않았지만 사후생에 대한 연구는 서양 학계에서 상상 이상으로 활발하게 진행되어 많은 성과가 다년간 쌓였다. 이러한 연구에 힘입어 이제 서양 사회에는 주류의 연구자들이 공공연하게 "인간 영혼의 불멸설"을 주장할 수 있는 분위기가 형성되었다. 그러던 차에 이 분야의 연구를 선도하고 있는 학자들이 2015년에 미국 애리조나주의 투손(Tucson)이라는 도시에 모여 인간의 의식(영혼)이 사후에도 존속한다는 내용의 선언문을 발표했다. 이 선언에는 세계적으로 저명한 교수나 연구자들이 대거 참여해서 서명했다. 그 가운데에는 국내에도 꽤 알려진 래리 도시를 비롯해 이 책에서 소개하고 있는 이븐 알렉산더나 핌 밤 롬멜, 피터 펜윅 같은 대가들이 포함되었다.

이 선언문의 요지는, 인간의 의식은 뇌에 국한되지 않기 때문에 뇌가 기능하지 않아도 존속한다는 것이다. 전문적인 용어로는 의식의 비국소성(非局所性, nonlocality)을 주장한 것인데 이것은 기존에 많은 사람들이 신봉하던 물질주의적인 세계관을 정면에서 부정한 것이다. 현대인들은 유물주의적인 과학의 영향으로 인간의 의식은 뇌에서 일어나는 신경생리학적 혹은 화학적 반응의 부산물에 불과하다고 여기는 경향이 강하다. 그 생각의 연장선상에서 그들은 인간이 죽으면 의식 역시 자연히 소멸된다는 주장을 사실로 받아들였다. 쉽게 말해 인간이 죽으면 아무것도 남지 않는다는 것인데 그렇게 되니 지금 살고 있는 이 생만이 유일한 것이 되었다.

투손의 선언은 이 주장을 철저하게 반박했다. 인간의 의식은 사후에도 계속해서 기능한다는 이른바 "의식(혹은 영혼) 불멸설"을 주장한 것이다. 이들은 이 같은 주장을 뒷받침하기 위해 다섯 가지의 유력한 근거를 제시했다. 이것은 이 주제와 관련해서 지금까지 연구되어 온 것을 정리한 것인데 이는 (1) 근사체험, (2) 임종침상 비전, (3) 사후통신, (4) 영매(medium)를 활용한 실험실 연구, 그리고 (5) 어린이의 환생 체험 연구를 말한다.

필자는 이 선언문에 자극받아 지영해 교수에게 한국에서도 이와 비슷하지만 한 단계 버전업한 선언문을 만들자고 제안해서 수개월의 작업 끝에 이 선언문을 완성한 것이다. 우리가 이 작업을 하게 된 직접적인 이유는 한국인들이 현세주의적인 경향이 강한 가치관을 지닌 것과 연계된다. 일반적으로 한국인은 인간은 한 생만 살 뿐이라고 생각해 내세를 부정하는 경향이 강하다. 이러한 세계관 때문에 한국인들은 많은 곤란을 겪는데, 그중에 대표적인 것이 인생 말년에 무의미한 연명 치료에 매달리는 것이다. 한국인들은 다시는 건강을 되찾을 수 없는 말기질환의 상태가 됐을 때 아무 효과도 없는 연명 치료에 매달리는 경우가 허다하다.

독자들의 이해를 돕기 위해 예를 들어보자. 어떤 사람이 췌장암 말기라는 진단을 받았다. 이때는 어떤 치료를 해도 그의 건강을 되찾을 수 없다. 이런 상태를 전문적인 용어로 '비가역적인' 상태라고 표현한다. 건강한 상태로 되돌아갈 수 없다는 의미에서 비가역이라고 하는 것이다. 이럴 때는 어떤 치료도 소용없다. 아무리 좋은 약을 써도 병을 고치기는커녕 호전도 못 시킨다.

사정이 이런데도 많은 한국인들은 삶은 이번 생밖에 없다고 생각한 나머지 강한 항암 치료에 돌입한다. 죽으면 아무것도 없으니 어떻게 해서든 이번 생에 살아남아야 한다는, 혹은 이번 생의 잔여기간을 조금이라도 늘려보려고 하는 것이다. 그러나 결과는 뻔하다. 우선 환자 본인이 강한 항암 치료에서 오는 여러 가지 부작용 때문에 엄청난 고통을 겪는다. 그뿐만이 아니다. 치료에만 진력한 나머지 자신의 임종을 차분하게 준비하지 못하고 속절없이 세상을 떠나고 만다. 그동안 힘들게 살아온 인생을 제대로 정리하지 못하고 황망하게 생을 마치는 것이다. 비극은 예서 그치지 않는다. 그를 간호하는 가족들 역시 온갖 수고를 다 해 환자를 수발하다 기진맥진해지고 경제적으로도 큰 손실을 본다.

이 같은 참상은 우리가 사후생을 인정하면 얼마든지 피할 수 있다. 죽은 뒤에도 우리의 의식이 존속한다는 사실을 받아들인다면 이렇게 무리하게 이번 생에 매달릴 필요가 없다. 대신 필요 없는 치료를 거부하고 이번 생을 정리하면서 사후생에 대한 기대를 갖고 평화롭게 생을 마칠 수 있을 것이다.

이 같은 생각을 하고 선언문을 발표했는데 선언식을 하고 난 다음에 내 뇌리에는 무엇인가 미진하다는 생각이 맴돌았다. 일을 마치지 못했다는 잔념(殘念)을 지울 길이 없었던 것이다. 나는 그 미진한 게 무엇인지 곰곰이 생각해 보았다. 이 선언문에서 우리는 사후생이 존재한다는 근거를 앞에서 본 것처럼 다섯 가지로 함축해서 소개했다. 선언문은 간명하게 만들어야 하니 이것은 어쩔 수 없는 일이다. 그런데 이렇게 다섯 가지 근거를 간단하게 소개하는 것으로는 일반 독자들이 자세한 내용을 알 수 없을 것이라는 생각이 강하게 들었다. 그런 생각 끝에 나는 이 선언문을 구체적으로 설명하는 교재, 즉 주석서 같은 것이 필요하겠다는 안이 떠올랐다. 그래야 독자들이 내용을 더 구체적으로 알 수 있을 것이고 사후생에 대한 믿음도 확실하게 갖게 될 것이라는 생각이 든 것이다. 이 책은 바로 그 같은 의도 아래 쓰인 것이다.

이 책을 읽어보면 여러분들은 이 주제에 대해 서구에서 최고의 학자들이 얼마나 많은 연구를 거듭했는지 알 수 있을 것이다. 여기서 소개하는 내용도 전체 연구에 비하면 소량에 불과하지만 그 연구 가운데 진액(津液)만 뽑아서 정리했기 때문에 전체 연구를 접하는 것과 다르지 않을 것이다. 사후생의 존재에 대한 근거를 이 정도로 제시했다면 이 설명을 접한 사람들은 '인간은 이 생을 마친 뒤에도 계속 잔존한다'라는 사실을 받아들일 수 있지 않을까 싶다. 부디 사후생과 영혼의 존재에 대해 진정으로 관심 있는 이들에게 이 책이 작은 등불이 되었으면 하는 작은 바람을 갖고 서문을 마친다.

사후생을 긍정하는
다섯 가지 근거

이제부터 우리는 본격적으로 사후생의 존재를 긍정하는 5가지 근거에 대해 볼 것이다. 이 다섯 가지 근거는 앞에서 언급한 대로 다음과 같다.

(1) 근사체험 (Near-Death Experience, NDE)
(2) 임종침상 비전 (Death Bed Vision)
(3) 사후통신 (After-Death Communication, ADC)
(4) 영매(靈媒, medium)를 이용한 실험실 연구
(5) 어린이들의 환생 체험 연구

사후생이 존재한다는 것을 긍정하는 근거는 이것 외에도 많이 있다. 예를 들어, 종교부터가 그렇다. 사후생을 부정하는 종교는 없다. 세계 3대 종교라 할 수 있는 그리스도교와 이슬람교, 그리고 불교(힌두교)는 모두 사후생을 적극적으로 긍정하고 있다. 우리는 이 종교들의 교리에서 사후생을 긍정하는 많은

증거를 찾을 수 있다. 그런데 문제는 이 종교들이 말하는 사후생 이야기는 믿음의 차원에 그치는 경향이 강해 객관적인 사실로 인정하기가 어렵다는 데에 있다. 특히 이들 종교에서 말하는 천국과 지옥 이야기는 감정적으로 편향되어 있어 객관적인 것과는 거리가 먼 것처럼 보인다(그렇다고 전적으로 틀렸다는 것은 아니다!).

또 사람을 최면해서 그를 영혼의 세계나 전생으로 보이는 때로 되돌리는 많은 실험이 있었다. 예를 들어 어떤 미국인을 역행 최면했더니 전생에 이집트 사람으로 살았던 기억이 되살아났다는 것이 그것이다. 그동안 많은 사람들이 이런 시도를 했는데 이 책에서는 그 중의 한 사람을 소개했다. 저명한 정신과 의사인 브라이언 와이스인데 그는 정신과 의사답지 않게 역행 최면을 이용해 내담자들의 수많은 전생을 밝혀냈다. 그런데 이 방법은 매우 매력적임에도 불구하고 최면의 결과를 검증할 수 없다는 치명적인 약점을 가지고 있다. 앞에서 든 이 사례에서 피최면인이 전생에 이집트인이었다는 사실은 검증할 방법이 없다. 이 때문에 우리는 이 방법도 우리의 논의에서 제외할 수밖에 없었다.

이런 방법에 비해 앞에서 예시한 다섯 가지 근거는 상당한 수준의 객관성을 갖고 있을 뿐만 아니라 검증도 가능한 것들이다. 이때 말하는 검증은 딱딱한 과학적인(hard scientific) 검증이 아니라 경험적으로(experientially) 검증할 수 있다는 것을 뜻한다. 이 다섯 가지 근거 가운데 이 책에서 첫 번째로 잡은 것은 근사(임사)체험이다. 이 체험을 처음으로 소개하는 이유는 이 사례가 사후생의 존재에 대해 가장 유력한 근거를 제시하기 때문이다. 근사체험자들이 의학적으로 죽음을 선고받은 뒤 겪은 체험은 인간의 의식이 사후에도 존속한다는 것을 방증해주는 확고한 근거를 제시한다. 이 근사체험에 대한 설명을 읽어보면 여러분들은 이것 하나만 가지고도 사후생의 존재를 충분히 증명할 수 있을 것이라는 생각이 들 것이다.

그다음으로 나오는 임종침상 비전은 죽음을 코앞에 둔 사람이 고인의 영혼을 만나는 사건을 말한다. 이때 당사자는 이전에는 보이지 않던 친지의 영혼이 나타나 그와 대화를 나누게 되는데 이 체험이 너무나 생생하기 때문에 영혼이 실재한다는 사실을 절감하게 된다. 그런데 많은 사람들이 이 같은 사건을 체험했음에도 불구하고 본인이나 주변 사람들이 제대로 알아채지 못해 파묻히는 경우가 많았다. 그러나 이 체험은 인류의 전 역사를 걸쳐 수없이 보고되었고 지금도 전 지구적으로 일어나는 보편적인 현상이다. 따라서 이 체험도 먼저 타계한 친지가 영혼의 형태로 존재한다는 것을 명확하게 보여주는 사례라고 하겠다.

이 같은 사정은 그다음 근거로 제시되는 사후통신도 마찬가지다. 우리는 우리가 생각하는 것보다 훨씬 자주 고인의 영혼으로부터 소식을 받게 되는데 그것을 감지하지 못하는 경우가 태반이다. 고인의 영혼이 우리에게 소식을 전하는 가장 일반적인 방법은 꿈에 나타나서 일정한 정보를 주는 것이다. 이 방법 외에도 생각하지 못한 다양한 방법으로 고인들이 우리에게 소식을 전하는데 이 장에서 이 방법들에 대해 상세하게 논의할 것이다.

다음 항목인 영매를 통한 연구는 앞의 것들과 성격이 조금 다르다. 이 연구는 인간의 영혼과 대화할 수 있는 특수한 능력을 가진 영매를 통해서 하는 실험이기 때문이다. 만일 영매가 자신이 접촉한 영혼으로부터 자신은 전혀 알 수 없는 정보를 얻어내어 그것이 그 영혼의 가족에게 사실로 인정받는다면 이것은 영혼이 실재한다는 유력한 증거가 될 수 있다. 이 작업을 위해 연구자들은 매우 통제가 잘 된 실험실을 고안하여 객관적인 방법으로 실험을 진행해 유의미한 결과를 얻어냈다. 이 같은 과정을 거쳐 연구자들은 영매가 접촉하는 영혼들이 실제로 존재한다는 사실을 밝혀낼 수 있었다.

마지막으로 볼 주제는 이안 스티븐슨 교수가 행한 환생 연구이다. 지금까지 있었던 많은 환생 연구에서 스티븐슨의 연구를 꼬집어서 선택한 이유는 그의 연구가 다른 환생 연구와는 달리 검증을 거친 것이기 때문이다. 스티븐슨은 꼼꼼한 학자답게 검증 작업을 대단히 중시했다. 검증을 위해 스티븐슨은 주로 어린아이를 대상으로 연구했다. 이 아이들은 자신들이 불과 수년, 혹은 수십 년 전에 다른 인격으로 인근 마을에서 살다가 죽었다고 주장했는데 그 때문에 이들의 주장은 충분히 검증할 수 있었다. 그가 전생의 가족으로 지목한 사람들이 그 마을에 여전히 살고 있어 그곳에 가서 그의 주장을 확인할 수 있었기 때문이다. 스티븐슨은 매우 정밀한 조사를 선호한 학자로 이름 높은데 그의 연구 태도를 접해 본 사람이라면 그의 주장을 수용하지 않을 수 없을 것이다.

이 다섯 가지 주제는 하나하나가 매우 흥미로운데 이 가운데 하나만 가지고도 사후생의 존재를 증명하는 데 문제가 없을 정도다. 그런데 그런 항목이 다섯 가지나 있으니 이 근거들을 다 읽은 사람은 사후생을 부정할 수 없으리라는 생각이 든다. 그러나 그것은 독자들이 읽어보고 판단할 일이이고 나는 이 가운데 가장 '핫이슈'인 근사체험으로 이 작업을 시작할 것이다.

1
첫 번째 근거

근사체험

    1975년 인류는 인간 죽음의 연구, 그중에서도 사후생의 연구에 획기적인 전환점을 맞이한다. 이 해는 레이몬드 무디(Jr.)라는 미국 학자가 『Life After Life』라는 책을 펴낸 해이다. 이 책은 근사체험이라는 주제를 가지고 전 인류사를 통틀어서 처음으로 사후생에 대해 학술적인 접근을 한 책이라고 할 수 있다. 이 책이 출간되면서 사람들은 그동안 종교의 영역에만 머물러 있었던 사후생의 존재를 공공연히 말할 수 있게 되었다. 이 이전에는 종교를 믿는 사람들만 인간에게는 영혼이 있어 육신이 죽은 뒤에 계속해서 존속한다고 주장했다. 그러나 무디의 연구가 세상에 알려지면서 기독교나 불교 같은 종교의 교리에 의존하지 않고도 사람들은 사후생의 존재 가능성에 대해 스스럼

없이 말할 수 있게 되었다.

인간의 의식이 사후에도 존속한다는 사실을 지지하는 근거 가운데 이 근사체험은 가장 유력한 것이라고 할 수 있다. 그 이유는, 근사체험은 인간 사후의 의식(혹은 영혼) 존속설을 부정하거나 의심하는 사람들이 쉽게 무시할 수 없는 근거를 확실하게 제시하기 때문이다. 이 근거에 대해서는 곧 자세하게 설명할 것이다. 그뿐만 아니라 근사체험이 지금 언급한 무디의 연구를 필두로 그 이후에 상당히 학술적인 방법으로 연구되었다는 것도 이 체험이 인간 의식의 불멸설을 방증하고 있다고 할 수 있다. 앞에서 우리는 인간의 사후 존속설을 지지하는 다섯 가지 근거를 보았는데 그중에서 이 근사체험이 가장 학술적으로 혹은 객관적으로 연구되었다고 할 수 있다.

이것은 이 주제만을 연구하기 위해 만들어진 학회(국제근사체험학회)가 지난 40여 년 동안 지속되었다는 사실 하나만으로도 알 수 있지 않을까 싶다. 죽음학에는 많은 주제가 있는데 그 가운데 근사체험처럼 전체 죽음학에서 그다지 비중이 크지 않은 주제를 연구하는 학회가 별도로 존재한다는 것은 매우 특이한 일이다. 죽음학 교과서를 보면 근사체험에 대한 언급은 아주 미미하게 나온다. 그만큼 근사체험은 죽음학에서 작은 주제에 속한다. 그럼에도 불구하고 근사체험학회가 이렇게 오랫동안 존속해 있다는 것은 이 주제가 죽음학 영역은 물론이고 사회적으로도 상당한 영향력(impact)을 지녔다는 것을 의미할 것이다. 이런 이유로 내가 근사체험을 이 책에서 가장 먼저 다루는 것인데 이에 대해서는 독자들도 이 장을 읽어보면 동감할 것이다.

근사체험이란 무엇인가?

근사체험은 세간에서는 '임사체험'이라고 많이 불리는데 이 용어도 문제는 없다. 그러나 '근사체험'이라는 용어가 원래의 용어인 'near-death experience'를 정확하게 표현하고 있어 우리는 앞으로 근사체험으로 쓰기로 한다. 일본에서도 근사체험이라는 용어로 통일해서 쓰고 있는데 이 역시 이 용어가 더 학술적으로 보이기 때문일 것이다.

근사체험을 간단하게 정의하면, 우리가 심각한 사고나 수술 등을 당했을 때 뜻하지 않게 우리의 의식(혹은 영혼)이 우리의 몸에서 분리되어 그 상태에서 겪은 경험을 말한다. 우리가 이 경험에 대해 알 수 있는 것은 당사자가 다시 살아나서 자신이 겪었던 일을 발설하기 때문이다. 이때 당사자는 의사로부터 의학적으로 죽었다는 판명을 받는데 이런 판단이 내려지려면 적어도 환자의 호흡이나 맥박이 정지되어야 한다. 사실 정확하게 말하면 인간은 뇌파가 정지되어야 완전히 죽었다고 할 수 있다(그러나 뇌파가 정지되어도 다시 살아나온 사람이 있다!). 그런데 근사체험을 한 사람들의 경우 사고 당시에 뇌파의 상태를 알 수 있는 방법이 별로 없다. 한 예로 자동차에 치이는 사고를 당해 죽음을 맞이했을 경우 현장에는 뇌파를 측정하는 기계가 있을 수 없다. 따라서 사고가 난 당시에 당사자의 뇌파가 정확하게 어떤 상태인지 알 수 없다. 그런데 가끔 병원에서 이 같은 체험을 한 사람들의 경우 병원에 뇌파 측정기가 있어 그의 뇌파 상태를 알 수도 있다. 이들의 경우 뇌파가 작동을 멈추면 그들은 의사로부터 완전하게 죽었다는 선고를 받는다. 그런데 이렇게 죽음을 선고받은 사람 가운데에 드물게 다시 살아나 자신의 체험을 이야기하는 경우가 있다. 이들이 바로 근사체험자(near-death experiencer)이다.

이렇게 죽었다 살아나온 사람들은 얼마나 오랫동안 죽은 상태로 있었을까? 인간은 죽은 상태로 오래 있을 수 없다. 이때 그 상태가 '비가역적' 상태, 즉 삶으로 되돌아오지 못하는 상태가 되었다면 그 사람은 완전히 죽었다고 할 수 있다. 이게 대부분의 우리가 겪는 죽음이다. 이에 비해 근사체험을 한 사람은 짧은 시간 동안만 죽은 상태로 있다가 다시 삶의 상태로 돌아온 것인데 이 때문에 근사체험을 '탯줄'이 끊어지지 않은 죽음이라고 표현하는 경우도 있다. 이 탯줄을 기독교 전통에서는 '은줄(silver thread)'이라고 부르기도 하는데 그들의 주장에 따르면 우리의 육신과 영혼은 이 은줄로 연결되어 있다고 한다. 이 은줄은 이른바 생명줄인 셈이다. 이런 관점에서 보면 인간의 죽음은 이 은줄이 끊어지는 사건이라고도 할 수 있다. 그런데 근사체험자들의 경우는 일단 영혼이 육신과 분리되는 사건을 맞이했지만 무슨 연유인지 이 은줄이 끊어지지 않아 수 분 뒤에 그들의 영혼이 육신으로 돌아오게 된다. 만일 이 은줄이 끊어지면 세상의 어떤 초능력자도 은줄을 다시 연결시켜 죽은 사람을 되살릴 수 없다. 내가 가끔 하는 농담으로 이런 경우에는 예수가 아니라 예수 할아버지가 와도 죽은 사람을 다시 살릴 수 없다고 말하곤 했다. 기독교의 신약성서를 보면 예수가 죽은 나사로를 되살리는 사건이 기록되어 있는데 만일 이것이 사실이라면 나사로는 이 은줄이 끊어지지 않은 상태에 있었을 것으로 추정할 수 있다.

이런 시각에서 근사체험자들을 '저승 문턱'까지 갔다가 돌아온 사람이라고 표현하는 경우도 있다. 비유적으로 말하면, 이 사람은 저승으로 들어가는 문 앞까지는 갔는데 그 문을 열고 저승 안으로는 들어가지 않은 것이다. 만일 이 사람이 저승의 문을 열고 안으로 들어갔다면 그는 다시는 이승으로 돌아오지 못한다. 이것은 은줄이 끊긴 것과 똑같은 경우라고 할 수 있다. 뒤에서 다시 거론하겠지만 이런 사람 가운데 어떤 사람은 자신이 강 앞에 서 있다는 표현을 하기도 한다. 이 강은 저승과 이승을 가르는 강으로서 이 강을 건너면 확실하게 저승으로 진입하게 된다. 그런데 강 건너에는 이미 작고한 친지나 지인이 있는 경우가 있다. 그때 그가 말하길 '당신은 아직 이곳으로 올 때가 아니다'라고 한다면 그것은 당사자가 아직 죽을 때가 아니라는 것을 의미하는 것이다. 그럴 때 본인은 바로 돌아서서 육신을 향해 지상으로 돌아오게 된다. 그리곤 곧 자신이 되살아났다는 것을 알게 된다.

사정이 어떻든 근사체험자들은 육신을 떠나 영혼의 상태에 잠깐 머물게 되는데 이 기간이 근사체험자마다 다르다. 그러나 학자들이 평균을 내보니 근사체험자들은 5분에서 15분 정도 체외이탈 상태로 있다고 한다. 그러니까 수 분 동안만 당사자의 의식이 육신과 분리되었다가 돌아온 것이다. 그리고 다시 살아나서 그 시간 동안 자신이 겪었던 일을 말하면 그게 근사체험이 되는 것이다. 그런데 여기에 이해 불가한 일이 있다. 우리의 뇌는 수 분(약 3분에서 5분)만이라도 산소 공급이 되지 않으면 세포가 죽기 시작한다고 한다. 그리고 뇌세포는 한 번 죽으면 재생이 안 되니 이 같은 손상은 치명적인 것이다. 그런데 근사체험자들은 이 시간보다 더 긴 시간 동안 뇌가 죽어 있었는데도, 다시 말해 산소 공급이 되지 않았는데도 그들이 다시 살아났을 때 뇌가 전혀 손상되지 않은 상태였다고 하니 기이한 것이다.

이 죽어 있는 기간과 관련해 재미있는 일이 있어 한 번 소개해 볼까 한다. 이 기간이 사람에 따라 아주 긴 사례가 있어 우리의 흥미를 자아낸다. 이것은 이란에서 실제로 있었던 일로 어떤 남자가 사형 선고를 받고 교수형을 당했다. 형이 끝난 다음에 절차에 따라 이 사형수는 확실하게 죽었다는 검증을 받았을 것이다. 그런데 어찌 된 일인지 그다음 날 시신 안치소에 있던 이 사형수가 살아났다. 그러니까 이 사람은 하루 동안이나 죽은 상태로 있다가 다시 살아난 것이다. 이렇게 되면 이 사람은 그의 영혼이 하루 동안이나 몸을 떠나 있었던 것이 된다. 이런 경우는 아주 희귀한데 의사들도 이 사건을 설명할 수 없었다고 한다. 그런데 여담이지만 이런 경우가 생기면 선진국에서는 그 사형수를 살려준다고 한다. 두 번이나 사형을 집행하는 것은 비인간적이기 때문이다. 그런데 이란 정부는 율법에 충실하려고 했던지 그를 다시 죽였다고 한다. 아무리 이해하려고 해도 이것은 너무 매정한 처사가 아닌가 한다.

이와 관련해 또 재미있는 이야기가 있다. 과거 유럽에서는 무덤에 종을 설치하는 경우가 있었다고 한다. 이 종은 관 안으로 연결되어 있는데 이 종을 설치한 이유가 가관이다. 혹시 당사자가 살아나면 혼자의 힘으로는 관에서 나올 방법이 없으니까 종을 치라는 것이다. 그렇게 함으로써 사람들에게 자신이 살았다는 것을 알리는 것이다. 이 같은 관습이 있었다는 것은 당시 유럽에도 죽은 사람이 살아나오는 사례가 있었다는 것을 방증하는 것 아닐까 한다. 그런데 실제로 죽은 사람이 다시 살아나 종을 쳤다는 이야기는 들어보지 못했으니 그저 풍습의 차원에서 이렇게 했을 것이라는 생각도 든다.

드디어 사후 세계의 빗장이 열리다

- 근사체험에 대한 학술적 연구의 시작

1970년대에 들어와 인류에게는 사후생 연구에 큰 전기가 찾아온다. 사후생의 존재를 긍정하는 근사체험에 대한 학술적인 연구가 시작된 것이다. 지난 1~2세기 동안 인류는 유물론적인 과학주의(scientism)에 빠져 인간의 의식은 대뇌 안에서 일어나는 신경생리학적인 작용에 불과하다고 믿는 경향이 강했다. 우리의 의식은 뇌에서 일어나는 화학적인 반응에서 비롯된다는 것인데 이 때문에 사람들은 자신이 죽으면 의식은 자동으로 사라진다고 생각했다. 나 자신이 완전하게 소멸되는 것이다. 이렇게 되면 의식의 동의어라고 할 수 있는 인간의 영혼도 있을 자리가 없다. 의식은 그나마 몸이 있을 때는 존재하다가 죽은 다음에 사라지지만 영혼은 아예 처음부터 존재하지 않는 것으로 여겨졌다.

이런 물질주의적인 생각을 따르게 되면 인간은 죽으면 아무

것도 남지 않는 존재가 된다. 다시 말해 육신이 멸하면 나에 관한 모든 것이 사라진다는 것이다. 이것은 매우 허무한 견해이지만 많은 사람들은 그런 것에 개의하지 않고 이 같은 단생론(單生論)을 진리로 숭배했다. 심지어 이른바 지식분자들 사이에서는 사후생이나 영혼을 부정해야 지식인처럼 여겨지는 이해하기 힘든 풍조마저 있었다. 그런 풍조에 편승해 사후생이나 영혼과 관계된 개념들을 비과학적이고 미신적인 것으로 간주해 그런 것을 믿는 사람들을 낮추어보고 경멸하는 분위기가 팽배했다.

근사체험 연구의 창시자, 레이몬드 무디

이런 분위기에 일대 반전이 일어났으니 그것은 1975년에 레이몬드 무디(Raymond Moody Jr. 이하 무디)(1944~)가 『Life After Life』라는 책을 출간한 사건에서 비롯되었다. 이 책은 앞에서도 말한 것처럼 사후생을 강력하게 긍정하는 근사체험을 연구한 최초의 책이다. 무디의 이 책은 죽었다 살아났다고 주장하는 사람들을 나름대로 과학적인 방법으로 분석한 것인데 이 책의 출간을 계기로 근사체험자들이 속속 이른바 '커밍아웃'을 하기 시작했다.

이전에는 근사체험자가 주위 사람들에게 자기가 죽었다 살아났다고 이야기하면 그를 미친 사람처럼 취급하기 때문에 체험자들은 숨죽이고 살 수밖에 없었다. 현대인들은 영혼을 부정하는 과학주의에 빠져 영혼에 관한 이야기가 나오면 그 앞뒤의 이야기는 들어보지도 않고 무조건 부정하기 때문이다. 그러다가 이 책이 세상에 나오니 체험자들은 주위의 경멸이나 무관심에 신경을 쓰지 않고 당당하게 사후생에 대해 말할 수 있게 되었다. 체험자들에게 든든한 원군이 생긴 것이다. 물론 이 같은 연구 성과가 있어도 회의론자나 부정으로 일관으로 하는 사람들은 사후생의 존재를 수긍하지 않았다. 그러나 적어도 이때부터는 이 주제에 대해 공공연하게 이야기해도 지탄받지 않는 정도는 되었다.

무디는 의사 면허증이 있지만 그는 원래 대학에서 철학을 가르치던 사람이었다. 그런데 철학을 가르치던 중 자신이 죽었다 살아난 경험이 있다고 고백한 이들을 접하고 무디는 이들의 체험에 대해 비상한 관심을 갖게 된다. 다른 사람 같으면 그냥 넘어갔을 텐데 그의 카르마는 이번 생에 이 주제를 심도 있게 파헤치는 연구자가 되는 것이었는지 그는 이 주제에 천착하기로 했다. 그는 아마 자신도 모르게 무의식적으로 인간의 죽음이라는 주제에 대해 내적인 관심을 갖고 있었던 것 같다. 그러던 중 근사체험을 했다고 주장하는 사람들을 접하게 되니 그의 내면적인 욕구가 표출되면서 인생의 향방을 튼 것이리라.

내가 이렇게 추론할 수 있는 것은 그가 인생의 전환점을 스스로 만들었기 때문이다. 그는 이 주제를 더 깊이 연구하려면 의사가 되어야 한다고 생각해 의학 공부를 새로 시작했다. 이것은 그에게 엄청난 전환점이 되었을 것이다. 철학과 교수로 있다가 의학을 다시 공부해 의사가 되는 것은 큰 결단이 필요한 일이다. 그가 굳이 의사가 되려고 한 것은 근사체험을 한 환자들을 만나는 일은 병원에서 가장 많이 일어나는 일이기 때문일 것이다. 그리고 이 환자들을 이해하려면 의학적인 지식이 필요하기 때문에 의사가 되려고 했을 것으로 짐작된다. 그러나 어쨌든 멀쩡한 철학과 교수직을 때려치우고 의학 공부를 새로 시작하는 것은 결코 쉬운 일이 아니다.

필자 같은 인문학도들은 이 주제를 연구하고 싶어도 근사체험을 했다는 환자들을 만날 수 있는 기회가 매우 제한되어 있다. 환자들은 의사만이 만날 수 있기 때문에 이 주제를 연구하려면 의사 자격증이 필요한 것이다. 그래서 그런지 이 분야의 전문가들 중에는 의사가 많다. 의사 중에도 정신과 의사가 다수를 차지한다. 그래서 그도 의학 공부를 하고 정신과 의사가 된 것인데 근사체험을 연구한 사람 중에 정신과 의사가 많은 것은 당연하게 보인다. 그것은 의사 중에 정신과 의사만이 인간의 마음 혹은 의식을 다루기 때문일 것이다. 인간의 의식을 연구하다 보면 자연스럽게 영혼에 대해서도 관심을 갖게 될 것이고 그 결과 인간의 생사 문제에 대해서도 궁금증을 갖게 되지 않을까 하는 생각을 해본다.

그는 의사 생활을 하면서 약 150명의 근사체험자들을 만났고 그들의 체험을 연구해서 그것을 바탕으로 쓴 책이 바로 위의 책이다. 그가 조사해 보니 이 체험자들이 발설한 내용이 세부적인 것은 체험자 마다 조금씩 달랐지만 큰 얼게 면에서는 일치한다는 것을 알았다. 이 점에 근거해서 그는 이 체험이 인간에게 보편적인 체험이라는 데에 확신을 갖고 이 체험에서 일정한 패턴을 추출해서 그것을 정형화하였다. 그가 이 분야에서 획기적으로 이름이 높은 이유는 근사체험을 지칭하는 'Near-Death Experience(NDE)'라는 용어를 처음으로 만든 사람이기 때문이다. 그런 의미에서 그는 근사체험 연구의 시조라고 할 수 있다. 그의 책은 그의 명성에 걸맞게 약 12개 국어로 번역되었고 전 세계적으로 1,300만 부 이상이 팔린 국제적인 베스트셀러가 되었다.

그가 이 책에서 근사체험자들의 체험을 정리한 이론은 후대의 학자들에게 일종이 준거틀(frame of reference)이 되었다. 후대 학자들은 무디의 이론이 있었기에 그것을 바탕으로 자신의 설을 세우고 좀 더 진전된 이론을 주장할 수 있었다. 이 점에서 그의 연구는 근사체험 연구사에서 매우 중요한 위치를 차지한다. 따라서 근사체험에 대해 알고 싶은 사람은 그가 행한 연구부터 검토할 필요가 있다. 물론 무디는 이 책 이후에도 많은 저서를 출간했다(가장 최근의 것은 2023년에 공저로 출간한 『Proof of Life After Life: 7 Reasons to Believe There Is an Afterlife』이다). 그러나 기본적인 설은 이 책에 제시되어 있으니 우리는 이 책에만 집중하고자 한다.

그는 이 책에서 근사체험을 여러 단계로 나누어 설명했는데 그것부터 살펴보기로 하자. 이것만 보아도 근사체험의 대강이 드러나는 셈인데 여기서는 일단 단계들의 이름만 적고 자세한 내용은 뒤에서 다시 다루려고 한다. 무디는 후에 이 단계 이론을 조금씩 수정하는데 그렇다고 내용이 크게 달라지지는 않았다.

무디가 정리한 근사체험의 단계

1) 자신이 죽었다는 선언을 들음
2) 평화와 고요함을 느낌
3) 소음이 들림
4) 어두운 터널을 지남
5) 육신 밖으로 나옴
6) 다른 영혼을 만남
7) 빛의 존재가 나타남
8) (빛의 존재와 함께) 지금까지의 삶을 회고함
9) 경계선에 섬
10) (몸으로 돌아와서) 다시 살아남

이상인데 다른 학자들의 설을 보면 이것과 조금 다른 경우가 있다. 즉 순서가 조금 다르게 나오기도 하고 단계의 개수가 조금 다른 경우가 있다. 그러나 그렇다고 해서 전반적인 내용이 달라지는 것은 아니고 그들의 주장은 대동소이했다. 나는 뒤에서 여러 학자들이 제시한 근사체험의 단계를 간명하게 정리해서 설명할 예정이다.

근사체험을 최초로 학술적으로 연구한 케니스 링

이 분야에서 그다음으로 거론되어야 할 학자는 케니스 링(Kenneth Ring, 1935~)으로 그는 미국 코네티컷 대학의 심리학과에서 교수로 재직하다가 현재는 명예 교수로 되어 있다. 그는 심리학자로서 드물게 근사체험을 연구해서 큰 족적을 남긴 사람이다.

그는 이 주제에 관해 많은 책을 남겼지만 근사체험 연구사에서는 근사체험에 대한 최초의 학술서를 쓴 사람으로 이름이 높다. 앞에서 본 무디의 책은 학술적인 연구를 바탕으로 쓴 대중적인 에세이 풍의 책이라 순전한 의미에서 학술서라고 할 수는 없다. 그에 비해 링은 이 주제에 대해 순수하게 학술적인 접근을 했고 그 연구 결과를 책으로 펴냈다. 이렇게 해서 나온 책이 『Life at Death』(1980)로 무디의 책보다 5년 뒤에 출간됐다. 이 책이 학술서로 분류되는 이유는 우선 통계를 이용해서 연구 결과의 객관성과 신빙성을 높였기 때문이다. 그러니까 대충 '이 체험이 이렇다'라고 설명한 게 아니라 어떤 사람들이 근사체험을 했는지 등에 대해 정확하게 수치로 보여주니 학술적인 연구라고 볼 수 있는 것이다. 또 체험자군과 비체험자군으로 나누어서 남녀별, 나이별, 종교별, 인종별, 결혼 여부, 학력

등의 관점에서 이 두 집단이 어떻게 차이가 나는가를 통계수치적으로 제시하고 있는데 이것은 학술적인 책이 아니면 하지 않는 접근법이다.

나는 이 책에서 많은 도움을 받았는데 만일 이 책이 없었더라면 내가 쓴 『죽음, 또 하나의 세계』(2006)는 햇빛을 보지 못했을 것이다. 내 책은 국내에서 근사체험에 대해 풀어낸 거의 유일한 학술서로 생각되는데 안타깝게도 독자들의 시야에서 벗어나 지금은 절판되었다. 죽음을 주제로 학술서를 썼으니 독자들에게 외면받는 것은 어쩔 수 없는 일이었을 것이다. 이 같은 운명은 링의 책도 마찬가지라 그의 책은 반드시 한국에 번역되어야 할 책임에도 불구하고 학술서인지라 번역되지 못했다(일본에서는 부분적으로만 번역되었다고 한다).

그런데 이런 사실보다 링과 관련해서 더 중요한 것은 그가 1981년에 동료들과 함께 국제근사체험학회(International Association of Near-Death Studies, IANDS)를 창립하고 초대 회장을 역임했다는 사실이다. 이 학회는 앞에서 말한 것처럼 매년 분기별로 학회지를 내면서 현재까지 활발하게 활동하고 있다. 이것은 이 주제가 그만큼 사람들에게 호소력이 있고 사람들이 알기를 원하는 주제이기 때문에 가능한 일일 것이다. 나도 이전에 이 학회의 회원이 되어 학술지를 받아본 적이 있는데 정부의 지원 없이 순수하게 민간의 힘으로만 학회를 이끌고 나가는 것이 대단하게 보였다. 솔직히 말해서 부러웠다고 하는 것이 더 올바른 표현일지도 모르겠다.

근사체험의 강력한 주창자, 죽음학의 대모 엘리자베스 퀴블러 로스

다음에 볼 학자는 엘리자베스 퀴블러-로스(Elisabeth Kübler-Ross, 1926~2004)인데 그녀는 스위스 출신으로 정신과 의사였다. 이 사람은 죽음학의 대모라고 불릴 정도로 죽음학 분야에서는 세계적으로 유명한 사람이다. 그의 책은 한국에도 많이 번역되었는데 『인생수업』 같은 책은 베스트셀러가 되는 바람에 그녀는 한국에서 꽤 저명한 인사가 되었다.

그러나 그가 죽음학과 관련해서 남긴 훌륭한 업적 가운데 가장 괄목할 만한 것은 『On Death and Dying』(1969)이라는 책을 집필한 것이다. 이 책은 죽음학에서는 가히 고전이라 불릴 정도로 많은 사람의 입에 회자되었다. 그가 이 책에서 밝힌 것 가운데 가장 많이 알려진 것은 사람이 죽음을 직면했을 때 겪게 되는 사건을 다섯 가지 단계(부정, 분노, 협상, 우울, 수용)로 정리한 것이다. 이는 워낙 잘 알려진 개념이라 여기서 더 설명할 필요를 느끼지 못한다. 아울러 우리의 주제와 직결되는 것도 아니니 통과하기로 한다. 그러나 죽음학에 관심 있는 사람이라면 이 다섯 단계에 대해서 어느 정도는 알고 있어야 할 것이다. 왜냐하면 이 이론에 대해서 적지 않은 비판이 있지만 이 이론을 능가하거나 대치할 만한 이론은 아직 나오지 않았기 때문이다.

로스는 이 이외에도 많은 저서가 있는데 근사체험과 관련된 저서 가운데 가장 흥미로운 것은 『On Life After Death』(1991)라는 책이다. 이 책은 그가 근사체험에 대해 강연한 것을 바탕으로 만든 책이다. 이 책이 그가 60대 중반이었을 때 출간되었으니 그는 말년에 가서야 사후생에 대해 관심을 갖게 되었다는 것을 알 수 있다. 사실 그는 정통파 의사답게 젊은 시절에는 사후생 같은 주제에 대해서는 관심이 없었다. 의사들은 유물주의에 입각해서 교육을 받기 때문에 육신 이외의 것은 존재하지 않는다고 믿는 경향이 강하다. 따라서 이들은 영혼이나 죽음 이후의 일에 대해 관심이 없거나 부정으로 일관하는데 로스도 마찬가지였다. 그러나 그는 자신의 임상 현장인 호스피스 병동에서 수많은 임종 환자를 치유하는 과정에서 죽었다 살아나온 근사체험자들을 많이 접하게 된다. 그들의 체험을 통해 그는 사후생이 존재한다는 것을 확인하고 자신의 태도를 완전히 바꾼다. 그 뒤부터 그는 사후생을 적극적으로 긍정하고 진지하게 연구하기 시작해서 처음으로 낸 책이 위에서 본 책이다. 이 책은 앞에서 말한 대로 그가 미국 전역을 다니면서 강연했던 것을 녹취해 책으로 만든 것이다. 나는 그가 이런 책을 출간한 줄 모르고 있었는데 1993년에 미국에 학회가 있어서 갔다가 그곳 책방에서 우연히 이 책을 발견했다. 너무나 반가운 나머지 바로 구매하고 한국으로 오는 비행기 안에서 다 읽어 버렸다. 그리곤 곧 번역해서 "사후생"이라는 제목으로 1996년에 출간했다.

그래서 나는 이 책의 내용을 누구보다도 잘 아는데 제일 인상에 남는 것은 그가 자신을 비판하는 사람들에게 한 말이다. 사후생이 있다고 하면 과학 지상주의에 빠진 사람들은 거의 발작적인 수준에서 거세게 비판한다. 근사체험을 한 사람들이 영혼의 상태가 되어 수술실 모습을 위에서 지켜보았다던가 혹은 사고 현장을 공중에서 목도했다는 식의 증언은 앞에서 본 대로이다. 이에 대해 비판론자들은 이런 현상이 약물의 과잉 투여나 산소결핍 등 때문에 발생한 환상에 불과한 것이라고 맹비난한다. 이에 대해 로스는 일일이 대꾸하지 않고 '그들도 죽을 때 (사후생이 있다는 것을) 알게 될 것이다'라고 담담하게, 그러나 자신 있게 응대했다. 인간에게 영혼이 있고 육체가 멸한 다음에 우리의 영혼(혹은 의식)이 존속한다는 것은 너무나 자명한 사실이라는 것이다. 그는 거기서 그치지 않고 자신이 직접 체외이탈하는 신비로운 체험까지 하게 된다. 이런 체험에 대해서는 보통의 정신과 의사들이 별 관심을 두지 않는데 로스는 영혼의 실재를 몸소 느끼고 싶은 나머지 체외이탈 체험을 직접 할 수 있게 해주는 프로그램에 참여한 적이 있었다. 그 결과 그는 실제로 자신의 영혼이 몸을 떠나는 체험을 경험하게 된다. 이런 배경이 있었기에 그는 자신 있게 영혼과 사후생의 존재를 긍정한 것이리라.

그는 임종을 앞둔 어린이 환자를 많이 돌보았는데 그들을 방문할 때마다 헝겊으로 된 애벌레 인형을 갖고 다녔다고 한다. 이 인형은 지퍼가 달려 있는데 그것을 열고 까뒤집으면 나비로 변한다. 로스는 어린아이들에게 어려운 말로 죽음을 설명하느니 이 인형을 보여주면서 우리의 죽음은 애벌레가 나비가 되는 것과 같은 것이라고 설명했다. 애벌레는 죽지만 나비라는 더 높은 차원의 아름다운 존재로 승화되는 것이 죽음이라는 것이다. 이것은 로스의 죽음관이기도 했다. 즉 죽음은 거기서 끝나는 것이 아니라 상위 차원으로 승격되는 것이니 전혀 두려워할 일이 아니라는 것이다. 실제로 그는 자신의 죽음을 앞두고 자신은 은하수로 춤추러 간다고 하면서 매우 긍정적인 태도를 취했다(그러나 그는 죽기 전에 치매로 상당히 고생했다). 그의 장례식도 그가 설파한 철학에 따라 독특한 이벤트를 만들어 특이하게 진행되었다. 즉 장례식에 오는 사람들에게 나비가 들어 있는 봉투를 주고 마지막에 그 봉투를 열어 나비가 날아가게 한 것이다. 이 이벤트의 의미는 말할 것도 없이 우리의 죽음은 나비가 허공을 날아오르듯이 자유로운 세상으로 비상한다는 것을 가리키는 것이리라.

의학지에 최초로 근사체험 연구 논문을 게재한 핌 밤 롬멜

다음으로 볼 사람 역시 의사인데 이 사람은 네덜란드의 저명한 심장 전문의 핌 밤 롬멜(1943~)이다. 그도 역시 위에서 거론한 학자들처럼 근사체험 연구사에서 일종의 전환점을 만든 연구자라고 할 수 있다. 그는 심장 질환을 주로 고치는 의사이었기에 그의 연구 대상은 갑자기 심장에 문제가 생겨 사망 선고를 받았다가 심폐소생술 등으로 되살아난 환자들이었다.

이렇게 소생한 환자들 가운데 삼백여 명을 조사했다고 하니 상당히 많은 사람을 상대한 것이라고 할 수 있다. 그는 이들 가운데 근사체험을 한 사람이 있는지 조사했는데 12%에 달하는 환자가 근사체험을 했다는 결과가 나왔다. 이 결과만을 두고 보면 환자가 응급조치를 받고 다시 살아났다고 해서 모두가 다 근사체험을 하는 것은 아니라는 것을 알 수 있다. 그러나 12%라는 수치가 결코 작은 것이라고 할 수는 없다. 약 10명 가운데 한 사람이 근사체험을 한 것이니 말이다.

롬멜은 이 12%에 달하는 환자를 대상으로 연구해서 다음과 같은 논문을 썼다. 논문의 제목은 "Near-death experience in survivors of cardiac arrest: a prospective study in the Netherlands(심장 정지 후 회생한 사람의 근사 체험: 네덜란드에서의 전향적 연구)"인데 주된 내용은 충분히 예상할 수 있는 바와 같이 인간의 의식(혹은 영혼)은 육신과 별도로 존재한다는 것이다. 그렇기 때문에 육신이 기능하지 않을 때도 의식은 살아 있어 외부를 인식한다는 것이다. 이 내용은 앞에서 본 것처럼 인간의 의식은 뇌에서 일어나는 신경생리학적인 반응에 불과하다는 유물주의를 논박하는 것이니 그다지 새로울 것은 없다. 문제는 이 논문이 세계 3대 의학 학술지 가운데 하나라고 하는 『랜싯(Lancet)』(358호. 2001년)에 실렸다는 것이다. 이 일은 근사체험 연구사 혹은 사후생 연구사에서 획기적인 사건이라고 할 수 있다. 왜냐하면 의학 학술지가 인간 의식의 사후 존속설을 긍정하는 논문을 수용했기 때문이다.

서양의 학계를 보면 학술지에 논문이 등재하는 일이 상당히 까다롭다. 심사를 오랫동안 할 뿐만 아니라 철저하게 하기 때문이다. 그런데 의학 학술지는 그 심사가 더 까다로워서 해당 학술지의 '모토'에 어긋나는 것은 즉각 거부될 가능성이 크다. 서양 의학은 기본적으로 물질만 인정하는 유물주의에 입각해서 이론이 정립되어 있기 때문에 영혼이나 의식처럼 비물질적인 주제는 기피하는 경향이 강하다. 그래서 이런 주제를 가지고 논문을 쓰면 아예 처음부터 거부당할 확률이 높다. 사정이 이런데도 이 같은 장벽을 뚫고 인간 의식의 '항존성'을 주장하는 롬멜의 논문이 "랜싯" 같은 최고의 의학 학술지에 등재되었다. 이 같은 일이 생겼다는 것은 서양 의학계도 인간의 의식 혹은 영혼 문제에 대해 서서히 전향적인 자세를 보이고 있다는 것을 암시한다. 이 근사체험이라는 현상이 의료 현장에서 빈번히 일어나고 의사들 가운데에서도 이 체험을 학술적으로 연구하는 사람이 늘어나니 그 추세에 발맞추어 이 학술지도 롬멜의 논문을 인정하고 등재를 허락한 것 아닌가 한다.

나는 이 논문은 읽지 못했다. 외국에서 간행되는 의학 논문집을 구하여 읽는 것은 쉽지 않은 일이니 어쩔 수 없었다(그러나 이 논문을 구했다고 해도 의학적으로 전문적인 용어가 많아 이해하기 어려울 것 같다). 대신 그는 그 이후에 이 논문을 발전시켜 『Consciousness beyond Life』(2010)이라는 책을 출간하는데 이 책은 미국 회사를 통해 인터넷으로 구입할 수 있어 바로 사서 읽어보았다. 내용이야 논문과 같겠지만 그 책을 읽으면서 받은 인상은 롬멜이 대단히 빈틈없는 학자라는 것이었다. 그는 서양 학자답게 모든 주제에 매우 치밀하게 접근했는데 그는 이 책에서 근사체험만 다룬 게 아니라 양자 역학이나 의식, 그리고 뇌의 기능과 같은 인근 주제들을 동시에 다루고 있어 내용이 매우 흥미로웠다. 어떻든 롬멜과 관계해서 잊지 말아야 할 것은 이 근사체험에 대한 연구가 이제는 의학 연구의 제도권 안으로 들어왔다는 것이다. 이렇게 되면 앞으로 의사들이 이 주제를 더 활발하게 논의할 것이고 그 결과 인간의 의식에 대해 진일보한 학설이 나올 것으로 기대된다. 의사들의 연구가 중요한 것은 그들은 인간의 몸에 관해서만큼은 가장 전문적인 지식을 가진 사람이기 때문이다. 따라서 그들은 의식과 육신의 관계에 대해 균형 잡힌 견해를 제시할 줄로 믿는다.

자신의 근사체험을 베스트셀러로 만든 의사, 이븐 알렉산더

이렇게 근사체험을 연구한 학자들을 열거하기 시작하면 끝이 없다. 내가 지금까지 책으로 접한 학자들은 앞에서 설명한 학자들보다 훨씬 더 많다. 그런데 그들의 연구 결과를 보면 서로 그다지 다르지 않기 때문에 그들의 연구를 다 소개할 필요를 느끼지 못한다.

그럼에도 불구하고 마지막에 잠깐이라도 소개하고 싶은 사람이 있는데 이븐 알렉산더(Eben Alexander, 1953~)라는 의사가 그다. 그는 비교적 최근에 근사체험계에서 스타처럼 떠오른 사람인데 정신과 의사는 아니다. 이 사람이 주목받는 이유는 의사로서 아주 드물게 직접 근사체험을 했기 때문이다. 근사체험을 연구하는 의사나 학자 중에 본인이 직접 근사체험을 한 사람은 거의 보지 못했다. 앞에서 거론한 네 명의 학자들도 본인이 직접 근사체험을 겪은 것은 아니다. 그런 의미에서 알렉산더의 사례는 매우 소중하다고 하겠다.

알렉산더는 신경외과 전문의로 하버드대 의대를 비롯해 많은 의과대학에서 강의하고 환자를 치료했다. 그러다가 그는 2008년 박테리아성 뇌막염이라는 치명적인 병에 걸려 뇌사 판정을 받는데 그의 의식 불명 상태는 7일이나 계속되었다. 이

병은 생존율이 10% 이하라고 하는데 실제로는 0%라고 하니 이 병이 얼마나 심각한 병인지 알 수 있다. 그는 무슨 운명이었는지 7일 만에 의식을 되찾았을 뿐만 아니라 그 기간에 자신이 무슨 일을 겪었는지에 대해 발설하기 시작했다. 전형적인 근사체험을 한 것이다. 그는 그때 인간에게는 영혼이 있다는 것을 확실하게 알았고 영계는 말할 수 없이 아름답고 그곳에는 나와 진정한 사랑을 나눌 수 있는 존재가 있다는 사실을 깨닫게 된다.

그의 체험은 이처럼 매우 극적인데 병에서 회복한 후 그는 완전히 다른 사람으로 변모한다. 그 이전에는 영혼이나 사후생을 모두 부정하는 유물주의자였고 자신의 부귀만 위해 살던 사람이었는데 이 체험 후에 그는 개과천선해 종교적인 인간으로 바뀐 것이다. 그러면서 우리의 인생에서 가장 중요한 것은 세속적으로 성공하는 것이 아니라 인생의 진실을 깨닫고 그 지식을 다른 사람들과 나누는 일이라는 것을 알았다고 실토했다. 그래서 그는 잘나가던 의사 일도 때려치우고 영적인 일에만 몰두하게 된다. 그는 자신이 영계에서 겪었던 일을 바탕으로 『Proof of Heaven』(2012)이라는 책을 출간했는데 이 책은 뉴욕타임스에서 몇 주 동안 베스트셀러가 되는 등 엄청난 반

향을 일으켰다. 그는 그 덕에 미국에서 가장 유명한 TV 토크쇼 중의 하나인 오프라 윈프리 쇼에도 나가는 등 대중적으로 많은 인기를 누렸다. 그에 관해서는 아주 흥미로운 이야깃거리가 많은데 그게 궁금한 사람은 한국어로 번역된 그의 책(『나는 천국을 보았다』, 2012)을 보면 되겠다. 또 그가 강의하고 대담한 영상이 많이 있으니 그것도 참고하면 좋겠다.

여기까지 보았으면 우리는 근사체험에 관해서 기본적인 내용은 다 훑은 셈이다. 서론에 해당하는 부분을 마친 것이다. 이제부터는 본론으로 들어가서 근사체험 자체에 대해서 보기로 한다. 이 체험의 내용을 꼼꼼히 살펴보면 인간의 의식은 육신에 의존하지 않고 독립적으로 존재한다는 사실을 확실하게 알게 될 것으로 믿는다.

근사체험의 단계

근사체험을 알려면 이 체험이 전개되는 단계를 살펴보는 게 가장 좋은 방법이다. 근사체험은 하나의 사건이 반짝 일어났다가 사라지는 게 아니라 뚜렷이 구별되는 여러 단계가 순차적으로 펼쳐지면서 그 양상이 드러나기 때문이다. 그런데 이 단계에 대해서는 앞에서 말한 것처럼 학자마다 그 제시하는 개수가 조금씩 다르다. 무디는 앞에서 본 것처럼 9개 내지 11개의 단계를 주장했고 롬멜은 10단계를, 링은 5단계를 선보였다.

이처럼 학자마다 주장하는 단계의 개수가 다르다 해도 내용에서 다른 점이 발견되는 것은 아니다. 무디 같은 경우는 그가 연구를 진행하면서 단계의 개수가 더 늘어나게 되는데 그렇다고 내용이 크게 달라진 것은 없었다. 이럴 때 가장 좋은 방법은 될수록 간단하게 보는 것이다. '단순한 게 제일 좋은 것이다'와 같은 모토가 있듯이 설명은 간단할수록 좋은 법이다. 그런데 근사체험을 연구한 학자들이 제시한 여러 단계를 보면 아무리 줄여도 5단계 밑으로 내려갈 것 같지는 않다. 따라서 여기서도 근사체험을 5단계로 나누어 보기로 하는데 그 안에 여러 학자들이 제시한 내용이 포함될 것이다.

제 1 단계:
체외이탈(Out-of-Body-Experience, OBE) 체험

근사체험은 영혼이 몸에서 빠져나가는 사건으로 시작된다. 이른바 체외이탈 체험이다. 우리가 자동차 사고 같은 것을 당해 몸이 극도로 망가지면 그 즉시로 우리의 영혼은 몸을 벗는다. 이게 체외이탈 체험이다. 앞에서 무디가 제시한 단계의 순서를 보면 이 체외이탈 단계가 상당히 뒤에 나온다. 그의 설명에는 이 단계 앞에 사망 선고를 듣는다거나, 평화로움을 느낀다거나, 소음이 크게 들린다거나, 터널을 통과하는 것 같은 여러 단계가 있었다. 나는 이 단계들을 간단하게 체외이탈 체험으로 통합해 버렸다. 그리고 터널 통과 단계는 일반적으로 체외이탈 체험 다음에 오는 것으로 분류하기 때문에 그것을 따랐다. 이렇게 학자들 설명에서 순서가 다르게 나타나는 것은 그다지 이상한 일이 아니다. 실제로 이 체험을 하는 사람들이 서로 다르게 체험하기 때문이다. 그러나 이 체외이탈 체험은 체험자들이 가장 먼저 체험하는 경우가 많아 이렇게 배치했다.

이 체험을 설명하기 전에 체외이탈이라는 용어에 대해 먼저 검토했으면 한다. 이 체험을 두고 항간에서는 '유체이탈'이라는 표현을 많이 쓰는데 이 표현은 문제가 있다. '유체'라는 단어가 그다지 좋은 단어가 아니기 때문이다. 유체는 학술적인 용어도 아니고 그 의미도 모호하다. 따라서 여기서는 '체외이탈'이라는 중립적인 용어를 쓰기로 한다. 그런데 문제가 여기서 그치는 게 아니다.

앞에서 근사체험을 정의할 때 나는 '영혼이 몸에서 빠져나가는'이라는 표현을 썼는데 이것도 꼼꼼히 생각해 보면 문제가 많은 표현이다. 사람들은 별생각 없이 무심코 이 같은 말을 많이 한다. 이 같은 생각의 배후에는 사람들이 암묵적으로 가정하는 것이 있다. 즉 사람의 영혼이 그 사람의 몸 어딘가에 있다가 죽을 때가 되면 몸에서 빠져나간다고 생각하는 것이 그것이다. 그런데 정작 사람들에게 '우리의 영혼(혹은 의식)은 우리의 몸 어디에 있는가?'라고 물으면 좀처럼 정확한 답을 내지 못한다. 우리는 뇌로 생각하니까 영혼이 뇌에 있지 않을까 하고 막연하게 추측하지만 그것은 추정에 불과할 뿐이다.

이 같은 추측에 근거해서 사람들은 몸과 영혼의 관계에 대해 대체로 다음과 같이 생각하는 것 같다. 즉, 인간은 몸이 먼저 생겼고 그다음에 영혼이 어디선가 도래해서 몸 안으로 들어왔다고 말이다. 이 생각도 낱낱이 풀어보면 문제가 많은데 그것을 다 볼 수는 없고 이렇게 생각하는 사람에게 한번 이런 질문을 던지고 싶다. 앞에서 영혼이 우리 몸으로 들어온다고 했는데 '그 영혼은 어디서 오는 것인가'라고 말이다. 나는 이 질문에도 명쾌하게 답하는 사람을 보지 못했는데 이 문제는 필자의 다른 책(『Karma Law』 등)에서 다루었으니 여기서는 생략하기로 한다.

그런데 이 같은 생각이 갖고 있는 가장 큰 문제는 다른 데에 있다. 그것은 상황을 반대로 알고 있다는 것이다. 구체적으로 말하면 몸과 영혼의 선후가 바뀌었다는 것이다. 이게 무슨 말일까? 이것은 간단하게 말해, 몸이 있고 그다음에 영혼이 그 몸에 들어오는 것이 아니고 영혼이 몸보다 먼저 있어야 한다는 것이다. 이것을 다르게 표현하면, 영혼이 먼저 일종의 장을 마련하면 그 장에 있는 정보에 따라 몸이 형성된다는 것이다. 이러한 시각에서 보면 영혼이 몸의 어느 부분에 있다고 생각하는 것은 크게 잘못된 견해라고 할 수 있다. 영혼은 그렇게 국소적(locally)으로 존재하는 것이 아니라 몸을 둘러싸고 있는 장

(field)이라고 해야 한다. 데카르트는 인간의 영혼이 송과선 같은 한 지점에 깃들어 있다는 주장을 한 적이 있는데 우리의 관점에서 보면 이 견해는 틀린 것이라고 할 수 있다.

그러나 영혼을 굳이 육신과 연결해서 말한다면 우리의 영혼은 육신 중에 뇌와 가장 관계가 깊다고 할 수 있다. 그것은 당연한 것이다. 우리가 이 물질계에 살 때는 다른 사람이나 주변 환경과 소통하기 위해 뇌를 매개체로 사용하고 있기 때문이다. 그러나 노파심으로 다시 말하지만 뇌가 의식을 만들어내는 것은 아니다. 이 점은 앞에서 누누이 밝혔다. 이에 대해 아주 기막힌 비유가 있다. 전선에 전기가 흐를 때 어느 누구도 전선이 전기를 만들어냈다고 말하지 않는다. 전기는 밖에서 와서 전선 안을 흐를 뿐이다. 이것은 지극히 상식적인 이야기라 어떤 사람도 부정하지 않는다. 뇌도 마찬가지라는 것이다. 우리는 뇌를 통해 생각을 하지만 뇌가 그 생각을 만들어내는 것은 아니라는 것이다.

어찌 됐든 우리는 뇌를 매개로 생각하면서 살다가 육신이 기능을 다하면 영혼(의식)은 자연스럽게 육신과의 연결 끈이 끊어지면서 다시 원래의 에너지체가 되는 것이다(영혼은 아주 간단하게 정의해서 에너지체라고 할 수 있다!). 이게 바로 죽음이다. 그런데 앞에서도 말했듯이 근사체험을 한 사람은 영혼이 일단은 육신과 결별했지만 그 연결 끈이 완전히 끊어진 것은 아니라고 했다. 그래서 다시 육신으로 돌아오는 일이 가능한 것이다.

이 같은 체외이탈 체험은 보통 육신의 기능이 완전히 바닥이 됐을 때 발생하는데 가장 많이 발생하는 현장은 예기치 않은 사고를 당한 현장이나 병원이다. 물론 자다가도 이런 일을 겪을 수 있는데 이 경우는 본인이 잘 기억하지 못하기 때문에 우리의 논의에서 제외한다. 먼저 사고 현장을 보면, 예를 들어 자동차 사고가 나서 육신이 심하게 망가지면 육신은 더 이상 영혼을 담지할 수 없게 된다. 그러면 영혼은 자동으로 육신을 떠나 공중에 떠 있게 된다. 체외이탈 현상이 발생한 것이다. 이것은 병원에서 수술받을 때도 마찬가지다. 수술 시 마취제 과다 복용이나 과다 출혈로 육신의 기능이 심하게 저하되면 영혼이 육신을 떠나는 일이 발생한다. 이렇게 해서 육신을 떠난 영혼은 그 현장에서 일어나는 일을 모두 지켜보게 된다. 만일 그것이 자동차 사고 현장이라면 해당 영혼은 자기를 구하러 온 경찰관이나 응급 대원들의 이름 혹은 인상착의 등을 모두 기억해 낸다. 또 수술실이었다면 그 영혼은 의사와 간호사들이 나눈 대화나 그들이 했던 행동을 모두 기억한다. 그래서 나중에 의식이 돌아온 후에 영혼 상태에서 자기가 보았던 것을 이야기하면 그 현장에 있던 사람들은 짐짓 놀라지만 그 발언은 곧 무시되고 아무 일도 없던 것처럼 지나가는 경우가 태반이다. 본인도 자신이 겪은 이야기를 해봐야 이상한 사람 혹은 미친 사람 취급을 받으니 더 이상 이야기하지 않게 되고 그래서 그 사건은 영원히 묻히게 된다.

앞에서 근사체험자가 주위 사람들에게 체외이탈 체험을 말하면 환상이라고 치부하는 경우가 많다고 했다. 특히 의료진들은 환자가 이 같은 이야기를 해도 진지하게 듣지 않거나 그냥 무시해 버린다. 그러나 이 체험이 진실이라는 것은 몇 가지 사례만 들어도 알 수 있다. 그런 사례가 너무도 많기 때문에 인상적인 것 몇 개만 보기로 한다. 미국에 사는 마리아라는 여성의 경우인데 이 사람은 근사체험계에서는 유명해서 그냥 마리아라는 이름으로 통한다. 이 사람이 갑자기 심장마비를 일으켜 병원에 이송됐는데 그때 그녀의 영혼이 몸을 이탈했다. 당시 그는 영혼의 상태로 둥둥 떠서 창문 밖으로 나갈 수 있었다. 그런데 어느 창틀 밑부분에 운동화(정확히는 테니스 슈즈) 한 짝이 있는 것이 보였다. 여기에는 다른 이야기도 있지만 다 생략하고, 그는 곧 육신으로 돌아와서 의식을 되찾았다. 그리곤 별생각 없이 자기가 영혼 상태에서 본 것을 의사와 간호사에게 이야기했다. 창틀 밑에 있는 이 운동화에 대해 언급한 것이다.

그런데 문제는 이 운동화가 있는 곳이 어디서 보든지 발견할 수 없는 그런 장소였다는 것이다. 건물 안에서는 도저히 볼 수 없는 그런 장소였던 것이다. 그것을 보려면 딱 한 가지 방법이 있는데 그것은 병원 건물 밖에서 공중에 떠서 보는 것이었다. 요즘 같으면 드론으로 해결할 수 있는 일이지만 당시는 드론이 없던 시절이었다. 이 말을 들은 의료진은 긴가민가하면서 속는 셈 치고 확인해 보니 그 운동화가 실제로 그곳에 있었다. 마리아는 이 운동화의 색깔이나 구체적인 형태에 대해서 묘사했는데 그것에 대해서도 의료진은 마리아의 진술이 모두 맞았다는 것을 확인했다. 그 이전에는 병원 내에 있는 어느 누구도 그곳에 운동화가 있다는 사실을 알지 못했다. 사정이 이렇게 되자 마리아가 체외이탈했다는 것을 인정하지 않을 수 없었는데 그 뒤에 그녀가 어떻게 됐는지는 알려진 바가 없어 잘 모른다. 그러나 이 일을 목격한 의료진이 학계에서 보고하면서 이 사례는 아주 유명한 사례가 된다. 만일 이 의료진이 마리아의 증언을 무시하고 그냥 지나쳤다면 이 사례는 망각되었을 것이다. 사실 이렇게 해서 잊힌 사례가 얼마나 많은지는 아무도 모른다.

　지금 본 사례 같은 것은 근사체험자들의 증언에서 쉽사리 발견되는 것이라 사례를 더 소개할 필요성을 느끼지 않는다. 그러나 이처럼 책에서만 읽은 증언 말고 더 생생한 사례가 있어 독자들에게 소개했으면 한다. 이 사례는 내가 직접 들은 것이라 그 생생함이 남다르다. 나는 이 이야기를 알폰소 디켄(Alfonso Deeken, 1932~2020) 신부에게 들었는데 디켄은 일본에 죽음학을 처음으로 전파한 사람으로 유명하다. 그는 예수회 소속 신부로 생애 대부분을 일본에 살면서 가톨릭을 일본에 전도하는 데에 힘을 기울인 사람이다. 당시 내가 회장으로 있던 한국죽음학회에서는 2006년 그를 초청해 큰 강연회를 열었는데 그때 그에게서 직접 이 이야기를 들었다.

　어떤 일본 청년이 오토바이를 타고 가다 큰 사고를 당했다. 이 때문에 의식을 잃은 그는 구급차로 호송되다가 갑자기 의식을 되찾았다. 사람이 혼수상태로 있다가도 죽기 직전에 의식이 잠시 돌아오는 경우가 있는데 이게 그런 경우가 아닌가 싶다. 그때 그는 자신은 지금 사촌 형과 같이 있다고 실토했는데 사람들은 이 이야기를 듣고 이 친구가 사고를 당해 헛것을 본 모양이라고 생각했다. 이 청년은 다시 의식을 잃고 병원에 도착했는데 너무 크게 다친 나머지 그는 곧 죽고 말았다. 그런데 그 청년의 장례를 준비하는데 뜻밖의 소식이 들려왔다. 이 친구의 사촌 형이 그가 죽기 조금 전에 죽었다는 것이다. 그래서 사람들이 깜짝 놀랐는데 사후생이나 영혼에 대해 별 지식이 없는 사람들은 이 소식을 어떻게 해석해야 할지 알지 못했다.

 이것은 근사체험의 현장에서는 드물지 않게 일어나는 일로 다음과 같이 설명될 수 있다. 먼저 죽은 사촌 형이 영혼이 된 다음에 보니 사촌 동생도 죽을 때가 다 된 것을 발견했다. 그 사정을 인지한 즉시 그는 동생에게로 왔는데 다른 사람의 눈에는 이 사촌 형이 보이지 않지만 곧 죽게 될 동생의 눈에는 형의 영혼이 보였다. 그래서 이 동생은 자신이 본 대로 이야기한 것이다. 전문가들의 연구에 따르면 영혼들은 지상에 사는 지인이 언제 영혼의 세계(저승)로 오는지 알고 있다고 한다. 즉 지인이 언제 죽는지 안다는 것이다. 그래서 그때가 되면 먼저 간 영혼들이 이제 막 영계로 진입하는 신입 영혼을 맞이하기 위해 마중 나온다고 한다. 이것은 나중에 보게 될 임종침상 비전에서 빈번히 일어나는 일이다. 우리는 이런 이야기를 통해 영혼이나 사후생이 분명히 존재한다는 사실을 알 수 있지 않을까 한다.

이와 똑같은 예가 앞에서 인용한 로스의 책(1991)에도 나오는데 이것 하나만 더 소개하고 다음 장으로 가보자. 이런 일이 어쩌다 한 번 일어나는 것이 아니라 보편적으로 발생하는 일임을 알리기 위해 한 번 더 소개하는 것이다. 미국에서 일어났던 일로 어떤 백인 남자가 차를 몰고 가는데 한 인디언 여성이 크게 다쳐서 길에 쓰러져 있었다. 놀란 남자는 차를 세우고 그 여성에게 다가갔는데 그때 그 여성은 자기 집 주소와 전화번호를 주면서 자신의 모친에게 '나는 아빠와 함께 잘 있으니 걱정하지 말라'라고 전해달라고 부탁하면서 숨을 거뒀다. 이 광경에 감동을 받았던지 이 남자는 그 여자의 집을 찾아가 그의 모친을 만나 직접 이 소식을 전했다. 그 인디언 여성의 집은 사고 현장에서 수백 km나 떨어져 있었다고 하는데 그 먼 거리를 갈 정도로 이 남성은 큰 감동을 받았던 모양이다. 이 남성으로부터 딸의 소식을 접한 그의 모친은 크게 놀라면서 소식을 하나 실토했는데 그것 역시 충격적이었다. 시간을 계산해 보니 자기 딸이 죽기 직전에 자기 남편이 죽었다는 것이다. 여기서도 앞에서 인용한 일본 청년의 경우와 같은 일이 벌어진 것이다. 먼저 사망한 부친이 자기 딸도 곧 영혼들의 세계에 합류하리라는 것을 알아채고 딸에게로 온 것이다.

이런 일이 가능한 것은 영혼과 사후생이 분명히 존재하기 때문이다. 이것이 존재하기 때문에 위에서 말한 일들이 벌어진 것이다. 그런데 이런 일을 가능하게 한 또 하나의 요소가 있다. 그것은, 영혼들의 세계에서는 지상에서 통용되는 시간이나 공간의 개념이 더 이상 작동하지 않는다는 것이다. 이 세계에서는 해당 영혼이 누군가를 생각하거나 어디를 가고 싶다고 생각하면 그 영혼은 즉시 그쪽으로 순식간에 이동한다고 한다. 앞에서 본 인디언의 경우, 아빠가 죽어 영혼이 된 다음에 보니까 수백 km나 떨어진 곳에 있는 딸이 죽어가고 있다는 사실을 알아챘다. 그가 그렇게 그녀를 생각하는 순간 그녀 곁으로 온 것이다. 생각이 바뀌면 공간이 순간적으로 바뀌는 것이다.

이런 예는 수없이 보고 되는데 다음과 같은 사례가 전형적이라고 할 수 있다. 월남에 파병된 어떤 미국 병사가 싸우다가 크게 다쳐 자동으로 체외이탈 체험을 했다. 영혼이 된 그는 평소에 늘 소망했듯이 고향에 가고 싶다고 생각했다. 그러자 그 순간 그는 미국 고향 집 앞으로 왔고 현관 앞에서 흔들의자에 앉아 뜨개질하고 있던 모친을 발견했다. 그 옆에는 자기가 기르던 개가 있었는데 그 개는 무슨 기운을 감지했는지 자신을 보고 짖었다. 엄마에게 자신이 여기 있다고 전하려고 했는데 모친은 알아채지 못했다. 그는 이때 다시 몸으로 당겨지는 느낌을 받고 월남에 있는 자신의 몸으로 돌아왔다. 정신을 차려 보니 야전병원으로 실려 가는 중이었는데 다행히 목숨을 건질 수 있었다. 그 뒤 전역하고 고향 집으로 되돌아갔는데 자신이 영혼의 상태에서 겪은 일을 모친에게 말하지 않을 수 없었을 것이다. 그가 당시 영혼 상태로 모친을 방문했을 때 어떤 일이 있었는지에 대해 자세히 이야기하니 그녀는 아들이 한 말이 모두 맞다고 수긍했다. 그러면서 자신도 그때 무엇인가 심상치 않은 기운을 감지했는데 그 이상은 알 수 없었다고 했다. 이 엄마도 자기 앞에 있는 아들의 영혼으로부터 어떤 기운을 느꼈지만 보이지 않으니 더는 말할 수 없었던 것이리라.

이상이 간단하게 본 체외이탈 체험인데 사실 이 체험만 가지고도 우리는 영혼이나 사후생이 존재한다는 것을 강하게 주장할 수 있다. 다시 말해 근사체험의 전체 단계를 굳이 다 거론하지 않더라도 이 체외이탈 체험을 사실로 받아들인다면 영혼이나 사후생이 존재하는 것은 자명한 사실이 된다는 것이다. 우리가 이렇게 주장할 수 있는 것은, 이 체외이탈 체험에는 영혼(혹은 의식)이 존재한다는 것을 인정하지 않으면 설명이 안 되는 요소가 많기 때문이다. 그런데 여기서 한 가지 첨언할 것이 있다. 물질계와 영혼의 세계는 일방통행만 가능하다는 것이 그것이다. 이에 대해서는 앞에서 간헐적으로 이야기했다. 영혼들은 이 지상(물질계)에서 일어나는 일을 다 볼 수 있고 들을 수 있지만 그 반대는 안 된다는 것이다. 사정이 이렇게 된 것은 이 두 세계의 차원이 다르기 때문이다. 영혼들의 세계는 지상보다 한 차원 이상이 높다고 할 수 있는데 그럴 경우 높은 차원은 낮은 차원을 관찰할 수 있지만 낮은 차원에서는 높은 차원을 파악하는 일이 불가능하다. 그래서 영혼들은 육신을 가진 인간들을 다 관찰할 수 있기는 한데 그렇다고 인간들과 자유롭게 교통할 수 있는 것은 아니다. 이 점에 대해서는 나중에 사후통신이나 영매를 다룰 때 자세하게 볼 것이다.

이 장을 끝내기 전에 체외이탈 사건과 관련해서 팁으로 하나 소개할 것이 있다. 이것은 우리가 사고를 크게 당했을 때 우리의 영혼이 언제 몸과 결별하느냐는 것이다. 예를 들어, 우리가 절벽이나 다리에서 떨어져 2~3초 내로 죽게 될 경우나 자동차 사고를 당해 즉사할 위기에 있을 때 우리의 혼이 언제 몸을 벗느냐는 것이다. 이에 대해 정설이 있는 것은 아니지만 연구자들에 따르면 놀랍게도 사고 나기 직전에 영혼이 분리되는 경우가 적지 않다고 한다. 예를 들어 절벽에서 실족하여 떨어질 때 당사자의 영혼은 그가 바닥에 떨어져서 즉사할 때가 아니라 떨어지는 도중에 빠져나간다는 것이다. 그렇게 되면 당사자가 바닥에 부딪혔을 때 겪게 될 엄청난 고통을 겪지 않아도 된다. 자동차 사고 때에도 사고 나기 직전(혹은 바로 직후)에 혼이 분리되어 당시 느끼게 되는 공포나 고통을 최소화한다고 한다. 만일 이것이 사실이라면 이것은 우리의 의식이 스스로를 보호하기 위해 벌이는 일이라는 생각이 든다. 마지막 순간에 편안하게 갈 수 있게 해주는 것이다. 우리가 침상에서 조용히 임종을 맞이할 때도 비슷한 현상이 있다. 마지막 순간이 다가오면 우리의 의식은 몸에 엔돌핀이라는 호르몬이 분비하게 해서 우리가 편안한 임종을 맞이하게 해준다. 이것은 죽는 순간에 편안하게 가는 것이 중요하기 때문에 우리의 의식이 행하는 일로 생각된다.

제 2 단계: 터널 통과 체험

이렇게 해서 몸과 분리된 영혼은 자신의 위에 있는 엄청나게 환한 빛을 목도하게 된다. 이 빛은 근사체험 내내 매우 핵심적인 역할을 하는데 이에 관한 것은 불교의 유력한 문헌인 "티베트 사자의 서"에도 거론되고 있다. 이 책에 따르면 사람이 죽으면 그 직후에 그의 앞에 매우 밝은 빛이 나타난다고 한다. 그런데 이 빛은 흡사 전지전능한 존재 같아 이때 만일 임종자가 이 빛과 하나가 되면 깨달을 수 있다고 이 책은 주장한다. 이 주장의 진위는 쉽게 가려지지 않을 터이니 그냥 통과하기로 하는데 여기서 중요한 것은 사람이 죽는 순간에 이 빛이 나타난다는 것이다.

이 같은 내용을 지닌 티베트 사자의 서가 세상에 알려졌을 때 사람들은 이 내용을 전혀 믿지 않았다. 미신 믿기를 좋아하는 불교도들이 '헛소리'를 하는 거라고 치부했다. 그런데 20세기 후반에 근사체험이 연구되면서 이와 비슷한 내용이 체험자로부터 보고되자 사람들은 놀라게 된다. 사자의 서에 나온 내용이 환각이 아니라는 것을 알게 된 것이다. 대부분의 근사체험자들이 이 빛을 보았다고 증언하니 이 현상을 진실로 인정하지 않을 수 없게 된 것이다. 이 빛에 관한 설명은 매우 중요한 것이라 뒤에서 상세하게 다룬다. 따라서 여기서는 이 정도로 설명을 마칠까 한다.

이때 빛을 대면한 영혼은 그쪽으로 강하게 이끌린다. 그래서 자기도 모르게 굉장히 빠른 속도로 그 빛을 향해 날아가고 있는 자신을 발견한다. 이때 사람에 따라 큰 소음을 듣는 경우도 있다고 하는데 당사자는 마치 긴 동굴 속을 지나가는 느낌을 받기 때문에 이 단계를 터널 체험이라고 부르는 것이다. 그런데 이때 동굴 이미지만 나오는 게 아니라 사람에 따라 다른 이미지도 겪는 모양이다. 어떤 사람은 같은 현상을 동굴이 아니라 우물로 느끼기도 하고 어떤 사람은 나무통이나 계곡으로 느낀다고 하니 여기에는 개인차가 있는 것을 알 수 있다. 그런가 하면 당사자가 속한 문화에 따라 그 문화에 고유한 이미지가 나오는 경우도 있다고 한다. 이 같은 매체에 대한 논의보다 더 중요한 것은 우리의 영혼이 긴 통로를 통해 그 빛의 존재로 향한다는 것이다. 뒤에서 보겠지만 이 빛과의 만남은 근사체험의 핵심을 이루니 그때 다시 상세하게 보기로 한다.

이 단계에서 당사자는 먼저 타계한 부모나 형제, 그리고 친지 혹은 친구를 재회하게 된다. 심지어는 지상에 있을 때 길렀던 개나 고양이 같은 반려동물이 나타나는 경우도 있다. 이 영혼들은 당사자가 새로운(?) 세계로 들어오는 것을 환영하기 위해 마중 나온 것이다. 그런데 이들은 단지 당사자에게 인사하러 온 것이지 그들을 안내하러 온 것은 아니다. 신참 영혼을 안내하는 영혼, 즉 안내령은 따로 존재한다. 이들은 일종의 '영계 가이드'라고 할 수 있는데 해당 영혼이 영의 세계에 도착하여 새로운 환경에 적응할 수 있게 돕는다고 한다. 다 그런 것은 아니지만 이 세계에 갓 도착한 영혼 가운데에는 어리둥절해하고 혼란에 빠지는 영혼이 있는데 이 안내령이 그들이 헛갈리지 않고 다음 단계로 진입할 수 있게 돕는 것이다.

그런가 하면 이런 당사자가 영혼 말고 자신의 수호령을 만나는 경우도 더러 있는 모양이다. 앞에서 본 로스에 따르면 인간은 누구나 한 명 이상의 수호령을 갖고 있다고 한다. 수호령이라고 하면 무엇인가 대단한 것 같지만 꼭 그런 것은 아니다. 수호령은 보통 생전에 본인과 친했던 친지가 죽은 다음에 그 역할을 하는 경우가 많다. 예를 들어 당사자가 할머니와 가까운 사이였다면 이 할머니가 죽은 뒤에 그를 돌봐주는 수호령이 되는 것이다. 지상에서의 관계가 그대로 영혼들의 세계에 투영되는 것이니 크게 신기할 게 없다는 것이다.

이와 관계해서 로스는 아주 실감 나는 사례를 하나 소개했다. 어떤 할머니가 임종이 가까이 오자 '오! 그가 다시 나타났어요!'라고 탄성을 질렀다. 그래서 그녀에게 무슨 말이냐고 물으니까 자신이 어렸을 때 상상의 친구처럼 가깝게 지내던 영혼이 있었는데 그가 다시 왔다는 것이었다. 상상의 친구에 대해 처음 듣는 독자가 있다면 다소 어리둥절할 텐데 이것은 그다지 드문 현상이 아니다. 어린아이 중에는 혼자 있을 때 누군가와 대화하는 아이가 있는데 그때 그 대화의 상대는 그에게만 보이거나 들리는 상상의 친구일 수 있다. 이런 경우 이 상상의 친구는 당사자의 수호령일 가능성이 높다. 이 할머니는 어릴 때는 수호령과 긴밀한 관계를 유지했지만 성장하면서 물질계에 몰두하다 보니 이 영과 접속하는 일이 드물어졌다(그렇지만 이 영은 항상 이 할머니 옆에 있었다). 그러다 죽을 때가 되니 할머니가 영혼들의 세계에 가까이 접근하게 되어 이 수호령을 다시 볼 수 있게 된 것이리라.

수호령에 대한 이야기를 하다 보니 생각나는 영화가 있다. 리차드 드레이퍼스라는 배우가 주인공으로 나오는 "영혼은 그대 곁에(Always)"(1989)라는 영화인데 이 영화는 한때 대스타였던 오드리 햅번이 영화계를 떠났다가 돌아오면서 처음으로 찍은 영화라 당시 주목을 받았다. 햅번이 이 영화에서 주인공의 수호령(혹은 천사)으로 나오기 때문에 여기서 거론해 본 것이다. 이 영화에서 주인공은 비행기를 타고 산불 진화를 하다가 죽음을 맞이한다. 그때 그는 영계에 들어가자마자 햅번을 만나게 되고 그녀로부터 해야 할 일에 대해 브리핑을 받는다. 영계 초엽에서 수호령으로부터 자신이 꼭 해야 할 과제에 대해 설명을 들은 것이다. 주인공은 이 과제를 완수해야 진짜 영계, 즉 자신이 가야 할 곳으로 갈 수 있었던 모양이다.

사실 햅번은 이렇게 영화의 앞부분에서 잠깐 나오고 더 이상 나오지 않는다. 그녀는 이 영화에서 작은 조연을 맡았을 뿐이다. 그녀가 나온 다음에 전개되는 이야기를 아주 간단하게 줄이면, 이번에는 주인공이 자신의 애인이었던 여성의 수호령이 되어 그녀와 그녀의 동료들을 구하는 것이라 할 수 있다. 그의 애인도 산불 진화하는 소방수였는데 그가 죽은 뒤에는 그를 대신해 자신이 직접 비행기를 몰면서 산불을 진화했다. 이 영화에서 가장 인상적인 장면은 이 여성이 비행기를 조종하고 있을 때 주인공이 영혼의 상태로 나타나 그녀의 곁에서 돕는 장면이다. 산불 사이를 뚫고 조종하는 것이라 대단히 힘든 비행이었는데 이 여성은 주인공의 안내를 받아 무사히 임무를 완수하게 된다. 이 영화는 이처럼 영혼과 인간이 교감하고 소통하는 것을 소재로 한 영화로 알려져 있어 한 번 소개해 보았다. 이런 주제에 관심 있는 독자들에게 추천할 만한 영화라 하겠다.

마지막으로 논의하고 싶은 주제는 '왜 영혼들은 이때 터널 체험을 하는가'에 관한 것이다. 이 질문에 대한 일반적인 대답은 '영혼이 차원 이동을 하기 때문'이라는 것이다. 즉, 3차원 세계라 할 수 있는 물질계에서 4차원 세계인 에너지의 세계로 이동하면서 겪는 체험이라는 것이다. 조금 다르게 표현하면, 우리의 영혼이 물질의 세계에서 진동만 존재하는 에너지의 세계로 옮겨가기 때문에 이 체험을 겪는다는 것이다. 이때 터널은 실제로 존재하는 것이 아니라 그런 차원 간의 이동을 해당 영혼이 의식으로 이미지화한 것이라 할 수 있다. 다시 말해 이 양 차원 사이에 그런 통로가 실제로 있다는 것은 아니고 해당 영혼이 그 이동에 적응할 수 있게 스스로 만든 콘셉트라는 것이다. 그런데 이 같은 터널 체험을 하지 않는 사람도 있다. 이런 사람들은 매우 수준이 높은 영혼이기 때문에 이 세계를 환하게 알고 있다고 한다. 이런 영혼들은 굳이 번거롭게 터널 같은 것을 이미지화하지 않고 즉시 차원 이동을 할 수 있다고 전해진다.

 이렇게 해서 도착한 영혼들의 세계는 물질계와 다른 점이 많은데, 그중에 괄목할 만한 것 하나만 뽑는다면, 이 세계는 모든 것이 홀리스틱(holistic)하게 구성되어 있다는 것이다, 즉 모든 사건이 입체적으로 한꺼번에 펼쳐진다는 것이다. 이것을 풀어 설명하면, 물질계에서는 시간과 공간이 따로 존재하지만 영혼이 사는 4차원 세계에서는 이 같은 시공 개념이 적용되지 않는다. 영혼들의 세계에는 시간이나 장소라는 게 의미가 없다는 것인데 예를 들어 어떤 영혼이 자기가 가고 싶은 곳을 생각하면 그 순간 즉시 거기에 가게 되는 것이 그것이다. 물질계 같으면 장소와 시간은 따로 존재하는 것이라 어떤 곳에 가고 싶다고 생각하면 우리는 일단 그곳을 향해 움직여야 한다. 그리고 일정한 시간이 지난 다음에야 그곳에 당도하게 된다. 이처럼 물질계는 장소와 시간이 따로 존재하는데 영혼들의 세계에서는 장소나 시간 개념이 무력화되어 모든 것이 순식간에 일어났다 사라지는 일이 반복된다.

제 3 단계: 빛의 존재와의 만남

우리는 이제 근사체험의 하이라이트 단계에 다다랐다. 이 단계에서는 앞 단계처럼 그냥 빛을 바라보는 것으로 끝나지 않고 이 빛과 의미심장한 소통을 하게 된다. 이 체험을 통해 당사자는 역대급의 변화를 일으키면서 사람이 완전히 탈바꿈하는 데 세속적이었던 인간이 갑자기 이타적인 인간으로 바뀌는 것이 그것이다. 비근한 예를 들자면, 체험 이전에는 돈밖에 모르는 배금주의자였던 어떤 증권 애널리스트가 얼떨결에 근사체험을 했다. 이 체험에서 그는 빛의 존재와 의미 있는 만남을 가졌다. 그 뒤 그는 큰 사랑에 눈뜨게 되어 증권가를 영원히 떠나 봉사 단체 같은 데에 가서 자원봉사자로 일하게 된다. 아니면 자신이 영적인 목적을 추구하는 단체를 세워 사람들에게 자신이 경험한 것을 알리면서 산다.

이것이 대체적인 시나리오인데 이 사람이 왜 이렇게 급격한 변화를 보이는가는 곧 알게 될 것이다. 그런데 이 빛과 만나는 체험은 엄청난 것이라 근사체험을 한다고 해서 아무나 이 일을 겪는 것은 아니다. 빛의 존재를 만나고 앞에서 말한 것 같은 변화를 보인 사람은 그리 많지 않다. 근사체험자 중에서 약 10%만이 빛의 존재와 만나는 체험을 하고 이 같은 변화를 맞이한다고 하니 말이다. 이들은 복권이 당첨된 것 같은 대박을 터트린 사람이라고 할 수 있다. 왜냐하면 이런 식의 전적인 변화는 종교적인 수련 혹은 수도를 몇십 년을 해도 이룰까 말까 한 것인데 이들은 불과 수 분 만의 체험으로 이 일을 달성했으니 말이다. 그러나 그들은 문자 그대로 죽었다 살아나온 절체절명의 위기를 겪은 사람이다. 다른 사람은 좀처럼 겪을 수 없는 큰 사건을 겪은 만큼 그 위기를 타개하면서 터득한 배움은 엄청날 것이라는 추론이 가능하다.

당사자가 이 빛의 존재를 만나면 그는 영혼들의 세계에 들어온 것이라 할 수 있는데 이 빛은 말할 수 없이 환하게 빛난다고 한다. 그러나 눈의 부셔서 볼 수 없는 그런 식의 밝기는 아니고 아마도 심리적으로 느끼는 밝기가 아닌가 한다. 이 빛은 워낙 고차원적이고 이질적인 존재라 그 정체를 파악하기가 대단히 어렵다. 그럼에도 불구하고 근사체험자들은 자기도 모르게 이 빛이 모든 존재의 근원인 것처럼 파악된다고 한다. 이것은 순간적인 깨달음인데 빛이 그런 존재이기 때문에 심리적으로 가장 환한 존재인 것처럼 느껴진 것 같다. 이 빛의 존재는 근사체험에서 가장 중요한 부분이기 때문에 나중에 다시 상세하게 다룰 것이다.

말할 수 없이 아름다운 영혼의 세계

그런데 이곳에 도착한 영혼은 놀라운 사실을 깨닫게 된다. 주위 환경이 너무도 아름답기 때문이다. 이 점은 근사체험자들이 시종일관 실토하는 것으로 그들은 자신이 목도한 광경이 말할 수 없이 아름다워 말을 잃는다. 이 세계의 아름다움은 인간의 언어로는 표현할 수 없다는 게 그들의 한결같은 증언이다.

그들에 따르면 이곳에서는 모든 것이 빛나면서 반짝거린다고 하는데 그 아름다움이 지상의 물체와는 비교할 수 없어 묘사가 가능하지 않다고 한다. 이에 대해 어떤 체험자는 더 구체적으로 다음과 같은 비유를 들었다. 자기가 할리우드의 비버리힐에 있는 배우들의 대저택을 많이 가보았지만, 그것들이 아무리 화려하고 규모가 큰 들 자신이 영계에서 보았던 건물과는 비교가 되지 않았다는 것이다. 지상의 관점에서 보면 이 배우들의 저택이 일반 주택과는 비교할 수 없을 정도로 화려하고 장대하겠지만 그런 저택도 영계에 있는 집에 비하면 시쳇말로 '쨉이 안 된다'라는 것이다.

이런 경관을 목격한 영혼들은 아마도 자신이 천국에 왔다고 생각할 것이다. 이런 모습은 할리우드에서 만든 영화에도 잘 표현되어 있다. 영계를 배경으로 만든 영화는 그다지 많지 않지만 그 가운데 수작을 꼽으라면 "천국보다 아름다운(What Dreams May Come, 1998)"을 빼놓을 수 없다. 이 영화의 주인공 가족은 영화 초반부에 모두 죽기 때문에 영화에는 그들이 영혼 상태에서 만나는 영계의 장면이 많이 나온다. 그런데 주인공인 로빈 윌리암스나 그의 딸이 처해 있는 영계를 보면 아름다운 음악이 흐르고 천사가 날아다니고 건물에서는 빛이 나고 수려한 강이나 언덕, 찬란한 나무가 있어 말할 수 없이 아름다운 장면이 연출된다(그에 비해 주인공의 아내는 자살했기 때문에 빛이라고는 한 줌도 없는 칠흑같이 어두운 방에 갇혀 있는 장면이 나온다). 이렇게 아름답기 때문에 이곳에 갔다 온 사람들은 인간의 언어로는 그 아름다움을 표현할 수 없다고 하는 것이다.

이 일은 어떻게 설명하면 좋을까? 왜 사람들은 영계의 아름다움은 말로 형용할 수 없다고 하는 것일까? 단도직입적으로 말해서 이것은 빛과 색의 차이에서 비롯된 것 아닐까 한다. 영계는 에너지만 있는 빛의 세계이다. 따라서 모든 것이 빛의 진동으로만 표현된다. 그에 비해 지상의 물질계는 색의 세계로서 모든 것이 물질, 즉 고체로 표현된다. 고체의 진동은 빛의 진동에 비해 매우 느리다. 색도 물질, 즉 고체이기에 그 진동하는 속도가 매우 느리다. 따라서 색이 빛 앞에 있으면 칙칙하게 보일 수밖에 없다. 굳이 비유를 들어보면, 사람들이 불꽃놀이를 좋아하는 것은 이 놀이가 빛의 놀이에 가깝기 때문이다. 따라서 지상에서 색을 가지고 하는 쇼보다 훨씬 더 생생하다. 그런데 영계에서 접할 수 있는 빛은 불꽃놀이의 빛보다 순도 면에서 훨씬 높다. 훨씬 맑다는 것이다. 그럴 수밖에 없는 것이 불꽃놀이의 빛은 물질에서 파생되어 순도가 떨어지지만 영계에서 빛나는 빛은 순수한 빛의 원천에서 나왔기 때문에 맑을 수밖에 없는 것이다.

빛의 존재와 같이 하는 '삶의 회고'

이제부터 중요한 것은 당사자가 이 빛의 존재와 더불어 하는 일이다. 이것은 근사체험의 핵심이기 때문에 가장 중요한 것이라고 할 수 있다. 이 빛과 만나 모종의 일을 겪어야 근사체험이 완성되기 때문에 중요하다고 하는 것이다. 빛과 같이하는 일은 한마디로 말해 '삶의 회고(life review)'라고 할 수 있다.

이 일은 이렇게 진행된다. 본인(의 영혼)이 빛과 같이 있으면 그 앞에 자기가 그때까지 살면서 겪었던 일이 파노라마처럼 펼쳐진단다. 그 펼쳐지는 모습은 사람마다 다른데 어떤 사람은 영화처럼 동영상으로 나오는가 하면 어떤 사람은 스틸컷, 즉 정지 화면이 연속해서 나온다. 이 영상이 어떻게 재연되던 간에 이 영상에는 본인이 당시까지 겪었던 일 가운데 가장 중요한 사건들이 줄지어 나온다. 특히 다른 사람과의 관계에서 문제가 있을 때 그 일이 일어났던 현장의 모습이 그대로 재연된다고 한다. 예를 들어 내가 다른 사람에게 해를 입을 때의 장면이라던가 반대로 내가 다른 사람을 잘못 대했을 때의 장면이 나온다는 것이다. 그 장면에서 나의 감정이 어떤가 하는 것은 자신이 주인공이니까 바로 알 수 있는데 놀라운 것은 상대방의 감정 상태까지도 겪는다는 것이다. 그러니까 내가 상대방이 되어 그 사람이 나 때문에 어떤 감정을 가졌는지를 체험한다는 것이다. 이것은 실로 놀라운 일인데 그들이 그렇게 증언하니 부인할 수 없겠다.

이렇게 말하면 독자들이 모호할 수 있을 터이니 이해를 돕기 위해 케니스 링이 든 예를 하나 들어보자. 어떤 트럭 운전사가 큰 사고를 당해 사망 선고를 받았다. 이 사람은 곧 영혼이 육신과 분리되었는데 무슨 운명인지 모르지만 그는 예의 근사체험을 하게 되었다. 그는 체험 도중 빛의 존재를 만났고 그 존재와 더불어 자신의 삶을 회고하는 영상을 보게 되었다. 이 영상에는 여러 가지 사건이 들어 있었지만 우리의 관심을 끄는 것은 다음과 같은 영상이었다. 앞에서 말한 것처럼 그가 상대방이 되는 체험을 한 것이다. 사건은 이렇게 진행되었다.

그가 트럭을 몰고 가다가 경미한 사고가 생기면서 어떤 사람과 시비가 붙었다. 이 트럭 운전사는 아주 괄괄한 사람이었던 모양이다. 그는 화가 끝까지 난 나머지 상대방을 주먹으로 16번을 가격하고 보무도 당당히 그 현장을 떠났다. 상대방은 아마 거의 실신 지경에 이르렀을 것이다. 그 뒤 그는 이 사건에 대해 잊고 있었는데 근사체험 중 삶의 회고를 하는 가운데 이 장면이 나왔다. 이 장면을 보면서 그는 그때 자신이 느꼈던 감정을 있는 그대로 재체험할 수 있었다. 화가 치밀어 상대방을 죽일 것 같은 감정이 다시 느껴진 것이다. 그런데 놀라운 것은 다음 순간 자신이 그 상대방이 되어 그의 감정을 느끼게 된 것이었다. 그가 상대방이 된 것인데 그의 감정을 느껴보니 흠씬 맞아서 아픈 것은 물론이고 아무 저항도 못하고 맞는 자신에 대한 연민, 그리고 언젠가는 복수하겠다는 마음 등등 처절한 마음 상태를 느낄 수 있었다.

 이때 트럭 운전사는 자신이 얼마나 잘못했는가를 바로 깨달을 수 있었다. 자신은 가해자라서 다 잊고 있었는데 상대방은 마음이 찢어나가는 듯한 고통을 느끼고 있었던 것이다. 그리고 그 고통을 자신이 느껴보니 그 아픈 정도가 상상을 절했다. 이 경험을 하고 트럭 운전사는 다른 사람의 마음을 아프게 하는 것이 얼마나 나쁜 일인지 깨닫게 되었다. 그 뒤에 그가 다른 사람을 대하는 태도가 180도 바뀐 것은 두말할 나위 없다. 그래서 이런 것을 경험한 근사체험자는 일상으로 돌아왔을 때 보살과 같은 존재로 바뀌는 것이다. 상대방을 아프게 하면 자신도 아프다는 것을 깨달았으니 말이다.

이때 근사체험자가 빛과 교통하는 방법은 텔레파시 형태로 이루어진다. 즉 본인이 생각하면 그것이 바로 빛의 존재에게 전달되고 빛의 존재가 전하는 메시지 역시 본인에게 의미로서 전달된다. 그런데 놀라운 것은 이 과정에서 당사자가 이 영상에 나타난 사건이 어떤 의미를 갖는지를 이해하게 된다는 사실이다. 내가 이번 생에 겪었던 사건들의 진정한 의미를 깨닫게 된다는 것이다. 이것 역시 이 체험에서 매우 중요한 요소라 우리는 이것을 확실하게 이해해야 한다. 독자들의 이해를 돕기 위해 예를 들어보자.

지상에 있을 때 나는 오토바이 사고로 하반신이 마비되는 불운을 겪었다. 그런데 그때에는 왜 내게 이런 일이 일어났는지 전혀 알지 못했다. 그저 재수가 없거나 우연히 일어났다고만 생각했다. 그런데 이때 빛의 존재와 같이 살펴보니 그 사건은 이미 자신이 이 세상에 내려오기 전에 계획한 것이라는 것을 알게 된다. 그러니까 이 사고가 우연으로 일어난 것이 아니라 미리 설정되었던 것이다.

그런가 하면 어떤 부인은 이 영상에서 남편에게 학대받았던 장면을 보게 되는데 지상에서 살 때는 자신이 왜 이런 부당한 일을 당해야 하는지 전혀 알 수 없었다. 그저 남편이 나쁜 사람이라 나는 어쩔 수 없이 당하는 것이라고만 생각했을 뿐이었다. 그런데 빛의 존재와 같이 그 영상을 보니 사건이 저렇게 전개된 데에는 카르마 법칙이 작동하고 있는 것을 알 수 있었다. 그러니까 내가 운이 나빠서 나쁜 남자를 만난 것이 아니라 모종의 카르마 법칙에 따라 이런 일이 벌어졌다는 것을 알게 되는 것이다. 깨달음은 거기서 끝나지 않는다. 빛의 존재와 소통하다 보면 자기 남편과 엮인 이 같은 부정적인 카르마를 어떻게 하면 풀고 갈 수 있을지도 소상하게 알게 된다고 한다. 불교식으로 표현하면 이른바 '업장 소멸'이라고 하겠다.

무조건적인 사랑 체험하기

인생 회고는 이렇게 진행되는데 이때 당사자는 빛의 존재로부터 엄청난 사랑을 체험한다고 한다. 이것은 기독교나 불교에서 말하는 무조건적인 사랑으로 체험자들은 한결같이 자신이 지상에서 살 때는 한 번도 이런 사랑을 받아본 적이 없었다고 실토한다. 근사체험자들이 전적인 변신을 하는 것은 바로 이같은 사랑을 체험하기 때문이다.

이 영상에는 당사자가 생전에 잘못했던 일들도 많이 나오는데 그런 장면이 나와도 빛의 존재는 결코 '그때 왜 그렇게 했나?' 혹은 '그때 좀 잘하지 이게 뭔가'라는 식으로 나무라지 않는다. 인간 세상에서는 상대방이 조금만 잘못해도 지적하고 욕하고 타박하고 잔소리하는데 이 빛의 존재는 일절 그런 게 없다고 한다. 그저 무한한 사랑으로 당사자를 감싼다고 한다. 이때 본인은 그 절대적인 사랑에 감복되어 심리적으로 그리고 영적으로 전적인 변모(holistic transformation)를 경험하게 된다. 완전히 새로운 인간이 되는 것이다. 불교식으로 하면 보살이 되는 것이고 기독교식으로 하면 천사 같은 존재가 되는 것이다. 살아생전에 일찍이 받아보지 못한 사랑을 받으면서 사랑의 화신으로 바뀌는 것이다. 그리고 앞에서 본 것처럼 다른 사람을 괴롭히는 것이 얼마나 나쁜지도 절감하게 된다.

이와 동시에 체험자는 남을 판단하는 것이 얼마나 나쁜지도 알게 된다. 우리는 살면서 다른 사람에 대해 많은 말을 하는데 그 가운데 가장 많이 하는 일은 나의 잣대로 다른 사람을 판단하는 것이다. '저 사람은 저래서 싫고 이 사람은 이래서 싫다'

라는 식으로 말하는 것이 전형적인 예이다. 그런데 이런 식으로 자신이 판단되는 것을 좋아할 사람은 아무도 없다. 내 앞에서 다른 사람이 나를 판단하는 것도 기분 나쁘지만 내가 없는 데서 나를 판단했다는 것을 알게 되어도 대부분의 우리는 크게 감정이 상한다. 자신이 이렇게 기분이 나쁘니 같은 일을 남에게 하지 말라는 것이다. 이 점에 대해 예수처럼 명확하게 말한 성자도 없다. 신약의 마태복음에서 예수가 '자신이 (남에 의해) 판단 받지 않고 싶으면 남을 판단하지 말라'라고 한 것이 이 사정을 잘 말해준다.

당사자가 이런 깨달음에 다다르게 된 것은 근사체험을 통해 다음과 같은 중요한 사실을 알았기 때문일 것이다. 근사체험을 제대로 한 사람은 우주의 법칙 혹은 실상을 깨닫게 되는데 그것은 우주의 모든 것은 하나이며 서로 연결되어 있다는 새삼스럽게 새로운 진리를 깨닫는 것을 말한다. 이에 대한 가장 좋은 비유는 불교에서 말하는 인드라망의 비유이다. 이 가르침에 따르면 우리는 격리된 존재가 아니라 인드라천에 있는 그물 같은 것으로 모두가 서로 연결되어 있다. 우리 인간은 겉으로 보면 섬처럼 격리된 존재인 것처럼 보이지만 섬이 바닷속에서는 서로 연결되어 있듯이 인간도 심층의 수준에서는 모두 연결되어 있다는 것이다. 이것을 세계적인 물리학자인 데이비드 봄의 용어를 빌려 표현하면, 우리 인간은 '드러난 질서(explicate order)'의 측면에서 볼 때는 독존하는 것 같지만 '숨겨진 질서(implicate order)'의 측면에서 보면 모두 연결되어 있다고 할 수 있을 것이다.

근사체험자들은 여기서 더 진전된 의견을 주장한다. 즉 모든 인간이 서로 연결되어 있을 뿐만 아니라 인간들 사이에는 일종의 에너지가 흐르고 있어 그들 사이에 일어나는 기운은 서로에게 전달된다는 것이다. 우리를 둘러싼 실상이 이렇기 때문에 내가 어떤 사람에 대해 부정적인 혹은 나쁜 생각을 일으키면 그것은 부정적인 기운이 되어 그 사람에게 전달된다. 그렇게 전달된 힘은 '작용과 반작용의 법칙'에 따라 고스란히 나에게 되돌아온다. 그러면 나도 타격을 입게 된다. 그러나 만일 내가 상대방에게 선의의 감정이나 사랑의 감정을 드러내면 그것 역시 똑같은 강도의 에너지로 내게 돌아온다. 사실 이것은 카르마 법칙의 실체이기도 하다. 만일 이런 세계관을 받아들인다면 우리가 어떻게 살아야 하는가가 명확히 드러난다. 불교나 기독교에서 말하는 것처럼 서로를 위하며 살아야 한다는 것인데 같은 맥락에서 이런 진실을 체감한 근사체험자는 우리 인간의 유일한 의무는 사랑하는 일밖에 없다는 것을 절실하게 깨닫게 된다. 그것이 모든 사람이 살 수 있는 유일한 방법이기 때문이다.

사랑과 함께 배움도

이처럼 사랑의 중요성을 깨달은 근사체험자는 그와 동시에 배움도 매우 중요하다는 사실을 터득하게 된다. 사랑은 감정의 차원에 해당하기 때문에 균형을 잡으려면 이성 혹은 지성의 지원이 필요하다. 이 균형을 잡기 위해서는 배움이 필수적이다. 배움은 당사자에게 일종의 방향타 혹은 이정표의 역할을 할 것이다. 그런데 이때 말하는 배움은 학교에서 가르치는 그런 마른 지식이 아니라 우주와 자연, 그리고 인생의 원리나 법칙 등을 배우는 것을 말한다. 예를 들면, 깊은 종교적 교리나 인간의 심리에 대한 분석, 혹은 자연이나 우주의 실상을 알게 해주는 공부 등이 그 대상이 되겠다.

이에 가장 부합되는 사례가 하나 있어 소개하려 한다. 이 사람의 사례를 보면 우리는 어떤 배움을 추구해야 하는지 확실히 알 수 있다. 이 사람의 이름은 탐 소여(Tom Sawyer)로 마크 트웨인의 소설에 나오는 주인공과 이름이 같다. 그의 체험은 실로 극적이라 근사체험학계에서 꽤 유명해서 그의 체험에 대해 기술한 책이 출간될 정도다. 그는 원래 죽음이고, 종교고, 물리학이고 그런 고급 지식에는 아무 관심이 없는 사람이었다. 대학도 가지 않고 고등학교 졸업한 후에는 자동차 정비소에서 일했다. 자동차 정비공이었던 것이다. 이랬던 그가 어느 날 큰 사고를 당했는데 그때 근사체험을 했다. 그런데 이 사람의 체험은 근사체험 자체가 아니라 체험 후에 일어난 일에서 그 독특성을 찾아야 한다.

처음부터 기이한 일이 일어났다. 체험 후에 그의 뇌리에는 'quantum mechanics(양자 역학)'라는 단어가 자꾸 떠올랐다고 한다. 그런데 그는 이 용어가 무엇을 의미하는지 전혀 알 수 없었다. 그는 대학을 나오지 않았기 때문에 이 같은 고급의 물리학 용어를 알지 못했다. 그의 주위에는 이 단어에 관해 물어볼 사람이 없었다. 그의 주변에는 자동차 정비업소에서 일하는 사람만 있었을 터이니 그들이 양자 역학에 대해 알 리가 없었을 것이다. 그래서 그는 하는 수 없이 무작정 동네 도서관에 가서 사서에게 양자 역학에 대해서 알려면 어떻게 해야 하냐고 물어보았다. 그랬더니 사서는 서고에 있는 어떤 노인을 가리키면서 그에게 물어보면 잘 대답해 줄 거라고 답했다. 이에 탐이 노인에게 가서 같은 질문을 하니 그는 탐이 양자 역학을 잘 모르고 있다는 사실을 금세 파악하고 초보자도 쉽게 이해할 수 있는 기본적인 책을 소개해 주었다. 탐은 집에 와서 이 책을 읽었는데 그는 태어나서 처음 접하는 주제인데도 이상하게 그 내용이 다 이해됐다고 한다. 그 뒤로 그는 도서관에서 비슷한 책을 더 빌려서 읽었는데 공부할수록 이 주제에 말할 수 없이 큰 매력을 느껴 급기야 대학에 진학하게 된다. 여기서 그의 경력이 그쳤으면 사회로부터 별 주목을 받지 못했을 것이다. 그는 배움에 박차를 가해 대학원에 가서 박사학위까지 받는다. 그의 삶이 이렇게 진행되니까 지역 사회에서 명사가 되어 방송에도 출연하고 강의도 하는 등 그의 주위에 많은 선한 영향력을 미쳤다고 한다.

이 이야기에서 중요한 것은 탐이 빠져든 양자 역학이라는 주제가 자연과 우주의 실상을 알려주는 고급 물리학이라는 사실이다. 양자 역학은 우리에게 이 세계나 우주의 참모습을 보여준다는 의미에서 현대물리학에서 가장 중요한 이론이라 할 수 있다. 그래서 그런지 양자 역학에 밝은 막스 플랑크나 베르너 하이젠베르크와 같은 학자들은 동양의 현자가 할 만한 말을 많이 했다. 예를 들어 플랑크가 '우주의 근본은 의식이다. 물질은 의식에서 파생되었다'라고 주장한 것은 잘 알려진 것인데 사실 이 주장은 인도의 현자들이 늘 하던 말과 다르지 않다. 아니, 우주의 근본을 브라만, 즉 의식으로 파악하는 힌두교의 근본 교리와 궤를 같이한다고 해도 크게 틀리지 않을 것이다. 이렇듯 양자 역학과 같은 현대물리학은 진리를 대표하는 가르침이라 하겠다. 탐은 이런 주제를 전혀 모르고 있었지만 근사체험을 통해 그의 무의식적인 욕구가 깨어나면서 우주나 자연에 대한 큰 궁금증이 생긴 것이다. 그래서 새로운 배움을 시도했고 그 결과 지혜가 생기고 그 자신도 현자의 대열에 동참하게 된 것이다. 탐의 사례는 자연이나 우주의 궁극적인 진리에 문외한이었던 사람이 현자로 성장하는 과정이 하도 드라마틱해서 상세하게 설명해 본 것이다.

이처럼 근사체험을 한 사람들은 인간이 태어나서 해야 할 일은, 혹은 가장 중요한 일은 '배움과 사랑'이라는 사실을 깨닫게 된다. 그래서 그런지 유대교에서는 우리가 죽은 뒤에 저세상에 가져가는 것은 배움과 사랑뿐이라고 가르친다. 어떤 사람이 아무리 높은 지위에 올라갔어도, 아무리 많은 파워를 가졌어도, 아무리 많은 돈을 벌었어도 그런 것은 어느 하나 가져가지 못하고 유일하게 가져갈 수 있는 것은, 내가 이 세상에서 사람들을 얼마나 사랑했고 얼마나 공부를 했는지만 가지고 간다는 것이다. 이것은 불교도 마찬가지다. 불교에서 가장 중요하게 생각하는 것은 지혜와 자비인데 이것은 배움과 사랑과 정확히 일치한다. 이렇게 보면 우리가 이 세상에서 살고 있는 목적은 다 나온 셈이다. 배움과 사랑 혹은 지혜와 자비를 닦고 실천하는 것 외에 또 무엇이 있겠는가.

'빛'의 정체는?

이제 우리에게 남은 마지막 질문은 '이 빛의 존재는 무엇인가?', 즉 이 빛의 정체에 대한 것이다. 이 빛은 죽음을 목전에 둔 사람들이 자주 목격한다고 알려져 있다. 이런 상황을 다룬 문헌이 그 유명한 "티베트 사자의 서"인데 앞에서도 거론한 것처럼 인간이 죽은 직후에 이 빛을 만난다고 적혀 있다. 그러니 이 빛은 인간의 죽음과는 떼려야 뗄 수 없는 관계에 있다는 것을 알 수 있다.

이처럼 인간이 죽는 순간 혹은 죽은 직후에 빛의 존재가 거의 자동으로 나타나는 것처럼 보이는데 재미있는 것은 사람들이 이 빛을 파악하는 방법이 다르다는 것이다. 그것은 그들이 믿는 종교에 따라 이 빛을 다르게 인식하고 있기 때문이다.

그 가운데 몇 가지 예를 들어보면, 기독교도들은 이 빛을 예수로 파악하는 경우가 있는데 그중에서 가톨릭교도는 예수보다 마리아로 간주하는 경우가 더 많은 것 같다. 불교 신자들은 물론 이 빛을 그네들이 신봉하던 불보살 중의 하나로 간주한다. 예를 들어 불교의 극락을 지키는 아미타불이나 자비의 화신인 관세음보살의 이미지로 이 존재를 파악하는 것이다. 이런 것들은 모두 자신들의 신앙을 투사해서 만들어낸 결과라고 하겠다.

나는 이 같은 해석을 거부할 생각은 없지만 이런 해석보다 더 나은 해석이 있어 그것을 소개하려고 한다. 학술적인 해석이라 마음에 드는 것이다. 이 이론은 앞에서 인용한 링의 저서(1980)에 나와 있다. 그는 이 빛을 'higher self'라고 풀었는데 이것을 의역하면, 전체적 자아, 심층적 자아 혹은 아예 불교적 용어로 참나[진아, 眞我]라고 할 수 있다. 어떤 사람은 'Oversoul', 즉 대령(大靈) 혹은 '초(월)영혼'이라고 풀기도 했다. 이 대령은 '근원적인 나'를 지칭하는데 우리의 개별적인 자아는 환생하면서 계속해서 변화하지만 이것은 환생하지 않고 근본 자리에 있다고 한다(이에 대한 설명은 너무 방대한 것이라 이 지면에서 하기 힘들다). 이 이외에도 'One Mind(一心)' 혹은 '절대의식(Ultimate Consciousness)'이라는 용어로 이 빛을 표현하기도 한다. 이 일심이나 절대 의식 역시 이해하기에 쉽지 않은 개념인데 '절대 실재' 정도로 파악하면 되겠다는 생각이다.

체험자들은 빛의 존재를 이렇게 높이 평가하는데 그것은 이 존재가 전지전능한 것처럼 보이기 때문이다. 체험자들이 이렇게 생각하게 되는 것은 일단 이 존재가 자신과 관계해서 과거의 일뿐만 아니라 미래의 일까지도 모두 알고 있었기 때문이다. 자신의 삶과 관계해서 어떤 사안이 나와도 이 빛의 존재는 모든 것을 알고 있었고 앞으로 어떻게 전개되는지도 다 인지하고 있다고 한다. 따라서 체험자는 이 빛의 존재와 같이 자기의 이전 삶을 복기하면서 이번 생에 자신이 왜 태어났고 어떻게 살아야 하는지에 관해서도 확실하게 알게 된다. 그래서 앞에서 말한 것처럼 그는 체험 뒤에 지혜와 사랑을 모두 갖춘 이상형의 인간으로 변모하는 것이다. 그뿐만이 아니다. 빛의 존재와 대화하는 과정에서 이 우주의 기원이나 형태에 대해 매우 심오한 지식을 얻게 되는 사람도 있었다. 우주가 어떻게 생겨났고 어떤 모습을 갖고 있는지를 알게 된다는 것인데 그들이 갖게 되는 지식은 물리학자나 천문학자들의 그것을 능가한다고 한다. 이를 통해서 그들은 이 빛의 존재를 모르는 것이 없는 전지전능한 존재로 파악하게 되는데 아무튼 빛의 존재는 우리의 알량한 머리로 이해할 수 있는 존재가 아닌 듯하다.

종교와는 무관한 빛의 존재

이 만남에서 재미있는 사안이 있어 팁으로 하나 소개할까 한다. 종교와 관련된 것인데 이 빛의 존재가 근사체험자와 대화할 때 그는 채점자의 종교에 대해서는 전혀 언급하지 않는다고 한다. 그러니까 '당신의 종교가 무엇인가?' 혹은 '생전에 교회를 다녔는가?' 혹은 '신을 믿는가'와 같은 종교와 관련된 질문을 전혀 하지 않는다는 것이다. 대신 빛의 존재가 관심 있는 것은 오로지 체험자가 생전에 다른 사람을 위해 얼마나 많이 노력하면서 살았는지 등과 같은 것이라고 한다.

이것을 조금 더 구체적으로 설명해 보면, 빛의 존재는 사람들이 믿는 행위처럼 심리적으로 무슨 일을 했는가에 대해서는 관심이 없고 오로지 몸을 움직여서 실제로 남을 돕는 생활을 했는지에 대해서만 관심을 보인다는 것이다. 아무리 신을 열심히 믿고 기도를 '빡세게' 하더라도 그것이 행동으로 이어지지 않으면 좋은 카르마를 만들 수 없다. 예를 들어 어떤 사람이 교회도 열심히 다니고 헌금도 잘 내며 교회 내 봉사활동도 잘 했다 하더라도 살면서 이기적으로 행동했다면 카르마 법칙상 그는 좋은 과보를 받을 수 없다. 중요한 것은 '머리로 무엇을 믿었느냐가 아니라 몸으로 직접 어떤 행동을 했는가'이기 때문이다. 그래서 빛의 존재는 체험자가 어떤 종교를 믿었는지 또 어떤 신앙생활을 했는지 등에 대해서는 아무 관심이 없는 것이다.

이와 관련해 또 재미있는 일이 있었는데 이것 역시 기독교와 관계된 것이다. 근사체험이 처음으로 세상에 알려졌을 때 기독교계에서는 환영 일색이었다고 한다. 왜냐하면 근사체험자들이 증언하는 사후 세계가 기독교가 주장하는 천당과 매우 닮았기 때문이다. 그래서 기독교 관계자들은 이것이야말로 천당이 존재한다는 객관적인 증거라고 열을 올리면서 이 체험을 추켜세웠다. 그런데 그들은 곧 근사체험자들을 매도하기 시작했다. 심지어 근사체험자들의 증언은 다 거짓이고 악마의 소행이라고 비난해 댔다. 이유는 간단했다. 빛의 존재가 체험자에게 '예수를 믿었는가?', '신을 믿는가'와 같은 기독교적인 신앙에 대해서는 하나도 질문하지 않았기 때문이다. 통상의 기독교 신앙에 따르면 사람이 기독교를 믿고 예수를 유일한 구세주로 고백해야 죽은 다음에 천당에 간다. 그렇지 않은 사람은 지옥에 떨어진다는 것이 기독교가 근 이천 년 동안 유지한 교리이다. 그런데 빛의 존재는 이런 이야기에 대해서 한 마디도 물어보지 않으니 기독교 관계자들이 당황하기 시작한 것이다. 그리고 근사체험자 중에는 교회를 나가지 않는 사람도 있었는데 그런 사람에 대해서도 빛의 존재가 무조건적인 사랑으로 감싸주니 기독교 관계자들이 난감한 것이다. 만일 사안이 이렇게 진행된다면 교회를 나가지 않아도, 또 예수를 유일한 구세주로 고백하지 않아도 죽은 다음에 지옥에 떨어질 염려가 없는 것이다. 그렇게 되면 우리가 굳이 기독교를 믿어야 할 필요가 없게 되니 기독교 유일주의를 금과옥조처럼 신봉하는 보수적인 기독교도들은 근사체험들의 증언을 받아들일 수 없었던 것이다.

 이와 비슷한 맥락에서 어떤 목사 부인이 전한 이야기도 재미있다. 그녀는 목사 부인이니 남편을 도와 열심히 신앙생활을 하고 매주 빠짐없이 예배를 보았다. 그런데 어쩌다 그녀가 근사체험을 하게 되었다. 이 일을 치르고 몸이 완쾌된 다음에 그녀는 평소대로 남편이 인도하는 예배에 참석했다. 그런데 근사체험 전에는 좋게만 들렸던 남편의 설교가 이상하게도 역겨워서 들을 수가 없었다. 이 목사 부인은 왜 이런 태도를 취했을까? 그 이유는 독자들도 짐작할 수 있을 것이다. 남편의 설교는 자기가 근사체험 시 빛의 존재에게서 들었던 것과 너무나 차이가 나기 때문이었다. 특히 그녀는 남편이 기독교에 빠진 교조주의적인 신앙을 옹호하는 것은 견디기 힘들었다. 빛의 존재는 무조건적인 사랑을 주는데 남편은 기독교만이 구원을 약속한다고 하니 거부감이 든 것이다. 부인은 남편이 그처럼 기독교에 갇혀서 편협한 신앙생활을 하는 것을 감내할 수 없었던 것이리라.

 이처럼 근사체험은 사람을 180도로 변하게 만들지만 이런 일이 흔하게 일어나는 것은 아니다. 이런 엄청난 일이 흔하게 일어난다면 그게 잘못된 일일 것이다. 앞에서 본 것처럼 근사체험을 한 사람 중에도 빛의 존재를 만나 엄청난 체험을 하는 사람은 전체 체험자 중 10%에 불과하다고 한다. 가장 흔한 경우는 그저 체외이탈만 하고 그 주변서 어슬렁거리다가 별 체험하지 못하고 자신의 몸으로 되돌아오는 것이다. 이 정도만 체험해서는 사람은 바뀌지 않는다. 기이한 체험을 했다는 것 정도로만 기억되고 당사자는 자신이 근사체험을 했다는 사실을 서서히 잊어버리게 된다. 내가 수년 전에 만났던 어떤 근사체험자는 내가 이 체험에 대해 말하자 다소 냉소적인 태도를 취했다. '나도 병원에서 수술을 받다가 그 체험을 해보았는데 별거 아니더라'라는 투였다. 그래서 어디까지 체험해 보았냐고 물으니 그는 '혼이 몸에서 빠져나갔다가 돌아왔다'라고 대답했다. 그런 그에게 나는 '그 정도 체험하면 아무 변화도 일어나지 않는다'라고 대답하고 근사체험에 대해서 더 공부해 보면 좋겠다고 하면서 점잖게 마무리했다.

이제 빛의 존재와의 만남에 대해 설명한 장이 끝나지만 사실 이 만남은 파도 파도 끝을 모르는 그런 체험인 것 같다. 이 존재가 워낙 미지의 존재이고 우리의 이해 능력 밖에 있어 더 알 수 없는 것이다.

제 4 단계: 장벽 앞에 서기

이렇게 빛의 존재와 만남이 끝나면 당사자는 일종의 장벽 앞에서 서게 된다. 이것은 이승과 저승 사이에 있는 벽으로 추정된다. 이 장벽을 건너 가면 저승으로 들어가는 것이라 다시는 이승으로 돌아올 수 없게 된다. 그런데 이 경계선이 반드시 장벽으로만 나타나는 것은 아니고 당사자가 속해 있는 문화에 따라 다른 것으로 나타나기도 하는 모양이다. 그 가운데 장벽과 가장 비슷한 것으로는 담장 같은 것을 들 수 있고 어떤 체험자는 문을 목격하는 경우도 있다고 한다.

이때 말하는 문은 저승의 현관과 같은 것이라 하겠다. 그 문을 열고 들어가면 이승과는 영원히 하직하는 것이다. 사실 그런 문이 객관적으로 존재한다고 보기는 어렵다. 단지 그곳에 처한 영혼들이 심상(image)으로 만들어낸 산물이 아닐까 한다. 우리들이 지상에 살 때 어딘가 들어갈 때는 항상 문을 열고 들어가지 않는가? 이런 것이 당사자의 뇌리에 저장되어 저승에서도 같은 상념 작용을 일으켰을 터이고 그것이 그 세계에서 현실화하면 문의 형태로 나타난 것 아닐까 한다. 이 책이 주제는 사후 세계가 존재하는 근거에 대한 것이라 영계의 구체적인 작동 원리에 대해서는 언급하지 않는다. 그러나 여기서 팁으로 영계의 작동 원리에 대해서 보면, 그 세계는 지상처럼 외부 세계가 객관적으로 존재하는 것이 아니라 영혼들의 상념에 따라 만들어졌다고 할 수 있다. 쉽게 말해 영계에서는 영혼이 생각하는 대로 외부 세계가 펼쳐진다는 것이다. 그래서 여기서 말하는 것처럼 이승과 저승의 장벽을 자기의 생각에 따라 파악하는 것이다.

다시 이 장벽 이야기로 돌아가면, 근사체험자에 따라 이승과 저승의 경계가 장벽이나 담장처럼 막힌 것으로 나타나지 않는 경우도 있는 모양이다. 예를 들어 아랍 지역에 사는 사람들은 이 경계를 사막으로 체험하는가 하면 폴리네시아 사람들은 바다로 체험하는 경우가 있다고 한다. 이 지역에 사는 사람들은 평생 보고 산 게 사막 아니면 바다인지라 자연스럽게 이승과 저승의 경계도 이런 자연물로 표현하는 것이리라. 여기서도 우리의 상념이 그대로 투사되어 외부 현실이 되는 영계의 작동 원리를 확인할 수 있다. 그런가 하면 이 경계를 강으로 인식하는 경우도 있는데 이것은 한국이나 일본 등지에서 많이 발견되는 경우라 하겠다. 이 강은 불교에서 삼도천(三途川)이라 불리는데 강 건너가 저승이 되는 것이다. 한국이나 일본은 불교 신앙이 강한 나라였기 때문에 국민들이 저승을 그릴 때도 이처럼 불교의 영향을 받는 것은 당연하다고 하겠다. 그들의 체험이 여기서 끝나지 않는 경우도 있다. 강만 보는 게 아니라 강 건너에 앞서 죽은 친척이 서 있는 것을 보았다고 보고한 사람도 있기 때문이다. 그런데 이때 그 친척은 가만히 서 있을 수도 있지만 손을 저으면서 '너는 아직 이곳으로 올 때가 아니다'라고 알려주는 경우도 있다고 한다. 사정이 어떻게 전개되든 여기서 체험자에게 중요한 것은 이곳에서 저승 진입 여부를 결정해야 한다는 것이다.

제 5 단계: 귀환

 이제 마지막 단계다. 이 단계에서 당사자는 기로에 서게 되는데 앞에서 말한 것처럼 더 전진해서 저승으로 들어가든지 아니면 되돌아가야 하는지를 결정해야 한다. 그런데 사실 대부분의 사람은 여기서 결정이고 말고 할 게 없다. 거의 모든 사람은 그냥 저승으로 들어가지 다시 이승으로 오지 않기 때문이다. 이렇게 해서 저승으로 들어간 사람들은 우리가 만날 수 없기 때문에 그들에 대한 정보를 얻을 수 없다. 반면 근사체험자들은 여기서 지상으로 되돌아오겠다고 결정한 사람으로 우리는 그들로부터 매우 귀중한 정보를 얻을 수 있다. 그런데 이 근사체험을 연구하다 보면 근사체험자들의 사례를 너무 많이 보니까 이런 일이 흔하게 일어나는 것으로 착각하기 쉽다. 그러나 이것은 사실과 거리가 멀다. 거의 대부분의 사람은 죽게 되면 다시는 이승으로 돌아오지 않는다. 근사체험자처럼 이승으로 돌아오는 사람은 극히 일부분으로 아주 귀한 예에 속한다.

 우리는 그 귀중한 사례만을 가지고 연구하는 것이다. 그런데 종래의 연구를 보면 이 단계에서 체험자들이 보이는 귀환의 모습이 여러 양상으로 나타나는 것 같다. 우선 자신도 모르는 사이에 빨려 가는 것처럼 자신의 몸으로 되돌아오는 경우가 있다. 누가 자신을 낚아채는 것 같은 느낌을 받았는데 의식을 차려 보니 몸으로 돌아온 자신을 발견하는 것이다. 이런 경우에는 귀환에 대해 생각하고 말고 할 게 없다. 그냥 카르마의 힘에 의해 되돌아간 것이다. 그런가 하면 어떤 사람은 아직 죽을 때가 아니라는 것을 알고 스스로 자기 몸으로 되돌아가기도 한다. 이런 사람들은 아직 할 일이 남아 있기에 몸으로 되돌아가는 것이 합당하다고 생각한 것이다. 이런 사람은 자기의 명을 아는 사람으로 지적으로 상당히 발달된 사람이라고 할 수 있다.

재미있는 경우는 본인은 몸으로 돌아가기 싫은데 빛의 존재가 권유해서 할 수 없이 돌아가는 사례이다. 이 사람은 현재 영혼으로 존재하는 상태가 너무 좋아서 돌아가기를 거부하는 것이다. 이것은 충분히 이해할 수 있다. 지금의 상태와 지상에 있는 자기 몸의 끔찍한 상태를 비교하면 자기 몸으로 돌아가기 싫다는 게 충분히 이해된다. 예를 들어 만일 이 사람이 큰 자동차 사고를 당해서 이곳으로 왔다면 지상에 있는 몸은 만신창이가 되어 있을 것이다. 그런데 지금 영혼의 상태에 있는 나는 말할 수 없이 자유롭고 편안한 상태다. 이 상태에서 몸으로 돌아갈 생각을 하니 소스라치게 싫은 것이다. 이처럼 당사자가 계속해서 자신은 몸으로 돌아가기 싫다고 하면 빛의 존재는 해당 영혼에게 귀환하는 것이 순리라고 하면서 차분하게 설명해 준다고 한다. 보통 이럴 때 빛의 존재는 그에게 '당신은 지상에서 할 일이 남아 있기 때문에 아직 이곳에 올 때가 아니다'라고 한다고 한다. 이때 중요한 것은 빛의 존재가 당사자에게 선택을 절대로 강요하지 않는다는 것이다. 빛의 존재는 당사자의 자유의지를 존중하면서 가볍게 권유하는 식으로 의견을 피력한다고 한다.

이것은 당연한 일이다. 왜냐하면 빛의 존재는 사랑 그 자체이기 때문에 다른 존재를 무시하거나 백안시하지 않기 때문이다. 그래서 빛의 존재는 당사자에게 친절하게 의견을 피력하는데 그것을 듣는 당사자는 그 말을 따를 수밖에 없다고 한다. 자신이 아무리 몸으로 돌아가기 싫어도 빛의 존재가 말하면 근원을 알 수 없는 엄청난 힘을 느끼기 때문에 그 말에 복종하게 되는 것이다. 앞에서 우리는 이 빛의 존재가 전지전능하게 느껴진다고 했는데 이 존재는 카르마 법칙도 꿰뚫고 있을 것이다. 따라서 체험자가 지금 영계로 와야 할 때인지 몸으로 돌아가야 할 때인지를 정확하게 알고 있을 것이다. 그런 존재가 부드럽지만 강하게 당사자에게 말하면 따르지 않을 수 없을 것이다.

이렇게 해서 당사자는 자기 몸으로 돌아오는데 이번에는 일이 굉장히 빠르게 진행된다고 한다. 이게 무슨 말인가 하면, 영혼이 몸과 분리될 때는 소음이 들리기도 하고 터널이 앞에 있어서 그 가운데를 빠르게 날아간다느니 하는 다소 복잡한 과정이 있었는데 몸으로 돌아올 때는 이런 것 없이 순식간에 몸으로 돌아온다고 한다. 조금 다른 사례도 있지만 대부분은 순식간에 몸으로 돌아오고 눈을 떠보니 '내가 몸에 있었다'라는 식으로 진행된다. 한 차원을 올라갈 때는 터널을 통과하는 등 어렵게 올라갔는데 다시 내려올 때는 상대적으로 쉬운 일이라 별 단계 거치지 않고 돌아오는 모양이다.

이렇게 몸으로 돌아오면 근사체험은 끝나는 것인데 마지막으로 이 이후에 생길 수 있는 일에 대해 잠깐 언급하고 설명을 마치기로 하자. 이것은 체험 이후에 당사자의 몸에 생기는 변화에 대한 것이다. 이 체험을 한 사람은 몸이 믿을 수 없이 빠른 속도로 회복된다고 하는데 그 속도가 너무 빨라 통상적인 상식으로는 이해할 수 없다고 한다. 근사체험자들은 보통 병이 위중하거나 큰 사고를 당해 몸에 치명적인 손상을 입은 사람들이다. 그래서 그들의 육체적 상태가 최악일 경우가 많다. 그런데 이런 사람들이 근사체험을 한 뒤에 의사가 믿을 수 없을 정도로 빠른 회복세를 보인다고 한다. 모든 체험자가 그런 것인지 어떤지는 조사된 바를 접하지 못해 정확히 알 수 없지만 이 같은 실례가 있어 소개해 본다.

이 사례는 인도인인 아니타 무르자니라는 여성이 겪은 근사체험 이야기인데 그의 이야기는 "그리고 모든 것이 변했다(Dying to Be Me, 2012)"라는 제목으로 한국에도 번역되어 출간되었다. 그의 책은 한국어를 비롯해서 40개 이상의 언어로 번역되어 출간된 사실에서 알 수 있듯이 전 세계적으로 많은 주목을 받았다. 그는 4년 동안 임파선암을 앓다가 상태가 너무 악화되어 혼수상태로 병원에 실려 온다. 이때(2006) 그는 30시간 동안 혼수상태에 빠져 있었는데 앞에서 본 것과 같은 근사체험을 하고 혼수상태에서 깨어났다. 그러고 나서 불과 5일 만에 병이 급자기 호전되어 중환자실에서 일반 병실로 옮겨진다. 이것도 대단한 것인데 더 놀라운 일이 또 벌어진다. 5주 만에 암세포가 완전히 소멸한 것으로 판명되어 아예 병원을 퇴원한 것이다. 그의 암은 아주 지독해서 의학적으로는 다시 호전되는 것이 불가능하다고 했는데 완치됐으니 놀라운 것이다. 이것을 설명해 보면, 근사체험을 한 후 그녀에게 세상을 완전하게 긍정적으로 보는 눈이 생겨 그 긍정의 에너지가 몸에서 치유 에너지 혹은 치유 호르몬을 발산시켜 그녀의 몸을 원래 상태로 되돌린 것 아닌가 한다.

이번에는 마지막으로 이에 못지않게 극적인 사례가 있어 이것을 소개하면서 근사체험의 설명을 마칠까 한다. 이번 예는 내가 번역한 『사후생』에 나온다. 주인공은 가족과 함께 어떤 친척을 방문하기로 했는데 그는 중간에 합류하기로 했다. 가족이 탄 차에는 장인, 장모, 아내, 그리고 여덟 명의 아이가 있었는데 오다가 그만 휘발유 운송차와 부딪쳐 그 휘발유가 쏟아지면서 온 가족이 불타 죽었다. 이런 어이없는 사고에 사랑하는 가족을 한꺼번에 잃은 그 남자는 너무도 상심한 나머지 근 2년 동안 약물을 복용하고 술에 절어 살면서 수도 없이 자살을 시도했다. 결정적인 근사체험을 하는 날도 그는 술에 만취해 또 자살을 감행했다. 그는 당시 그저 하루빨리 죽어서 가족들과 합류하고 싶다는 생각밖에 없었다고 한다. 그날도 만취되어 될 대로 되라고 하면서 길바닥에 누워있었는데 마침 달려오는 트럭에 깔려버렸다. 그가 바라던 대로 된 것이다. 그런데 그 다음에 그가 본 것은 만신창이가 된 자신이 길거리에 누워 있는 장면이었다. 큰 사고를 당해 그가 자동으로 체외이탈을 한 것이다. 그런데 그때 경이로운 장면이 펼쳐졌다. 공중에 몇 년 전에 자동차 사고로 죽었던 가족들이 한없이 평화로운 모습을 하며 나타났는데 얼마나 밝은지 그 밝기를 가늠할 수 없었다. 찬란한 빛 속에서 그들은 더할 수 없는 사랑을 그에게 보내고 있었다. 이것은 앞에서 누누이 말한 대로이다. 주인공이 죽음을 맞이하자 먼저 타계한 가족들이 마중을 나온 것이다. 여기서 그는 큰 감동을 '먹었다'. 사람은 죽으면 끝이 아니라 저렇게 아름답게 계속해서 존재한다는 깨달음을 얻은 것이다. 그는 이 체험을 하고 큰 안도감을 가졌다. 죽었다고 생각한 가족들이 생존해 있는 것을 발견하고 그동안 겪었던 슬픔이 싹 사라졌다. 그리고 그때 그는 자신의 경험, 즉 인간은 죽지 않는다는 평범한 진리를 세상에 알려야겠다고 다짐했다. 그런 서약을 해서 그랬는지 모르겠지만 그는 병원에 도착하자 깨어났다. 놀라운 것은 의식이 돌아오자마자 그는 자신을 감쌌던 붕대를 스스로 풀고 그 길로 병원을 나섰다는 것이다. 큰 상해를 받았을 텐데 그것을 다 털고 나온 것이다. 이런 일은 믿기 어렵지만 로스가 책에서 그렇게 증언하고 있으니 믿지 않을 수도 없을 것 같다.

이렇게 해서 근사체험에 대한 긴 설명이 끝나는데 이 설명이 길어진 데에는 나름의 이유가 있다. 사후생이 존재한다는 근거나 인간의 의식이 죽은 뒤에서 존속한다는 근거를 제시할 때 이 근사체험은 가장 강력한 카드이기 때문이다. 이 체험은 너무나 많은 사람이 겪었고 그에 따라 많은 연구도 이어져 이제는 어느 누구도 이 체험의 진정성을 부정할 수 없는 지경이 되었다. 사실 이 근사체험만 가지고도 사후생의 존재는 다 밝혀진 것이나 다름없다. 이처럼 이 체험은 사후생 연구에서 중요한 자리를 차지하고 있기 때문에 자연스럽게 상세하게 소개하게 되었고 그에 따라 내용이 길어졌다. 그러나 그렇다고 해서 다음에서 이어지는 사후생의 근거들이 중요하지 않다는 것은 아니다. 이 근거들 역시 중요할 뿐만 아니라 흥미진진하기 짝이 없다. 이제 그 세계로 또 탐험을 떠나보자.

2

두 번째 근거

임종침상 비전
(Death Bed Vision)

임종침상 비전이란 무엇인가

임종침상 비전이란 한 개인이 임종 직전에 겪는 체험으로 죽은 사람의 영혼이나 수호 영혼(혹은 안내 영혼) 등이 당사자에게 나타나는 현상을 말한다. 이 주제를 깊이 연구한 스태포드 베티(Stafford Betty) 교수에 따르면 이 비전 체험은 인류가 모르핀 같은 진통제를 항용하기 전에는 일상적으로 겪는 체험이었다고 한다. 따라서 매우 보편적인 체험이라고 할 수 있는데 당시는 임종자 가운데 이런 체험을 하지 않는 사람보다 체험한 사람이 훨씬 더 많을 정도로 흔한 체험이었다는 것이다. 그러던 것이 진통제가 환자에게 투여되기 시작하면서 이 체험의 빈도

수가 떨어졌는데 그것은 진통제가 환자의 의식을 흐리게 하기 때문에 일어난 현상이 아닌가 한다. 그런데 이 체험에서 우리가 만나는 것에는 고인의 영혼 말고 다른 이미지도 있는데 이때 나타나는 이미지를 정리해 보면 다음과 같다.

 1) 먼저 죽은 가족이나 친지(혹은 친구)의 영혼
 2) 수호령, 안내령, 천사 등과 같은 영혼
 3) 구체(球體)로 나타난 빛
 4) 탈 것: 마차, 말, 자동차 등
 5) 죽기 직전이나 직후에 처한 영혼
 기타: 당사자가 죽은 뒤에 가게 될 곳의 모습 등

이 가운데 가장 많은 경우는 1)인데 그중에서도 먼저 죽은 가족의 영혼이 나타나는 경우가 가장 빈번한 것 같다. 이 현상은 대체로 이렇게 진행된다. 몸이 노환으로 많이 쇠약해져서 침대에만 누워 있는 노인이 어느 때부터인가 공중에 대고 누군가와 대화하는 듯한 모습을 보인다. 옆에 있는 자식이 '아버지(혹은 어머니), 왜 혼자 말씀하세요?'라고 물으면 '우리 아버지가 오셨어'와 같은 대답을 한다. 이것은 이 노인의 아버지가,

정확히 말하면 그 아버지의 영혼이 나타났다는 것을 의미한다.

이것이 임종침상 비전의 전형적인 경우인데 이때 조심해야 할 것이 있다. 이 현상에 대한 지식이 없는 사람은 이 노인이 헛것을 보았다고 생각하고 노인을 비난하는 경우가 있다. 만일 아들이 그 옆에 있었다면 그는 아버지에게 '아니 아버지 갑자기 웬 이상한 (헛)소리를 하세요? 돌아가신 할아버지가 어떻게 나타난다고 그러세요? 그런 이상한 소리 그만하고 그냥 쉬든지 주무세요.'라고 하면서 면박을 주는 경우가 있다. 이렇게 아버지를 핍박하는 것은 바람직하지 않은 일이다. 왜냐하면 그 노인은 실제로 자신의 아버지(의 영혼)를 만나 대화를 했을 수도 있기 때문이다. 이럴 때 가장 현명한 처사는 그 노인의 언행을 있는 그대로 받아주고 더 나아가서 대화를 더 진행하는 것이다. 예를 들어서 '아, 그래요? 할아버지가 오셨군요. 할아버지가 아버지보고 뭐라고 하세요?'라고 하면 당사자는 훨씬 더 안정감을 얻고 마음도 편해질 것이다. 우리가 그렇게 응대하면 그는 실제로 자신의 아버지와 나눈 대화 내용을 이야기할 수도 있다. 그럴 때도 그냥 들어주기만 하면 된다. 그의 말을 부정하거나 긍정하지 않고 수용하기만 하면 된다는 것이다.

이때 환자가 진짜 헛것을 보고 '헛소리'를 하더라도 면박을 주어서는 안 된다. 우리가 이 상태가 되면 현실을 잘 파악하지 못하는 경우가 허다하다. 자식도 몰라보고 자기가 어디 있는지도 모를 수 있다. 필자의 부친도 임종을 앞두고 입원해 있는 입원실을 자기 집으로 착각하고 뚱딴지같은 말을 하곤 했다. 어떤 일이 생기든 가족들은 당사자를 수용하면서 그냥 받아주면 된다. 임종을 앞둔 사람은 불안해하는 경우가 많으니 절대적인 수용(받아들임)이 필요한지라 무조건 품어주는 것이 좋다.

그다음으로 자주 나타나는 영혼은 수호령 혹은 안내령인 것 같다. 수호령과 안내령은 다른 영인데 전자는 문자 그대로 사람을 수호하는 영혼이고 후자는 갓 죽은 사람의 영혼을 안내해서 영계로 인도하는 영혼을 말한다. 사람들은 수호령에 대해 신비하게 생각할 수 있지만 그다지 신기해할 것은 없다. 앞에서 인용한 로스에 따르면 우리는 누구나 한 명 이상의 수호령을 갖고 있다고 했다. 또 수호령은 생전에 자신과 가까웠던 사람이 죽은 다음에 수호령으로 나타나는 경우가 많다고 했다. 만일 당사자가 할머니와 가장 가까웠다면 이 할머니가 죽어서 손자(녀)의 수호령이 되는 것이다. 그런데 수호령이 지상에 있는 사람을 보호한다고 하지만 그 영이 당사자가 겪는 사건에 직접 개입하는 것은 아니다. 그 대신 당사자를 계속해서 관찰

하면서 낮은 수준에서 돌보는 정도의 일만 하는 것으로 보인다. 수호령의 정체가 이러하니 당사자가 죽음을 맞이하면 자연스럽게 서로 조우하는 일이 발생하는 것이다.

이에 비해 안내령은 망자의 영혼을 영계로 안내하려고 지상에 오는 영을 말하는데 이 영혼은 이 일만 전담하는 것 같다. 이 영혼이 천사로 파악되는 경우도 있다. 영계의 실상을 누구보다도 잘 아는 스베덴보리에 따르면 당사자가 임종이 가까워지면 천사들이 방문해 침대맡에서 기다린다고 한다. 그런데 어떤 때는 이 천사들이 교체되기도 하는데 그것은 이 천사가 당사자의 수준과 맞지 않기 때문이라고 한다. 그렇게 해서 당사자와 수준이 맞는 천사가 오면 저승으로 안내가 시작된다고 하는데 이 주장은 조금 이상하게 들린다. 처음부터 수준에 맞는 천사가 오는 일이 뭐가 그리 어렵다고 이렇게 시행착오를 하는지 이해가 잘 안되기 때문이다. 그러나 여기서 분명한 것은 사람이 임종이 가까이 오면 천사 같은 영적 존재가 마중 나온다는 것이다.

이와 비슷한 것을 한국 전통에서 찾는다면 악명 높은 저승사자가 이에 해당할 것이다. 잘 알려진 것처럼 이 저승사자는 망자를 찾아서 저승으로 끌고 가는 존재이다. 그런 면에서 안내령이라고 할 수 있는데 서양의 천사와 비교해 볼 때 그 성격이 사뭇 다르다. 서양 천사는 망자를 곱게 모시고 가는 것 같은데 한국의 저승사자는 망자를 붙잡아가는 것처럼 보이기 때문이다. 그리고 저승사자는 그 모습이 무서울 뿐만 아니라 그로테스크하다. 그런 무서운 존재가 나를 잡아서 저승으로 구인해 가는 것이다. 한국의 저승사자가 이렇게 나타나는 것은 한국인들이 지니고 있는 '현세지상주의'가 영향을 준 것 같다. 한국인들은 현세에 집착하는 경향이 강해 저승으로 가는 것을 매우 꺼린다. 저승을 꺼린 나머지 그곳으로 가는 것을 흡사 범인이 체포되어 끌려가는 것처럼 이해한 것이리라.

그다음에 볼 것은 빛에 관한 것이다. 임종에 가까운 사람 중에는 실내에 빛이 보인다고 실토하는 사람이 있다. 이 빛은 보통 구체의 형태로 나타난다. 예를 들어보면, 어떤 환자는 입원실 구석에 매우 환한 빛이 있다고 하면서 그 빛이 너무 밝으니 꺼달라고 부탁하는 경우가 있다. 그는 이 빛을 방 안에 있는 조명으로 생각하고 꺼달라고 하는 것이다. 그런데 이 빛은 물리적인 빛이 아니라 우리가 근사체험에서 보았던 그 빛이다. 이해하기 쉽게 저승으로 들어가는 문이라고 생각하면 되겠다. 저 빛 안으로 들어가면 저승으로 진입하는 것이다.

이 빛이 극적으로 표현된 영화가 있다. 죽은 자(영혼)와 산 자의 관계를 기가 막히게 그린 "사랑과 영혼(Ghost, 1990)"이 그것이다. 이 영화의 줄거리는 길거리에서 피살된 남자 주인공이 영혼의 상태에서 애인을 구하는 것으로 되어 있다. 그런데 이 일을 다 마친 남자 주인공의 영혼이 영화의 맨 마지막 장면에서 허공에 있는 빛을 향해 쏜살같이 날아가는 장면이 나온다. 이것은 남자의 영혼이 그동안 이승에서 해야 할 일을 마치고 영계로 들어가는 것을 영상으로 만든 것이다. 빛을 향해 빠른 속도로 돌진해서 그 안으로 들어가면 영계로 확실하게 진입하는 것이다(참고로 이 영화는 앞에서 언급한 무디의 저서 『Life After Life』에 나온 내용을 근거해서 만들어졌다고 한다).

다시 우리의 주제로 돌아가서, 이 구체의 빛이 보인다는 것은 당사자가 죽기 직전 상태에 이르렀다는 것을 의미한다. 이 빛이 보이면 당사자는 수일 내로 생을 마친다. 그런가 하면 어떤 경우에는 이 빛이 입원실 내부에서 크게 빛나면서 옆에 있는 가족들도 그 빛을 목격하는 사례가 있다. 이런 일은 흔하게 발생하는 것은 아니지만 이런 현상이 생기면 침상을 지키는 가족들도 일종의 종교적 체험을 하게 된다고 한다. 환한 빛이 입원실을 가득 채우면 당사자와 가족들이 신성한 기운을 느끼는 것이다. 이것은 천사와 같은 영적인 존재가 강렬한 에너지를 갖고 나타나는 것과 비슷하다고 하겠다. 그렇게 되면 그곳에는 일종의 에너지장이 형성되는데 이 에너지가 강렬하면 사람들은 종교적인 축복 상태(bliss)를 경험하게 된다. 만일 이런 일을 겪으면 이승을 떠나는 사람이나 그를 보내는 가족이 모두 숭고하고 기쁜 마음으로 임종을 지킬 수 있다. 그러면 그 이별 현장은 슬픔이라고는 찾을 수 없고 매우 엄숙한, 그러나 환희에 찬 종교 의례를 하는 것 같은 모습을 띠게 된다. 인생의 마지막을 이렇게 마감하면 떠나는 고인이나 보내는 가족들은 가장 바람직한 이별을 했다고 할 수 있다.

다음에 볼 것은 지금까지 본 것과 조금 다르다. 임종이 가까운 사람들 가운데에는 앞에서 본 것처럼 어떤 영혼을 만나는 게 아니라 마차 같은 탈 것을 보는 경우가 있다. 이와 관련된 전형적인 예가 소파 방정환이다. 그는 죽기 며칠 전 갑자기 주위 사람들에게 검은 말이 모는 검은 마차가 당도했다고 말했다고 전해진다. 여기서 마차는 다른 곳으로 이동하는 수단으로 해석될 수 있다. 이 경우 소파는 무의식적으로 자신이 며칠 내로 이 세상을 하직할 것이라는 것을 알고 마차라는 이미지를 떠올린 것으로 보인다. 심상(心象)으로 마차의 형상을 만들어낸 것인데 그렇게 함으로써 자신도 무의식적으로 이승에서의 삶을 정리할 수 있는 시간과 여유를 얻을 수 있었을 것이다. 만일 현대인이 같은 체험을 한다면 마차보다는 현대에 어울리는 탈 것을 상상하지 않을까 한다. 예를 들어 자동차 같은 현대의 기물들이 심상으로 나타날 확률이 높다.

그다음 현상은 엄밀히 말하면 임종침상 비전은 아니다. 이것은 임종하는 당사자가 겪는 것이 아니라 그 가족들이 겪는 것이기 때문이다. 이는 죽기 직전이나 직후의 상황에 처한 사람의 영혼이 그 가족들에게 나타나는 현상인데 사후통신의 예로서도 많이 활용된다. 그런데 이 일은 임종과 관계해서 일어나는 일이기 때문에 이 범주에 넣어도 된다. 이런 일은 비교적 자주 일어나기 때문에 주위에서 이 일을 겪었다는 사람을 종종 만날 수 있다.

이것은 임종이 임박한 사람이 자신이 사랑하던 사람에게 나타나 이별 인사를 전하는 현상을 말한다. 이 현상은 대체로 이런 형식으로 진행된다. 당사자는 임종 당사자에 대해 아무 생각도 하지 않고 있었는데 갑자기 당사자가 영혼의 형태로 나타난다. 이때의 모습은 꽤 다양한데 예를 들어 환한 빛이 있고 그 중심에 그 사람의 얼굴이 나타나는 경우도 있고 그 사람의 전신이나 부분적인 이미지가 나타났다가 사라지는 경우 등이 있다. 그런가 하면 당사자가 가족의 꿈에 나타나 이별을 고하는 경우도 있다. 그렇게 나타난 영혼을 보고 가족들은 당혹해 하는데 그 일이 있고 몇 시간 있다가 당사자의 사망 소식이 들려온다. 그런데 그 사망 시각을 알아보니 당사자의 영혼이 가족에게 나타난 시간과 일치한다.

이 같은 현상은 임종을 맞이하는 당사자가 꼭 이별 인사를 하고 싶은 사람이 있을 경우에 나타나는 현상이다. 이것은 당사자가 강하게 염사(念寫)를 하면, 즉 생각으로 자신의 모습을 이미지화하면, 그의 영혼이 지상에 있는 사람의 육안으로도 보일 수 있게 낮은 수준에서 물질화되기 때문에 가능한 현상으로 생각된다. 그런데 이런 현상은 물질계에서는 오래 지속될 수 없기 때문에 그 이미지는 몇 초 정도만 머물러 있다가 사라지는 경우가 많다. 사정이 어떻든 만일 이런 현상이 실제로 벌어졌다면 빨리 해당 영혼의 집에 연락해 그의 상태를 살피고 그 상황에 맞게 해야 할 일을 찾아야 한다.

임종침상에는 이처럼 개별적인 영혼만 나타나는 것은 아니다. 개개 영혼이 나타나는 것보다 빈도수는 떨어지지만 일종의 경광이 보이는 경우도 있다. 어떤 곳의 모습이 나타난다는 것인데 이곳은 말할 것도 없이 당사자가 몸을 벗으면 가게 되는 곳이다. 쉽게 말해 이곳은 영계인데 이때 관찰되는 영계는 임종자가 죽은 직후에 가게 되는 곳이다. 거친 표현으로 하면 '저승의 문턱'이라고 할 수 있을지 모르겠다. 당사자는 일단 이곳에 간 다음 안내령 등의 도움을 받아 다음의 행선지로 가게 된다고 한다. 나중에 잠깐 설명하지만 그 유명한 스티브 잡스가 임종 직전에 이 광경을 본 것 같다.

이렇게 해서 임종침상 비전에 대해 소략적으로 훑어보았는데 중요한 것은 노환에 든 노인에게 이런 현상이 생기면 이 사람은 수일 내로 사망할 확률이 높다는 것이다. 아니 높은 정도가 아니라 백이면 백 곧 사망한다. 따라서 이 현상을 목도하게 되면 유족들은 이별을 준비하면서 마음을 다스려야 할 뿐만 아니라 서둘러 장례도 준비해야 한다. 이때 당사자가 죽은 가족들의 영혼을 볼 수 있는 것은 그가 이미 저세상 질서에 편입되기 시작했기 때문에 가능한 일이다. 친소 개념으로 말하면 그는 이승보다 저승에 가까이 있다고 할 수 있다. 그뿐만이 아니라 이런 사람은 비가역적인 상태에 처해 있다. 비가역적이란 일방통행을 말하는데 이 경우에는 죽음 쪽을 향한 일방통행이라고 할 수 있다. 즉 다시 살아나지 못한다는 것이다. 그러니

고인의 영들과 소통이 되는 것이다.

임종침상 비전에 대한 연구와 회의론

임종침상 비전 사례는 인류와 역사를 같이 하면서 계속해서 보고 되었지만 체계적인 연구는 20세기에 들어온 뒤에야 시작된다. 이 주제에 관한 첫 번째 학술적인 연구는 1926년에 영국의 윌리엄 배릿(William Barret)이 출간한 『Death-Bed Visions: The Otherworldly Experiences of the Dying』으로 잡는다(나는 이 책을 PDF 파일로서만 접했다). 이 책에서 배릿은 자신보다 먼저 죽은 친지나 친구의 영혼을 보았다거나 혹은 (이 세상 것 같지 않은) 음악을 들었다거나 천당으로 생각되는 이미지를 보았다고 주장하는 사람들의 증언을 수집해서 정리했다. 그는 이 현상이 바로 저승이 존재하고 그곳에 있는 영혼들이 우리와 소통하는 증거라고 주장했다.

배릿이 든 예 가운데 가장 선명한 것은 앞에서 인용한 책의 제2장에 나온다. 이 사례는 복잡하게 진행되는데 독자들의 신속한 이해를 위해 아주 간단하게 소개하겠다. 이 사례의 주인공은 Mrs. B, 즉 B 부인인데 그녀는 출산하다가 심장에 문제가 생겨 임종을 맞이한다. 그때 그녀는 방 한쪽을 쳐다보면서 환한 미소와 함께 'lovely brightness, wonderful beings'라는 말을 한다. 그러더니 진즉에 세상을 떠난 아버지의 영혼이 지금 자신에게 왔다고 하면서 울음을 터트렸다. 너무 기쁜 나머지 울음이 난 것인데 그녀의 부친은 그녀가 이제 자신(의 세계)에게 온다는 것을 알고 크게 기뻐하고 있었다고 한다. 여기까지라면 그다지 신기해할 것이 없는데 그때 갑자기 B 부인이 자신의 자매인 비다가 아버지 옆에 있는 것을 보았다고 실토했다. 그런데 당시 B 부인은 비다가 죽었는지 모르는 상태였다고 한다. 가족들이 B 부인에게 이 소식을 알리지 않았던 것이다. 이런 일이 벌어진 것을 보고 가족이나 의료진들은 B 부인이 분명히 영혼들과 소통하고 있다고 확신했다. 이상이 아주 간략하게 본 B 부인의 임종침상 비전 사례인데 배릿이 이미 1920년대에 이 주제에 대해 이렇게 구체적인 연구를 했다는 것이 놀랍다.

이보다 훨씬 광범위한 연구는 시간이 조금 흐른 뒤에 두 학자에 의해 전개된다. 1960년대와 1970년대에 칼리스 오시스(Karlis Osis)와 얼렌더 해럴드슨(Erlendur Haraldsson)이 임종 환자를 옆에서 지켜본 의사 5천 명과 간호사 5천 명을 상대로 설문 조사를 한 것이 그것이다(그런데 응답한 사람은 6.4%밖에 안 되는 640명에 불과했는데 두 학자는 이 가운데에서 다시 190명을 골라 그들을 상대로 심층 인터뷰를 실시했다). 그리고 이런 연구들을 모아 1970년대에 이 주제에 대한 종합 연구서인 『At the Hour of Death: A New Look at Evidence for Life After Death』를 출간한다. 이 책에서 그들은 일부의 임종 환자들이 겪는 비전은 사후생과 영혼이 존재한다는 것을 방증하는 자료가 될 수 있다고 주장했다. 그런데 이 비전 현상이 그렇게 쉽게 일어나는 것이 아닌 모양이다. 이들의 연구에 따르면 죽어가는 사람 중 약 10%만이 죽기 직전에 의식이 있고 그 10% 중에 50%~60%가 임종침상 비전을 경험하는 것으로 추정된다고 한다. 이렇게 되면 임종 직전에 비전을 보는 사람은 전체의 5%~6%밖에 되지 않는 것이 된다.

여기서 나는 이 체험을 긍정적인 시각에서 설명하고 있지만 이 체험 자체를 부정하는 추세도 만만치 않은 것 같다. 회의론자들이 이 비전 현상을 폄하할 때 가장 많이 주장하는 것은 이 경험이 섬망(譫妄, Delirium)에 불과하다는 것이다. 이 주장은 의학계에서 많이 하는 것 같다. 섬망이란 의학적으로 일시적으로 일어난 의식의 혼란 상태를 말하는 것으로 임종자는 여러 가지 요인으로 이런 상태에 빠질 수 있다. 이 요인 가운데 가장 많이 나오는 것이 약물 과다 섭취나 뇌의 저산소증이다. 그 외에도 신체의 장기 시스템에 장애가 생기거나 극심한 스트레스에 빠지면 이런 현상이 생길 수 있다고 한다. 이렇게 주장하는 사람들은 영혼의 존재나 사후세계를 부정하는 사람들이기에 어떻게 해서든 이 체험이 물리적인 이유로 인해 생긴 망상이라고 주장하고 싶을 것이다.

그런데 실제의 현장에서는 이 회의론자들이 주장하는 것과 정반대의 현상이 일어난다는 것에 유의해야 한다. 즉 임종자가 이 같은 체험을 하는 것은 의식이 혼란에 빠진 상태일 때가 아니라 그 반대로 의식이 성성할 때라는 것이다. 이것은 당연한 것이 의식이 완전히 깨어 있어야 그를 방문한 고인들의 영혼을 알아보고 그들과 대화를 하지 의식이 흐리멍덩하다면 아무리 고인의 영혼이 찾아와도 제대로 응대할 수 없는 것 아니겠는가? 장기간 의식 불명의 상태에 있던 환자도 이 같은 비전 체험을 하는 경우가 있는데 우리는 그들이 이 체험을 하는 시점에 유의해야 한다. 환자들은 계속해서 의식 불명의 상태로 있다가도 죽기 바로 직전에 아주 짧은 시간이지만 의식을 회복하는 경우가 있는데 바로 이때 이 체험을 한다고 한다. 그리

곧 곧 의식을 잃고 사망하지만 말이다. 따라서 이 체험은 당사자가 의식이 멀쩡하게 살아 있을 때 하는 것이지 그 반대는 아니라는 것을 확실하게 알 수 있다.

이 체험은 무엇보다도 환자 당사자에게 큰 선물일 수 있다. 왜냐하면 그들은 자신이 어디로 가는지도 모르고 먼 길(?)을 떠나게 되었는데 자기가 가장 사랑하던 사람들(의 영혼)이 마중을 나왔으니 이보다 더 큰 선물이 어디 있겠는가? 사정이 그러하니 무엇보다도 환자 본인이 크게 안심하고 더 나아가서 비할 수 없는 행복감을 느끼게 된다. 이제 곧 이 지긋지긋한(?) 세상을 하직하면서 약해빠지고 병든 몸을 떠나 지금 내 눈에 보이는 아름다운 세상으로 간다고 생각하니 큰 안도감이 들고 기쁠 것이다. 그러면 본인은 아주 편안하게 눈을 감을 수 있고 그와 더불어 가족들도 기쁜 마음으로 그를 보낼 수 있을 것이다. 이렇게 되면 사망 현장은 슬픔은 온데간데없고 환희와 기쁨의 도가니가 되지 않을까 싶다. 이런 관점에서 보면 이 임종 침상 비전은 매우 값진 경험이라고 할 수 있다.

사례

임종침상 비전은 위에서 본 이론만 가지고는 참모습을 알기 어렵다. 이 체험에는 좋은 사례들이 많이 있어 이것들 가운데 출중한 것들을 선정해 보면 이 체험을 확실하게 이해할 수 있을 것이다. 이 사례들을 다룬 책이 많이 있지만 국내에도 번역된 피터 펜윅(Peter Fenwick, 1935~2024)의 책을 중심으로 볼까 한다. 펜윅은 영국의 신경과 의사로서 세계적인 명성을 얻었는데 그는 죽음에도 관심이 많아 근사체험과 이 임종침상 비전에 대해 많은 연구를 했다. 그는 영국인과 스코틀랜드인의 임종침상 비전 체험을 수집해 『죽음의 기술 (Art of Dying)』(2008)이라는 제목의 책을 출간했는데 이 책에는 다음과 같은 파격적인 사례가 소개되어 있다.

임종을 앞둔 90세 할머니가 손자에게 (자신을 데리러 온) 사람들이 병원 정원에 와 있다고 말했다. 그로부터 한 시간 뒤에 손녀가 왔는데 그때 그녀가 말하길 정원에 있던 사람들이 병실 안으로 들어와 창문 곁에 있다고 했다. 할머니는 그들에게 손을 흔들고 손녀에게 소개했다. 한 시간 뒤에는 딸이 방문했는데 이번에는 할머니가 그 사람들이 침대 발치까지 다가왔다고 전했다. 그러면서 되뇌길 '내일은 내가 여기에 없을 것'이라고 했다. 이 할머니는 그들(방문자)과 더불어 3자 간, 그러니까 할머니와 그들, 그리고 할머니 자손들과 대화를 시도했다.

원래의 내용은 이보다 훨씬 복잡하게 전개되었는데 독자들의 이해를 돕기 위해 양을 대폭 줄여서 간단하게 정리했다. 이 사례는 매우 특이한데 이렇게 구체적으로 현장의 모습을 전한 사례가 흔하지 않기 때문이다. 그런데 임종침상 비전에 대한 지식이 없는 사람이 이 사례를 접하면 도대체 무슨 이야기인지 모르겠다고 불평할 수 있겠다. 인간의 죽음에 대해 조금 알고 있는 사람들도 긴가민가할지 모른다. 평소에 알고 있던 임종침상 비전과 내용이 조금 다르기 때문이다.

그런 이를 위해 조금 설명해 보면, 가장 중요한 것은 이 할머니를 데리러 온 사람이 다름 아닌 안내령이라는 것이다. 이들은 할머니의 영혼을 데리고 저승으로 가는 영혼들이다. 여기서 할머니는 이 안내령이 구체적으로 누구인지 밝히지 않아 그들의 정체는 알 수 없다. 그러나 할머니의 친족 같지는 않다. 왜냐하면 만일 이 안내령이 할머니의 친족이었다면 그녀가 먼저 밝혔을 터인데 그렇게 하지 않았으니 아니라고 하는 것이다. 추측컨대 이 영혼은 순수한 안내령이었던 것 같다.

이 사례가 다른 사례와 차이가 나는 것은 안내령들이 나타나는 방식이다. 처음에 이 영혼들은 병원의 정원에 와 있었다고 했다. 그렇게 있다가 1시간이 지나자 그들이 이번에는 입원실 안에까지 들어왔는데 아직은 창문가에만 머물러 있었다. 침대 맡으로는 아직 오지 않은 것이다. 그러다 다시 1시간이 지나니 이번에는 침대 발치까지 왔다. 그때 이 할머니는 오늘이 이승에서의 마지막 날이라고 말했다. 안내령이 가장 가까운 데까지 왔으니 그렇게 말한 것인데 이렇게 되면 안내령에게 남은 일은 할머니가 운명하게 되면 그 영혼을 데리고 저승으로 가는 것이다. 실제로 그다음 날 할머니는 생을 마쳤다.

 일이 이렇게 진행됐는데 이 예에서처럼 안내령이 점진적으로 혹은 단계적으로 나타나는 것은 흔치 않은 사례라 소개해 본 것이다. 보통의 경우는 안내령이 단번에 나타나서 망자의 영을 데리고 가는데 이 할머니의 경우는 몇 시간 동안 단계별로 나타난 것이 매우 이례적이다. 나는 안내령들이 왜 이렇게 행동했는지 그것은 잘 모르겠다. 그러나 할머니의 입장에서 볼 때 안내령이 이렇게 나타난 것은 환영할 만한 일이다. 왜냐하면 할머니는 이들의 출현을 통해 자신의 임종이 임박한 것을 알 수 있었을 것이고 그에 따라 자신의 주변을 정리하면서 차분하게 죽음을 기다릴 수 있으니 말이다. 다시 말해 할머니가 이번 생을 정리할 충분한 시간을 확보했을 터이니 바람직하다는 것이다. 또 안내령이 복수로 온 것 같은데 왜 여러 명의 영혼이 나타났는지도 잘 모르겠다.

그리고 할머니의 중재로 3자 간의 대화를 했다고 하는데 그게 어떤 형식으로 진행되었고 어떤 내용이었는지 매우 궁금한데 더 이상의 설명이 없으니 자세한 사정은 알 수 없다. 이것은 사람이 영혼과 대화를 나눈 사건인데 그리 흔하게 일어나는 일이 아니다. 상세한 내용을 더 파고들었으면 좋으련만 그렇게 할 수 없으니 안타깝다. 그리고 할머니는 자신이 그다음 날 이승을 떠날 거라고 했는데 이것은 아마 안내령이 알려준 정보일 것이다. 이 할머니는 실제로 다음날 심장발작으로 세상을 떠나는데 마지막 순간에 다시 눈을 뜨더니 '멋진 인생이었어'라고 말하고 평화롭게 눈을 감았다고 한다. 그렇게 이 할머니를 보낸 가족들은 모두 큰 안도감을 느끼고 편안하게 그다음 일정을 진행했다고 한다. 이상이 이 사례의 전모인데 매우 좋은 예이기는 하지만 전형적인 경우이기보다 특수한 사례로 보인다.

다음은 한국 사례이다. 어떤 남성이 겪은 임종침상 비전인데 전형적인 경우라 소개해 본다. 이 경우는 그의 어머니가 임종 직전에 있었고 그때 그녀(의 영혼)가 아들을 찾아 온 사례이다. 이 남성이 자고 있는데 새벽에 눈이 떠져서 보니 요양원에 있던 어머니가 침대맡에 서 있는 게 보였다. 당시 어머니는 80대였는데 나타난 모습은 40대였다고 한다. 그러더니 어머니가 '나는 이제 괜찮다. 많이 나아졌다'라고 하면서 사라졌다고 한다. 이 아들은 갑작스러운 어머니의 방문에 어리둥절했다. 왜냐하면 어머니는 당시 치매 때문에 고생하고 있었는데 그런 노추(老醜)한 모습이 아니라 건장한 젊은 모습으로 나왔으니 이상하게 생각할 수밖에 없었다.

그는 어머니의 갑작스러운 등장에 싱숭생숭해하고 있었는데 이른 아침이 되자 요양원에서 연락이 왔다. 요양원 측에서 연락이 왔을 때 그는 직감적으로 이것은 어머니의 부고 소식이라는 것을 알아챘을 것이다. 만일 이 진술이 사실이라면 이 어머니는 사망하기 수시간 전에 아들에게 와서 작별 인사를 한 것이다. 이런 사례는 임종침상 비전에서 전형적인 경우라고 했지만 크게 다른 점은 임종하는 당사자에게 안내령 같은 영혼이 나타난 것이 아니라 당사자가 가족에게 직접 나타난 것이라 하겠다. 그러나 어떻든 당사자가 죽기 직전에 영혼의 형태로 바뀌어 행동을 취한 것이니 임종침상 비전이라고 할 수 있다.

이 사례가 전형적인 경우라고 했지만 다른 사례와 다른 점도 있다. 그것은 (어머니의) 영혼이 현재의 모습이 아니라 젊었을 때 모습으로 나타났다는 것이다. 이것은 영혼이 자기가 원하는 모습으로 나타날 수 있다는 것을 암시하는 것인데 여기서 우리는 스베덴보리의 도움이 필요하다. 스베덴보리에 따르면 영계에서는 우리가 전성기 때의 모습으로 나타나는 일이 가능하다고 한다. 그러니까 당사자가 젊었을 때 지녔던 아름다운 모습으로 나타날 수 있다는 것인데 이것은 영계의 작동 원리를 알면 이해할 수 있을 것이다.

그리스 출신의 다스칼로스 같은 신비가에 따르면 영계에서는 자신의 생각에 따라 외부가 펼쳐진다고 한다. 예를 들어 내가 나무를 생각하면 그 나무가 내 앞에 나타나게 된다는 것이다. 만일 이게 사실이라면 자신의 외모도 자기의 생각으로 변형시킬 수 있을 것이다. 외모를 변형시킬 수 있다면 누구나 젊었을 때의 발랄한 모습으로 변모하기를 원하리라는 것은 당연한 일이다. 그런가 하면 이렇게 젊었을 때의 모습으로 나타나는 것은 영혼들 사이에서도 좋은 일일 것이다. 생각해 보라. 영계에서 만나는 영혼들이 모두 서로에게 마지막 병상에 있던 늙고 추한 모습으로 나타난다면 그 세계가 얼마나 끔찍하겠는가? 이른바 귀신이나 강시(?)들만 그득한 세상으로 보이지 않을까? 또 고인의 영혼이 자손들에게 나타날 때도 그가 임종을 맞이할 때처럼 노쇠하고 기괴한 모습으로 나타난다면 자손들이 얼마나 놀라겠는가? 이런 사정을 감안한다면 영혼들은 자신을 나타낼 때 자기가 가장 이상적으로 생각하는 외모를 취할 것이라는 생각이 든다.

이제 볼 예는 방금 검토한 사례와 유사한데 내가 직접 동료에게서 들은 것이라 사례로서 가치가 더 높다고 하겠다. 그런데 내용이 하도 극적이라 믿기가 힘든데 그래도 본인에게서 직접 들은 이야기이니 믿지 않을 도리가 없다. 그는 국내 굴지의 대학 병원에 근무하는 의대 교수였는데 미국에 단기 연수를 갔다고 한다. 그런데 어느 날 새벽 2시경 누군가 현관에 온 것 같은 느낌을 받았다. 나가 보니 놀랍게도 자신이 치료를 담당했던 환자가 있었다. 이 환자는 복막투석과 심부전증으로 오랫동안 고생하던 터였다. '이게 무슨 일이지? 어떻게 이 환자가 미국의 내 집 앞에 있는 것이지?'라고 생각할 겨를도 없이 그 환자는 '이제 다 나아서 아프지 않다'라고 말했다.

내 동료는 이 상황이 믿기지 않아 어리둥절했지만 어떻든 예의상 그에게 집에 들어오라고 권했다. 그러자 이 환자는 '그동안 선생님이 치료를 잘 해주어서 감사하다고 인사하러 왔다. 그런데 나를 기다리는 사람이 있어서 가야 한다'라고 말하곤 같이 온 일행과 함께 사라졌다고 한다. 사건은 이렇게 지나갔지만 당시는 경황이 없어 그는 이 이상한 사건에 대해 더 이상 추궁하지 않았다. 한 달의 짧은 연수를 마치고 한국에 돌아왔는데 그로서는 이 환자의 양태가 궁금하지 않을 수 없었다. 그래서 병원에 가자마자 이 환자의 의료 기록을 찾아보니 놀랍게도 그는 미국까지 와서 자신을 찾아온 날 사망한 것으로 적혀 있었단다.

이것이 사건의 전모인데 이 역시 특이한 사례라 하지 않을 수 없다. 왜냐하면 이번에는 해당 영혼이 친지가 아니라 자기를 치료해 준 의사에게 나타났으니 말이다. 얼마나 좋은 치료를 받았으면 의사에게까지 인사하고 갔는지 궁금한데 더 놀라운 것은 이 환자가 거의 육신을 가진 사람처럼 나타났다는 것이다. 그렇게 추측할 수 있는 것은 이 의사가 환자와 대화를 주고받았기 때문이다. 그가 내게 이야기하던 모습이 아직도 눈에 선한데 그는 흡사 살아 있는 사람과 대화했다는 식으로 당시 이야기를 전했다. 지금 이 이야기를 정리하면서 보니 여러 질문이 떠오르는데 당시 그에게 묻지 못해 무척 안타깝다. 만일 다시 그 동료를 만나면 다음과 같은 질문을 던지고 싶다.

가장 먼저 묻고 싶은 질문은 그 환자의 모습에 대한 것이다. 그가 어떤 모습으로 나타났느냐는 것이다. 더 구체적으로 말하면 그의 몸이 어느 정도의 투명성을 보였냐는 것이다. 이쪽 세계에 밝지 않은 사람들에게는 이 질문이 뜬금없는 이야기처럼 들릴 수 있겠다. 영혼의 투명성에 대해 갑자기 물어보니 말이다. 그런데 연구에 따르면 영혼들이 나타날 때 그 모습은 육신의 자태이지만 투명성에서 육신과 다른 모습을 보인다고 한다. 이런 상황에서 나타나는 영혼은 대부분 반투명한 모습을 띤다고 한다. 즉 영혼 자체는 속이 비치는 것처럼 보이지만 뒤에 있는 벽이 보일 정도로 투명하지는 않다고 한다. 그래서 반투명하다고 하는 것이다. 나의 동료가 겪은 이야기는 로스의 이야기에도 나온다. 앞에서 인용한 로스의 책(1996)을 보면 그녀가 대낮에 병원에서 몇달 전에 죽은 환자의 영혼을 만난 이야기가 나온다(이 환자의 이름은 슈왈츠 부인으로 나오는데 물론 가명이다). 그때도 로스는 이 환자와 대화했는데 이 환자의 영혼이 반투명한 것 같다고 전했다. 영혼 자체가 어느 정도는 투명한 것 같은데 뒤에 있는 벽이 보일 정도로 투명하지는 않았다고 한다. 이런 맥락에서 볼 때 나의 동료에게는 자신을 찾아온 환자의 영혼이 어떻게 보였는지 여간 궁금한 게 아니다. 그리고 내 동료를 찾아온 영혼이 어떻게 움직이고 사라졌는지도 궁금하다.

그다음에 그는 환자에게 집 안으로 들어오라고 했는데 이 영혼은 기다리는 사람이 있어서 가야 된다고 했다. 나는 이 기다리는 사람의 정체도 궁금한데 그는 아마 앞에서 계속 말해온 안내령일 가능성이 높다. 만일 그렇다면 이 사건은 아마 이렇게 진행됐을 것 같다. 이 환자는 죽음을 맞이하자 자신을 마중 나온 안내령을 만나게 된다. 그는 안내령을 따라 바로 저승으로 가면 그만인데 자신을 극진하게 돌봐준 의사가 생각나 의사가 있던 미국으로 와서 잠깐 들린 것이다. 그러나 저승 가는 길이라 오래 있지는 못하고 잠깐 인사만 하고 다시 저승 가는 길로 나선 것이다. 여기서 또 궁금한 것이 있다. 이 안내령이 어디서 어떻게 있었느냐는 것이다. 이 안내령이 서 있던 양태가 궁금한 것인데 어떤 모습을 하고 있었는지, 또 그 영의 투명성 정도는 어땠는지 등등이 모두 궁금하다. 내가 이 의사를 만났을 때는 영혼에 대한 지식이 별로 없던 때라 그런 정보에 대해 물어볼 생각을 하지 못했다. 이 점이 안타깝지만 나중에 기회가 될 때 좀 더 심층적으로 조사해야겠다는 생각이다.

다음 사례도 한국 것인데 나는 이것을 서울의대의 명예 교수로 있는 정현채 교수가 운영하는 인터넷 카페에서 발견했다. 그런데 꽤 내용이 특이해 한 번 소개해 보고 싶은 생각이 들었다. 정현채 교수는 이 분야에서 매우 특이한 분이다. 왜냐하면 지금 한국에서 의사로서 사후생에 관심을 두고 연구하는 유일한(?) 사람이기 때문이다. 앞에서 잠시 언급했지만 서양, 특히 미국에는 인간의 영혼이나 사후생 등과 같이 영적인 주제에 관심을 두고 연구하는 의사가 많은데 한국에는 그런 의사가 거의 없다. 그런 가운데 정 교수가 유일하게 사후생에 대해 연구하고 저서를 펴냈으니 독특하다는 것이다. 다음은 그가 제시한 사례다.

어떤 지인의 아버지가 심장 수술을 받고 중환자실에 있었는데 본인의 뜻에 따라 집으로 모셨다. 임종이 가까워진 것을 알고 집에서 마지막을 맞을 요량으로 집으로 모셔 간 것이었다. 곧 임종의 순간이 가까워졌는데 그때 그가 허공을 쳐다보면서 '엄마, (저는) 아직 갈 때가 안 됐어요'라고 했다고 한다. 이 지인이 생각해 보니 자신의 아버지가 할머니에 대해서 '엄마'라는 표현을 쓴 적이 없어 그에게 누구와 이야기하느냐고 물었다. 그랬더니 그는 별 이야기 없이 미소만 지었다고 한다.

여기까지는 그냥 일반적인 임종침상 비전 체험이라고 할 수 있다. 그런데 그의 임종 후에 일어난 일이 매우 특이하다. 아버지의 장례를 마치고 묘지에 묻었는데 묘지 관리인이 아버지의 사진을 보더니 '이분이 벌써 돌아가셨냐? 며칠 전에 와서 묘지를 둘러보고 만족한 표정을 짓고 가셨다'라고 하더란다. 이 말을 듣고 유족들은 시쳇말로 '뜨아' 했다. 아버지는 중증 환자라 전혀 거동할 수 없는 상태였는데 묘지를 다녀갔다고 하니 놀라지 않을 수 없었던 것이다. 그들은 이 체험이 하도 이상해 외부로는 발설하지 않고 가끔 가족끼리만 이야기했다고 한다.

이 사례는 앞에서는 전형적인 사례로 가다가 후반부에 일종의 반전을 한 사례에 해당하는데 뒷부분의 이야기는 기이해서 설명하기가 쉽지 않다. 만일 이 이야기가 사실이라면 이렇게 해석해도 될지 모르겠다. 이 아버지는 그의 모친(의 영혼)이 찾아왔을 때 자신의 임종이 임박한 것이 아니라고 했다. 그때 그는 자신이 묻힐 곳이 궁금한 나머지 모친에게 조금 시간을 달라고 한 것 아닐까 하는 생각이다. 그래서 그는 체외이탈해 자신의 묘지를 둘러봤는데 그게 마침 묘지 관리인의 눈에 띈 것일 수 있겠다는 생각이 든다. 그리고 자신의 묘지에 흡족한 그는 곧 임종을 맞이한 것 아닌가 하는데 이것은 어디까지나 해석이고 그 정확한 상황은 알기 힘들다.

이 같은 사례는 얼마든지 더 나열할 수 있지만 다 비슷비슷하기 때문에 이 정도만 보아도 이 체험의 성격을 파악했을 것으로 믿는다. 마지막으로 소개하고 싶은 작은 사례는 스티브 잡스(1955~2011)의 임종 이야기이다. 이는 꽤 많이 알려진 이야기인데 그의 전기를 보면 다음과 같은 이야기가 전해진단다. 그가 임종하기 직전 아이들과 아내를 쳐다보면서 웃음을 짓더니 그들 너머의 공중을 쳐다보면서 '오, 와우(Oh, wow)!'라는 감탄사를 연신 발설한 다음 영면에 들었다고 한다. 임종침상 비전에 대한 지식이 없는 사람은 이게 무슨 상황인가 할 테지만 잡스의 체험은 비전 체험일 확률이 높다. 여기까지 읽은 독자 가운데 눈치 빠른 사람은 이 체험을 해석할 수 있을 것이다. 잡스가 이 순간에 본 것은 먼저 죽은 친지의 영혼이나 그들이 기거하고 있는 세계의 모습일 가능성이 큰데 후자일 가능성이 더 클 것 같다. 그는 임종 직전이니 저승의 질서에 편입되어 저승의 광경이 보이기 시작한 것이다. 그 같은 모습을 목격했으니 그는 편안하게 저쪽 세계로 편입했을 것이다.

이상이 임상침상 비전에 대한 설명인데 이 현상은 매우 보편적인 것이라 인류 역사에서 동서고금을 막론하고 헤아릴 수 없이 많은 사례가 있었다. 각 사례가 세부적인 데에서는 차이가 나지만 전체적인 구조는 대동소이하다. 즉 저승에서 친지나 지인(심지어는 반려동물)의 영혼이나 천사로 표현될 수 있는 영적인 존재들이 임종이 임박한 사람들을 찾아와 그들과 만남을 갖는 것이 그 기본 골자이다. 임종침상 비전의 이야기는 문학이나 영화, 드라마 등과 같은 문화 매체에서도 많이 다루어지고 있다. 이렇듯 임종침상 비전은 주위에서 어렵지 않게 발견할 수 있으니 독자들도 주변을 살펴보면 사례 하나 정도는 건질 수 있지 않을까 하는 생각이 든다.

3

세 번째 근거

사후통신
(After-Death Communication)

　세상에는 아직도 사후세계를 부정하는 사람들이 많이 있다. 그들이 자신들의 견해를 뒷받침하기 위해 내세우는 주장 가운데에는 다음과 같은 것이 가장 유력할 것이다. 그들의 주장에 따르면, 만일 사람의 영혼이 존재한다면 왜 그 가운데 한 영혼이라도 우리에게 나타나서 '나는 육신으로서는 죽었지만 지금 여기 영혼으로서 존재한다'라고 말해주지 않느냐는 것이다. 예를 들어 내가 그토록 사랑했던 아내가 죽었다. 부부는 피 한 방울 섞이지 않은 남남이지만 이 세상을 가장 오랫동안 같이 산 사람이기에 누구보다도 중요한 타자이다. 부모는 둘째 치고 아무리 우리가 자식을 사랑하지만 같이 산 기간으로 하면 부모·자식 간이 부부간을 이길 수 없다.

그처럼 부부 사이는 많은 인간관계 가운데 가장 중요하기 때문에 배우자가 먼저 세상을 뜨면 그를 보고 싶은 마음이 말할 수 없이 커진다(물론 이것은 사이가 좋은 부부에게만 해당되겠지만). 이럴 때 아내(의 영혼)가 나타나서 '나는 죽지 않고 여기서 잘 있어요'라고 말해준다면, 아니 나타나지 않더라도 어떤 식으로든 소식을 준다면 내가 이렇게 실의와 절망에 빠져 살지 않을 텐데 하고 아쉬워한다. 그래서 이 남편은 계속해서 '내 아내도 살아생전에 나를 무척이나 사랑했기 때문에 만일 그가 저세상에 있다면 내가 이런 좌절 속에 있는 것을 보고만 있을 리 없다. 그런데 그가 한 번도 내게 소식을 주지 않는 것을 보니 이것은 사람이 죽으면 아무것도 남지 않고 사라지기 때문일 것이다'라고 생각할 수 있다. 이 같은 생각은 일견 매우 합리적인 것처럼 보인다. 망자로부터 아무 소식도 받지 않았으니 그는 더 이상 존재하지 않는 것으로 보아야 하지 않느냐고 하니 말이다.

이것을 비유로 설명해 보자. 어떤 남편이 산에 가서 호랑이를 잡아 오겠다고 하면서 길을 떠났다. 그런데 그 뒤로 아내가 수년을 기다려도 남편에게서 아무 소식도 당도하지 않았다. 아내도 남편을 찾으려고 백방 노력했지만 모두 헛수고였다. 남편이 산에 들어간 것을 보았다는 사람은 있지만 그 뒤로 남편을 본 사람은 아무도 없었다. 이런 상황이라면 이때 내릴 수 있는 합리적인 판단은 남편이 산속에서 죽었을 것이라는 것이다. 그가 살아 있다면 어떤 소식이라도 보내올 텐데 그렇게 하지 않으니 이것은 남편이 영영 죽었다고 믿을 만한 충분한 근거라고 생각할 수 있을 것이다. 이것을 그대로 위의 사례에 적용하면, 죽은 내 아내가 아무 소식도 주지 않는 것은 인간은 사후에 존속하지 않기 때문이라는 결론을 내릴 수 있다는 것이다.

그런데 이에 대해 전문가들은 다른 의견을 피력한다. 사실은 정반대라는 것이다. 고인의 영혼은 여러 가지 방법으로 이승에 있는 우리에게 교신을 시도했는데 우리가 그것을 알아차리지 못했다는 것이다. 고인이 보내는 교신을 알아차리지 못한 것은, 우리가 육신과 육신 사이의 교신에만 익숙한 나머지 영혼이 보내오는 미약한 교신을 포착하지 못했기 때문일 수 있다. 영혼의 세계는 섬세한 에너지의 세계인지라 영혼이 보내는 신호는 우리에게 미약하게밖에 전달되지 않는다. 그래서 우리가 그 신호를 알아차리지 못한 것이지 그들이 소식을 전하지 않은 것이 아니라는 것이다. 이 점에 대해서는 다음에서 차근차근 설명하니 독자 제위들은 이 설명에 동행만 하면 된다.

이 주제를 연구한 전문가들이 놀라는 게 하나 있다. 그것은 고인의 영혼이 우리에게 소식을 보낸다는 설이 사실이기 때문에 그런 것이 아니라 그 표현 방식이 매우 다양하기 때문이다. 망자의 영혼이 그저 '나 여기 (다른 방식으로 살아) 있다'라는 단순한 정보만 주는 게 아니라 매우 다양한 방법으로, 또 적극적으로 자신들의 소식을 전해주고 있어 놀라는 것이다. 근래에 들어 이 다양한 방법을 파헤치기 위해 본격적인 연구가 시작됐는데 이것을 처음으로 정리한 사람으로 빌 구겐하임(1939~2023, 이하 구겐하임)을 들 수 있다. 그는 고인의 영혼이 살아 있는 사람들에게 메시지를 전하는 현상을 지칭하기 위해 'After-Death Communication(사후통신)'이라는 새로운 용어를 만들었다. 그가 이 용어를 처음으로 만들었으니 이 분야에서 선구자라고 할 수 있다. 그리고 그는 아내와 함께 이 주제를 연구해서 『Hello from Heaven』(1997)이라는 책을 냈다. 이 책은 이 주제에 대한 최초의 책이니 선구자적인 책이라 할 수 있다. 나는 이 책을 심층 분석해서 해설서 같은 책을 냈는데 『사자와의 통신: 빌 구겐하임의 사후통신 연구에 대한 비판적 분석』(2018)이 그것으로 이번 장에서는 이 책을 중심으로 볼 것이다.

사후통신이란 무엇인가

이제 다양한 사후통신의 사례에 대해서 볼 텐데 그 전에 사후통신을 어떻게 정의할 수 있는지 알아보자. 이 정의는 구겐하임이 제시한 것인데 상당히 잘 정리된 것 같아 여기서도 그것을 따르려고 한다. 구겐하임에 따르면, 사후통신이란 '어떤 사람이 사망한 가족이나 친구(의 영혼)에 의해 직접적이고 자연적으로 접촉되었을 때 생기는 영적인 체험'을 말한다. 이 정의에서 중요한 단어는 '직접적(directly)'이라는 것과 '자연적(spontaneously)'이라는 것으로 이에 대해서는 설명이 조금 필요하다.

우선 '직접적'이라는 것은 이 체험을 할 때 영매나 무당, 최면사 등과 같은 제삼자가 개입하지 않았다는 것을 의미한다. 우리는 보통 사람들이기 때문에 고인의 영혼과 교통하려면 그런 일을 전문으로 하는 사람들의 도움이 필요하다. 그 대표적인 부류가 무당이나 영매다. 이들은 영혼을 볼 수 있을 뿐만 아니라 영혼과 대화할 수 있는 능력을 가진 사람이라 영혼과 산자 사이에서 중간자 노릇을 할 수 있다. 이에 비해 사후통신은 이 같은 매개자의 도움 없이 고인의 영혼과 산 자가 직접 소통하는 경우를 말한다. 이것은 그다음 특징인 '자연적'과 연결된다. 이 체험이 자연적, 혹은 즉흥적이라는 것은 고인의 영혼이 주도권을 갖고 행하기 때문에 나온 특징이다. 이것은 고인의 영혼이 언제, 어디서 소통할 것인가를 결정한다는 것이다. 다시 말해 지상에 있는 내가 원해서 고인의 영혼과 연결되는 게 아니라 저쪽(저승)에서 일방적으로 먼저 접촉해 온다는 것이다. 나의 바람과는 관계없이 고인의 영혼이 판단해서 소통해야 할 필요성을 느낄 때 여러 가지 방법으로 메시지를 전달한다는 것이다.

이렇게 불시에 고인의 메시지가 전달되기 때문에 본인은 그 메시지가 고인의 것인지 모르는 경우가 허다하다. 이때 내가 자주 드는 예가 있다. 어느 날 A씨가 어디를 가기 위해 비행기를 타러 가는데 '(이 비행기를) 타지 마라'는 소리가 머리에서 울렸다. 이 소리를 무시하고 그냥 그 비행기를 탈 수 있었지만 찜찜해서 그 비행기 타는 것을 포기하고 다른 비행기를 알아보았다. 그랬더니 그 비행기가 사고 나서 승객 전원이 죽었다는 뉴스가 들려왔다. 이것은 실제로 있었던 일인데 이 경우 이 내면의 목소리는 당사자와 가까운 가족의 영혼이 보내온 메시지일 확률이 높다. 그러나 사후통신에 대한 지식이 없는 사람은 이 목소리가 자신의 무의식이 보낸 것이라고 믿을 수도 있다. 어떻든 이런 식으로 사후통신은 대부분 고인의 영혼이 주도한 상태에서 이루어진다. 그러나 만일 앞에서 거론한 영매나 무당과 같은 종교적 능력자들을 이용하면 우리가 주도적으로 고인의 영과 소통할 수 있다. 이러한 상황은 뒷장에서 영매를 다룰 때 상세하게 볼 것이다.

사후통신 연구의 선구자: 빌 구겐하임

구겐하임은 원래 죽음이니 영혼이니 하는 종교적인 것과는 거리가 먼 사람이었다. 그는 뉴욕의 월가(Wall Street)에서 일하는 증권맨이었으니 그 사정을 알 수 있지 않을까 싶다. 그는 종교에는 무관심했고 종교에서 말하는 영혼이나 신이니 하는 것을 모두 부정하는 회의론자와 같은 태도를 지니고 있었다. 쉽게 말해 돈만 아는 세속적인 인간이었고 유물주의자이었던 것이다. 그러다가 그는 뜻하지 않게 로스의 강연을 듣는다. 이 강연을 듣게 되는 과정에도 재미있는 이야기가 있지만 갈 길이 바쁘니 생략한다. 이 강연에서 로스가 대낮에 나타난 '유령' 이야기를 하는 것을 듣고 그는 큰 충격을 받는다. 이것은 앞에서 이미 언급한 슈왈츠 부인의 이야기이다. 그는 비록 돈만 밝히는 증권맨이었지만 내면 깊숙한 곳에는 영성에 대한 갈구가 있었던 모양이다.

그는 그 뒤 몇 가지 일을 겪으면서 내면의 의식이 성숙해지자 1988년에 내면으로부터 일종의 명령 같은 소리를 듣는다. 그 소리는 구겐하임에게 '당신의 소명은 이 주제(사후통신)에 대해 책을 써서 세상에 알리는 것이다'라는 것이었다. 그가 이 목소리의 정체에 대해 밝히지 않아 우리는 그 목소리의 주인이 누구인지 알지 못한다. 그러나 구겐하임의 설명을 도입하면 이것은 전형적인 사후통신의 사례라고 할 수 있다. 구겐하임의 가족이나 지인 중의 한 사람이 타계한 후에 그의 수호령 같은 존재가 되어 그에게 말씀을 전달한 것이라고 할 수 있다. 이 같은 예는 뒤에 또 나오니 그때 다시 보기로 하자.

어쨌든 이 내면의 소리를 듣고 그는 책을 쓰기 위해 움직이기 시작한다. 그는 이 책을 아내와 함께 쓰기로 하고 1988년부터 사람들의 체험담을 수집하는 일을 시작했다. 그는 개인적으로도 체험담을 수집했지만 근사체험을 연구하는 학회 같은 데에 가서 사후통신을 한 사람들을 찾아 그들의 체험담을 모았다. 그런데 그렇게 움직이다 보니까 소문이 나서 신문이나 방송에서도 뉴스거리로 그들의 이야기를 써주었는데 특히 방송에 출연할 기회를 얻어 시청자에게 체험담에 대한 정보를 제보해달라고 부탁했다. 역시 방송의 힘이 컸던 모양이다. 본국인 미국뿐만 아니라 캐나다, 호주, 일본 등지에서 많은 사람이 귀중한 체험담을 보내주었다고 하니 말이다. 그렇게 구겐하임과 그의 아내는 수년간 2천여 명을 면담했고 약 3,300개의 사례를 수집했다고 하는데 연구 기관이 아닌 개인이 이렇게 많은 자료를 수집했다는 게 대단하게 느껴진다. 게다가 빌과 아내는 학문과는 거리가 먼 사람이다. 그런데도 이렇게 자료를 수집하고 그것을 토대로 책을 냈다고 하니 놀라운 것이다. 책도 그냥 책이 아니라 그 분야에서 효시가 될 만한 책을 냈으니 더더욱이 대단한 것이다. 이 책은 전문적인 학술서는 아니지만 나름대로 체계를 갖추고 이론을 세우고 있어 일반 교양서의 수준을 훨씬 넘는다. 나는 그들의 책을 읽고 다시 한번 미국의 저력을 느낄 수 있었다. 연구자가 아닌 일반인이 이런 책을 썼다는 것이 믿기지 않았기 때문이다.

어떻든 그들이 이렇게 수집된 자료를 바탕으로 사후통신을 분류하고 체계를 세워서 낸 책이 바로 이 책이다. 그들이 이렇게 광범위하게 조사해 보니 이 사후통신이라는 현상이 특이한 체험이 아니라 매우 보편적인 체험이라는 것을 알 수 있었다. 그들의 조사 결과에 따르면 미국 인구의 20%인 5천만 명이 사후통신을 했다고 하니 그 사정을 알 수 있겠다. 이것은 근사체험을 했다고 고백한 사람보다 다섯 배나 많은 수치라고 하니 상당히 많은 미국인이 이 체험을 한 것이다. 그런데 이 책을 읽다 보니 내 자신도 과거에 사후통신을 했다는 사실을 새삼스레 알 수 있어서 매우 흥미로웠다. 나는 십수 년 전에 말로는 설명이 잘 안되는 기이한 체험을 했는데 그때는 그 체험이 사후통신인 줄 몰랐다. 그러나 그의 책을 읽어보니 내 체험이 사후통신일 수 있다는 강한 힌트를 얻었다(이 장의 마지막 부분에 이 이야기를 간략하게 소개했다). 나는 그때 짐작에, 다른 사람들도 이전에 사후통신을 했는데 모르는 경우가 많지 않을까 하는 생각이 들었다. 독자 여러분들도 이 책에서 밝히는 사후통신의 내용을 접해 보면 자신도 그와 같은 체험을 했다는 것을 뒤늦게 알아차릴 수 있을 것이다.

다양한 방법으로 나타나는 사후통신
- 사후통신이 나타나는 여덟 가지 방법에 대해

앞에서 말한 것처럼 이 사후통신은 보통 사람들이 생각하는 것보다 훨씬 다양하게 전개된다. 일반인들이 생각하는 전형적인 사후통신은 꿈에 고인이 나타나는 것이다. 그래서 우리는 이것만이 고인의 영과 소통하는 방법이라고 생각하기 쉬운데 실상은 이보다 훨씬 다양한 방법이 있어 처음 접하는 사람은 믿기지 않을 정도다. 앞으로 전개되는 다양한 사후통신의 사례를 보면 흡사 고인의 영이 살아 있는 가족에게 소식을 전달하지 못해 안달하는 것 같은 느낌을 받을 정도이다.

이 사후통신의 방법에 대해 구겐하임은 12가지로 정리했는데 너무 번거로워 나는 이것을 8가지로 줄였다. 8가지로 줄였다고 해서 원래 내용이 생략된 것은 아니고 기존의 12가지에 있던 내용을 이 8가지에 넣으려고 노력했다. 이렇게 정리한 8가지만 봐도 다양한 사후통신을 섭렵하는 데에는 문제가 없을 것이다. 앞에서 근사체험을 검토할 때도 수많은 단계를 5단계로 간단하게 줄여서 본 것처럼 이번에도 설명을 가능한 한 간단하게 만들어 보았다. 앞에서 말한 것처럼 '간단한 것이 좋다'

라는 취지 아래 이렇게 줄여본 것이다. 다음은 8가지 사후통신 방법이다.

   1. (영혼의) 임재함 느끼기

   2. 청각적 사후통신

   3. 촉각적 사후통신

   4. 후각적 사후통신

   5. 시각적 사후통신

   6. 선잠 혹은 꿈속 사후통신

   7. 전화 사후통신

   8. 물질적 사후통신

   기타

이제부터 이에 대해 하나씩 볼 터인데 노파심에서 말하면 이 8가지는 배타적으로 일어나는 게 아니라 두세 현상이 같이 일어날 수 있다는 것을 잊어서는 안 되겠다. 이것은 고인의 영이 이미지의 형태로 시각적인 정보를 주는 동시에 청각적인 방법이나 촉각적인 방법을 동원하여 메시지를 전할 수 있다는 것을 말한다.

1. 임재함 느끼기

 이것은 말 그대로 당사자가 고인의 영혼이 바로 옆에 있는 것을 느끼는 것인데 이것이 일어나는 양상이 재미있다. 본인은 고인에 대해 전혀 생각하지 않고 있는데 갑자기 그(의 영혼)가 옆에 있다는 것을 느끼기 때문이다. 이것은 일종의 직관적인 느낌이기 때문에 이성적으로는 설명이 잘되지 않는다고 한다.

 이런 직감이 가능한 것은 사람들이 모두 자기 나름의 파동을 갖고 있기 때문이라고 한다. 구겐하임은 이것을 설명하기 위해 지문에 비유했다. 잘 알려진 것처럼 사람들은 모두 다른 지문을 갖고 있다. 지구상에 사람이 그렇게 많아도 지문이 똑같은 사람은 하나도 없다고 하지 않는가? 마찬가지로 사람들에게는 영혼의 무늬라고 할 수 있는 영문(靈紋)이 있다고 한다. 이것은 그 사람의 영혼이 지닌 독특한 '에너지 진동 패턴'을 말하는 것으로 우리는 평소에는 이것을 잘 느끼지 못한다. 우리의 감각이 둔해서 그럴 수도 있지만 그보다는 우리의 육신에 의해 영혼의 진동이 가려져 있기 때문에 그 패턴을 파악하지 못할 가능성이 크다. 그러나 육신을 떠난 영혼이 직접 와서 옆에 있으면 그 진동을 느끼는 게 더 쉬울 것이다. 육신에 의해 진동이 가려지지 않기 때문에 영혼의 파동이 쉽게 전달되는 것이다.

게다가 당사자와 이 영혼은 생전에 매우 가까웠던 사이인지라 서로 어느 정도 이른바 '튜닝'이 되어 있어 공명하기가 쉬울 것이다. 그래서 이런 영혼이 나타나면 영적인 것에 둔한 우리도 어느 정도는 공명할 수 있다. 설명이 복잡해졌는데 다음의 사례를 보면 이게 무슨 말인지 금세 알 수 있을 것이다.

첫 번째 사례는 어느 호스피스 간호사 이야기이다. 그에게는 수개월 동안 돌봐주던 환자가 있었다. 어느 날 이 환자가 위독하다는 전화를 받고 나갈 준비를 하는데 불현듯 오른쪽에 그 환자가 와 있는 것 같은 느낌을 받았다. 그가 임재한 것 같은 느낌을 받은 것이다. 그 환자는 그렇게 30초 정도 머무르다 사라졌다. 이 사라졌다는 것을 아는 것도 직관적인 느낌이지 눈에 보이는 어떤 것이 사라졌다는 것은 아니다. 서둘러서 병원에 도착해보니 그 환자는 벌써 사망했는데 시간을 계산해 보니 간호사가 집을 떠나기 직전에 그 환자가 유명을 달리한 것이었다. 이 예는 고인의 혼이 임재하는 전형적인 경우로 가장 자주 보이는 사례이다.

이번에는 극적인 예를 하나 소개해 보자. 어떤 여성의 이야기인데 2년 전에 그녀의 아들(9살)이 백혈병으로 죽었다. 그런데 이번에는 조카인 브랜던(9살)이 차 사고로 죽었다는 연락을 받았다(브랜던은 언니의 아들이다). 2년 사이에 아들과 조카를 잃은 것이다. 그녀는 조카의 장례식에 참석하기 위해 길을 떠나면서 2년 전에 자신의 아들이 죽었을 때 사람들로부터 받은 위로의 시를 가져갔다. 당시 사람들은 나이 어린 아들을 잃은 그녀가 너무나 상심할 것 같아 그녀를 위로하기 위해 특별히 시를 써서 아들의 장례식장에서 읽었다고 한다. 그때 그녀는 이 시가 낭독되는 것을 듣고 많은 위로를 받았다. 또 장례식 이후에도 이 시를 되새김하면서 아들의 죽음 때문에 받은 충격을 많이 극복할 수 있었다. 이 같은 방법이 조카의 경우에도 통할지 의심스러웠지만 그녀는 언니를 위해 브랜던의 묘 앞에서 이 시를 읽었다. 그때 그녀는 자신의 주위에서 심상치 않은 기운을 느낄 수 있었다. 그녀는 곧 이 기운이 조카인 브랜던의 영혼과 아들의 영혼으로부터 오고 있다는 것을 알아차렸다. 두 고인의 영혼이 함께 장례식에 온 것이다. 그녀에 따르면 아들의 영혼은 왼쪽에 있었고 조카의 영혼은 오른쪽에 있었다고 한다. 두 영혼의 '영문(靈紋)'이 다를 터이니 그녀는 그 차이를 읽은 것이리라. 그와 동시에 그녀는 아들로부터 엄청난 사랑의 기운이 전해지는 것을 느꼈다고 한다.

이 사례는 고인(의 영혼)이 두 명씩이나 나타나는 이례적인 것이라 소개해 보았다. 이 상황을 잠시 정리해 보면, 무덤 앞에서 이루어진 조카의 장례식에는 당연히 조카의 영혼이 참석했을 것이다. 이 분야를 연구한 사람들에 따르면 갓 사망한 사람은 자신의 장례식에 와서 보는 게 상례라고 한다. 자신을 위해 하는 의례이니 관심이 가는 것 아닐까 한다. 그런데 이번에는 주인공의 아들 영혼도 참석했다. 이것은 자신의 모친이 사촌 장례식에서 자신에게 헌정되었던 시를 읽으니 참석하고 싶었던 것 아닌가 한다. 게다가 이 모임에 참석한 두 영혼은 지상에서 있을 때 사촌지간이었으니 가까웠을 터, 그 인연으로 이렇게 한 사람의 장례식에서 다시 만나게 된 것이리라.

2. 청각적인 사후통신

이번에는 영혼으로부터 소리를 듣는 경우다. 그런데 소리라고는 하지만 진짜 목소리를 듣는 것은 아니고 당사자의 머리나 마음(?) 안에서 들리는 소리를 듣는 경우가 대부분이다. 다시 말해 귀에 들려오는 소리가 아니라 뇌리에서 울리는 것처럼 듣는다는 것이다. 그렇다고 해서 그 내용이 심오하거나 이색적인 것은 아니다. 그 소리의 내용을 보면, 대부분 '자신(영혼)들은 여기서(저승) 잘 있으니 걱정하지 말라'라는 것인데 그와 더불어 사랑한다거나 고맙다는 말도 잊지 않는다.

  이 사례는 많은 설명이 필요하지 않으니 곧바로 예를 들어보자. 아들을 잃은 줄리는 매일 아들 묘소에 들러서 꽃을 놓고 인사하는 일을 계속했다. 이것은 자식을 잃은 슬픔이 너무 커서 조금이나마 슬픔을 달래기 위해 하는 일이리라. 그런데 하루는 깜빡 잊고 꽃을 집에 놓고 나왔다. 그래서 할 수 없이 그날은 아들의 묘에 들리지 않고 그냥 집으로 가는데 그녀는 이상한 일을 겪었다. 아들이 묻혀 있는 공원묘지 앞을 지나가는데 갑자기 그녀의 뇌리에서 '엄마 걱정하지 마, 나는 무덤에 있지 않아. 나는 이곳에서 돌아가신 할아버지와 다른 분들과 같이 잘 있어'라는 말이 들려온 것이다. 줄리는 깜짝 놀라 아들의 말을 곰곰이 생각해 보았다. 우선 다시는 만날 수 없을 것만 같았던 아들의 목소리를 들으니 그렇게 반가울 수가 없었다. 그래서 마음이 한결 편해졌고 아들 잃은 슬픔도 많이 누그러졌다. 이처럼 사후통신을 경험한 사람들은 그 순간이 아무리 짧더라도 고인의 혼과 교통하면 많은 위안을 받는다. 물론 슬픔이 완전히 가시는 것은 아니지만 고인의 혼이 항상 자신과 같이 한다는 확신이 생기기 때문에 마음이 넉넉해져서 한결 여유롭게 일상생활을 할 수 있게 된다.

이 예를 소개하는 이유는 또 있다. 이 예에서 아들은 엄마에게 '자신은 무덤에 있지 않다'라고 말하고 있다. 그가 이 말을 한 이유는 엄마가 매일 수고롭게 자신의 무덤에 올 필요 없다는 것을 밝히기 위함이었을 것이다. 자신은 육신을 떠나서 영혼으로 자유롭게 잘 지내고 있는데 엄마가 다 부패한 자신의 시신 앞에서 그것을 자신인 것처럼 대하고 인사하는 게 싫었던 것이다. 이 대목에서 여러분들은 생각나는 노래가 하나 있을 것이다. 일본에서 도래한 노래로 '천의 바람이 되어'가 그것이다. 우리는 처음에 이 노래를 일본어 가사로 접했는데 그렇다고 이 노래가 일본서 만들어진 것은 아니다. 이 노래가 처음으로 불린 곳은 미국인데 원작자는 설만 난무할 뿐 확실히는 모른다. 미국에서 이 노래는 "Do not stand at my grave and weep"라는 제목으로 불렸는데 이것을 직역하면 '내 무덤 앞에 서서 울지 마세요'가 될 것이다.

그런데 이 제목이 바로 우리의 사례에서 줄리의 아들이 한 말과 똑같지 않은가? 하지만 한국에서는 가사를 엉뚱하게 바꾸는 바람에 노래의 진가를 놓치고 있어 안타깝다. 한국에서 통용되는 가사를 보면 '나의 사진 앞에서 울지 마요. 나는 그곳에 없어요. 나는 잠들어 있지 않아요. 제발 날 위해 울지 말아요'라고 되어 있는데 이 가사는 심각한 왜곡이라고 할 수 있다. 가장 문제 되는 것은 맨 처음 문장으로 원래의 영어 가사에는 '나의 무덤 앞에서 울지 마세요. 그곳에 나는 없어요'로 되어 있다. 이것은 고인이 이제 자신은 영혼이 되어 바람처럼 자유롭게 하늘을 날고 있는데 왜 '구질구질하게' 부패한 내 몸 앞에서 울고 있느냐고 살짝 푸념하고 있는 것이다. 이러한 생각은 사후생과 영혼을 인정하는 진일보한 생사관을 보여주는 것으로 이 생각을 받아들인다면 장례 문화에 많은 변화가 생길 수 있다. 고인을 추모하는 방식에 혁신적인 변화가 있을 수 있다는 것인데 이 주제는 중요한 것이니 나중에 다른 기회에 상세하게 논의하면 좋겠다.

사정이 어찌 됐든 한국인들은 이 '무덤'이라는 말이 혐오스럽다고 생각한 나머지 그만 '사진'으로 바꾸어 버렸다. 그런데 이렇게 하면 이 노래의 진정한 의미가 사라져 버린다. 아니, 아무 의미도 없게 된다고 하는 게 맞을 게다. 내 사진이라는 것은 내 주민증에도 있고 여권에도 있는 등 어디에도 있을 수 있는데 내 사진 앞에서 울지 말라고 할 때 그 사진이 어떤 사진을 지칭하는 것인지 알 수 없지 않은가? 물론 영정 사진을 의미하겠지만 이 사진 앞에서 울지 말라는 것도 별 의미가 없다. 왜냐하면 이 사진이 내가 아닌 것은 뻔한데 거기다 대고 '나는 거기에 없다'라고 하는 것은 지극히 당연한 일 아닌가. 반면 원래 가사를 보면 이런 생각의 전개가 가능하다. '무덤에는 내 몸(시신)이 있다. 그것은 얼마 전까지 나였다. 그런데 이제 죽어서 내 영혼은 더 이상 그 몸에 있지 않다. 따라서 그것은 내가 아니니 그 앞에서 울 필요 없다'라는 것이다. 이처럼 이 노래 가사는 무덤(혹은 시신)을 지칭해야 그 의미가 사는 것이지 무덤을 사진으로 바꾸면 원래의 취지와는 너무도 멀어지게 된다. 나는 이 작은 사건을 보고 한국인들이 죽음을 금기시하고 멀리하려는 의도가 여전히 강하다는 것을 알 수 있었다. 그리고 사람의 가치관은 한번 형성되면 바꾸기 어렵다는 말이 다시 실감이 되었다.

이 주제에 관련된 사례는 대부분 이렇게 진행되는데 그 전형적인 것은 앞에서 서론을 말할 때 이미 언급했다. 예약된 비행기를 타려는데 느닷없이 머리 안에서 '타지 마라'라는 소리가 들려 비행기 탑승을 연기한 것 말이다. 이런 예가 구겐하임의 책에는 많이 있는데 비슷한 예로 이런 것이 있었다. 비가 아주 많이 오는 날 어떤 사람이 차를 몰고 가는데, 앞에 다리가 나왔다. 그런데 갑자기 마음속에서 '(다리를) 건너지 마라'라는 소리가 들렸다. 이 다리를 통하지 않으면 먼 길로 돌아가야 하기 때문에 주저하는 마음이 생겼지만 그는 그 소리를 따라 우회했다. 그런데 나중에 알아보니 비가 너무 많이 오는 바람에 그 다리가 무너지기 직전이었다고 한다. 따라서 만일 주인공이 그 다리를 건넜다면 중간에 다리가 무너져 강에 빠져 죽었을 것이라고 한다. 이 사람은 내면의 목소리에 귀를 기울여서 죽음에서 살아나온 것이다. 이것은 아마도 그와 가까운 고인의 영혼이 이 사고를 미리 짐작하고 그에게 내면의 목소리 형식으로 전한 것 아닌가 싶다.

이 정도의 사례로도 청각적 사후통신을 파악하는 것은 충분하지만 내가 직접 들은 사례가 하나 있어 소개해 보려고 한다. 이 사례는 매우 충격적이라 한번 전하고 싶은 것이다. 직접 들었다고 하지만 주인공을 만난 것은 아니고 그가 TV 프로그램에 나와서 하는 이야기를 들은 것이다. 주인공은 6·25 때 북한으로 국군 포로가 되어 잡혀간 최 씨라는 사람인데 그는 어쩔 수 없이 북한에 살며 결혼도 하고 자식도 있었지만 생활이 너무 힘들었다. 하도 힘들어 그는 어느 날 자살을 결심했다. 당시 북한은 마약을 만들기 위해 양귀비를 많이 재배했다고 한다. 양귀비밭 옆에 앉아 있던 최 씨는 양귀비를 많이 따먹고 죽을 생각을 했다. 이 생각을 막 행동에 옮기려는 찰나 갑자기 뒤에서 누가 '최 씨'라고 크게 소리쳤다고 한다. 깜짝 놀라 뒤를 돌아보니 아무도 없었다. 그런데 그 소리가 하도 커서 정신이 번쩍 나는 바람에 그는 자살을 접었다고 한다. 그리곤 탈북을 결심해서 기어코 남한으로 와서 TV의 탈북민 프로그램에까지 나온 것이다. 이것은 소리가 뒤에서 들렸다는 점에서 사후통신이 아닌 것 같지만 실상은 최 씨의 마음속에서 우러나온 소리일 것이다. 최 씨를 수호하는 영혼이 그에게 충격을 주기 위해 큰 소리로 그를 깨우친 것 아닌가 한다. 그가 탈북하면 잘 살 수 있는데 공연히 자살하지 말라는 뜻에서 큰 소리를 냈던 것 같다.

3. 촉각적 사후통신

이것은 말 그대로 고인과 육체적인 접촉을 한 것처럼 느끼는 사례를 말한다. 고인은 영혼인데 신기하게 물리적으로 접촉한 것처럼 느껴지는 것이다. 앞에서 누누이 말한 대로 영혼은 순전한 에너지체라고 할 수 있는데 그게 어떻게 물리적인 접촉의 느낌을 만들어내는지 신기하다. 현장에서는 이 접촉이 매우 다양하게 나타나는데 구겐하임은 다음과 같이 5가지로 그 접촉을 분류하고 있다. 즉, ㄱ) 가볍게 치기, ㄴ) 부드럽게 만지기, ㄷ) 다정한 키스, ㄹ) 어깨 감싸기, ㅁ) 크게 안기 등인데 이 가운데 몇 가지 예만 보았으면 한다.

세라는 부친이 타계하고 5년이 지났는데 어느 날 갑자기 '뭐지?' 하는 느낌이 들었다. 왜냐하면 세라의 아버지는 살아 있을 때 그의 뺨으로 세라의 뺨을 누르는 동작을 자주 했는데 이때 바로 그런 느낌을 받았기 때문이다. 그녀는 이 일이 생기자마자 이것은 아버지가 한 일이라는 것을 알아차렸다. 아버지만의 기운을 느꼈기 때문이다. 그러나 그녀는 왜 갑자기, 그것도 타계 후 5년이 지나서 아버지가 그녀에게 이런 식으로 소식을 전했는지 그 이유를 알지 못했다(이것을 알기 위해서는 당사자를 심층 면담해야 한다).

또 다른 예다. 제인은 남편이 죽고 1년이 지난 뒤 남편의 묘를 찾았다. 세 아이를 혼자 키우느라 너무 힘들어서 남편에게 하소연하고 싶어 묘를 찾은 것이다. 그녀는 희망이 보이지 않을 정도로 힘든 세월을 보내고 있었다. 그렇게 좌절에 빠져 울고 있었는데 갑자기 남편(의 영혼)이 왼쪽에 서 있는 것 같은 느낌이 들었다. 그러더니 남편은 그녀를 팔로 감싸면서 오른쪽 어깨를 잡았다. 이것은 우리가 다른 사람을 위로할 때 많이 하는 동작이다. 그런데 이 상태는 약 5초 정도만 지속되었다고 하는데 제인이 자신이 혼자가 아니라는 것을 깨닫고 힘을 얻는 데에는 충분한 시간이었다. 그 뒤의 소식에 대해서는 구겐하임이 명시하지 않았지만 아마도 그녀는 자식들을 키우면서 잘 살았을 것이다.

이 사례는 제인이 너무 힘들어하니까 남편의 영이 잠깐이지만 나타나서 그녀를 응원한 것이리라. 이런 상황으로 미루어 보면 영혼들은 여간해서는 이 지상에 잘 나타나지 않는 것 같다. 그것은 영혼의 상태로 지상에 나타나는 일이 힘들기 때문일 터인데 그러나 지상에 있는 가족이 정말로 힘들어하고 도움이 필요할 때는 영혼이 나타나는 경우가 있다. 이 사례에서 보는 바와 같이 아주 잠깐이라도 영혼이 나타나면 지상에 있는 가족은 큰 위안을 얻는다. 그리고 살아갈 수 있는 힘도 얻게 된다. 영혼들이 이런 사실을 안다면 조금 더 자주 우리에게 나타났으면 좋으련만 그렇게 안 되니 아쉽다. 지상에 있는 우리에게 소식을 전하고 말고는 그들이 결정하는 것이니 우리로서는 뭐라고 할 말이 없다.

다음의 경우는 촉각과 청각이 혼합된 경우인데 여기에도 많은 사례가 있지만 정말로 '센세이셔널'한 예를 하나 들어보겠다. 이것은 미국에서 있었던 그 유명한 9.11 테러 사건 때 발생한 것이다. 나는 이 일화를 미국의 다큐멘터리 채널인 히스토리 TV에서 접했다. 주인공은 브라이언이라는 남자인데 그가 직접 증언한 것이다. 그는 당시 쌍둥이 빌딩 가운데 남쪽 건물에서 일하고 있었다. 그런데 갑자기 북쪽 건물에서 엄청난 굉음 소리가 들렸다. 다 아는 바와 같이 여객기가 이 건물을 들이받은 것이다. 그리곤 17분 정도 있다가 다른 비행기가 브라이언이 일하는 남쪽 건물을 들이받았다. 이때 브라이언은 머릿속에서 '브라이언, 너는 괜찮을 거야(You gonna be fine)'라는 소리가 들렸다고 한다. 그러나 피해야 하니 서둘러 그는 복도로 나갔다. 거기에는 세 개의 계단이 있었는데 그는 어떤 계단으로 내려갈지를 고심하다가 A라는 계단을 택하려고 했다(편의상 A라는 계단이라고 했다). 그런데 그때 누군가 그의 팔을 낚아채면서 C 계단 쪽으로 그를 향하게 했다. 그는 하는 수 없이 그 힘에 이끌려 이 C 계단을 통해 무사히 1층까지 내려와 목숨을 건질 수 있었다. 그런데 나중에 알아보니 그가 처음에 가려고 했던 A 계단은 중간에 막혀서 만일 그가 그 계단으로 내려왔으면 목숨을 부지하기 힘들었다고 한다(또 다른 계단인 B 계단도 상황은 마찬가지였다).

우리는 이 사건을 여러 관점에서 해석할 수 있겠지만 사후통신적인 관점에서만 본다면 일단 여객기가 건물을 충돌한 직후에 '브라이언, 너는 괜찮을 거야'라는 말을 들은 것은 청각적 사후통신이라고 할 수 있다. 그를 지켜주는 영혼이 언질을 준 것으로 해석할 수 있다. 그다음에 그의 팔을 낚아채서 가는 길을 바꾸게 한 것은 촉각적 사후통신이라고 할 수 있다. 그런데 이렇게 과격하게 영혼이 개입하는 일은 잘 일어나는 일이 아닌데 당시 상황이 워낙 위급하니 영혼이 이런 강한 방책을 쓴 것으로 보인다. 어떻든 이 경우는 청각과 촉각의 사후통신이 동시에 일어난 것으로 보면 되겠다. 나는 이 사건을 접하고 이런 큰 행운이 왜 브라이언에게만 있었는지 의문이 들었다. 당시 그 건물에 있던 다른 사람들도 절체절명의 위기에 있었을 텐데 왜 그들에게는 이런 일이 일어나지 않았는지 알 수 없다는 것이다.

4. 후각적 사후통신

이 경우는 고인과 관련된 향기가 나는 것으로 구겐하임에 따르면 상대적으로 흔한 사례라고 한다(흔하다고 하지만 나는 주위에서 이런 체험을 한 사람을 아직 보지 못했다). 이때 나는 향에는 고인이 즐겨 바르던 향수나 로션, 음식이나 음료, 담배, 그리고 좋아하던 꽃냄새 등이 포함된다. 그런데 중요한 것은 그 향기가 나는 장소가 절대로 그 특정한 향이 날 수 없는 곳이라는 데에 있다. 그러니까 당사자가 있는 곳에 그 냄새를 풍길 수 있는 물체가 없는데 갑자기 생소한 향내가 난다는 것이다. 이 경우도 직접 사례를 보면 금세 이해할 수 있다.

수지는 엄마가 죽고 2주일이 지난 뒤 엄마가 너무 보고 싶어 침대에서 흐느끼면서 울고 있었다. 그런데 갑자기 풋사과 향이 1분 이상 지속되었다. 수지 방에는 그런 냄새를 낼 수 있는 매체가 없었다. 그런데 생각해 보니 엄마가 생전에 이 향의 공기청정원을 썼다는 기억이 났다. 엄마가 간 다음에는 이 기계를 더 이상 쓰지 않았기 때문에 이 냄새가 날 수가 없었는데 갑자기 이 냄새가 난 것이다. 수지의 엄마는 왜 갑자기 자신의 존재감을 향기로서 수지에게 알린 걸까? 짐작컨대 자기 딸이 너무나 슬퍼하니까 '나는 여기서 잘 있으니 걱정하지 마라'라는 메시지를 전달하기 위해 이 냄새를 풍긴 것 아닌가 싶다.

다음 사례는 유대인이었던 노라의 이야기다. 그녀는 아버지 기일을 맞이하여 회당(유대교 교회)에서 의례를 마친 다음 지인과 함께 승강기를 탔다. 그런데 갑자기 애플파이 향이 나는 파이프 담배 냄새가 났다. 노라는 혹시 아버지가 무슨 메시지를 보내는 것 아닌가 하고 생각해 보았지만 생전에 아버지는 담배를 피우지 않았기 때문에 이 냄새를 아버지와 연결할 수 없었다. 집에 돌아온 노라는 그래도 혹시나 하는 마음에 엄마에게 이실직고했다. 그러자 모친이 실토하기를 아빠가 젊었을 때 잠깐 애플파이 냄새나는 시가를 핀 적이 있다고 했다. 그렇다면 이 향은 아버지의 영혼이 보냈을 확률이 높다. 그런데 이 사례가 특이한 것은 노라만 이 냄새를 맡은 것이 아니라 승강기를 같이 탔던 지인들도 동시에 맡았다는 것이다. 이렇게 되면 이 체험의 객관성이 인정되는 것이리라. 노라의 아버지가 시가 냄새를 풍긴 것은 사랑하는 딸이 자기를 잊지 않고 교회에 와서 제를 지내주니 고마워서 그런 것 아닌가 한다.

그러면서 드는 의문은, 이왕이면 노라의 아버지가 처음부터 딸이 알 수 있는 향을 풍기지 왜 알 수 없는 향을 냈느냐는 것이다. 만일 노라가 이 사실에 대해 엄마에게 물어보지 않았다면 이 사례는 그냥 묻히는 것이라 그렇게 생각해 본 것이다. 그런데 영혼이 어떤 행위를 할 때에는 반드시 그에 합당한 이유가 있다. 그렇다면 노라의 아버지가 이 향을 낸 데에도 분명히 이유가 있을 것이다. 이 사례는 그것까지 알아내야 완성되는 것이다. 그것을 알아내려면 노라를 심층 면담해야 하는데 현재로서는 그렇게 할 수 없으니 안타깝다.

5. 시각적 사후통신

이 통신은 말 그대로 고인의 모습을 보는 것이다. 그런데 이 고인의 모습이 꽤 다양한 형태로 나타나서 우리를 놀라게 한다. 그저 고인의 모습이 나타나기만 해도 신기한데 여러 형태로 나타난다니 놀라운 것이다. 구겐하임에 따르면, 고인은 다음과 같이 다양하게 나타난다. 먼저 ㄱ) 단지 빛으로 나타나는 경우, ㄴ) 밝게 빛나는 얼굴로 나타나는 경우, ㄷ) 상반신만 나타나는 경우, ㄹ) 전신이 나타나는 경우 등이 그것이다.

재미있는 것은 몸이 나타나는 경우에 투명하게 나타나 뒤가 보이는 경우가 있는가 하면 견고하게 나타나 불투명한 경우가 있다고 한다. 그리고 이와 더불어 청각이나 촉각의 체험이 같이 일어날 수도 있고 고인의 영이 말을 걸거나 직접 당사자를 안아 보는 경우도 있다. 이처럼 이 사례에서는 다양한 체험이 동시에 나타날 수 있어 주목을 요한다. 이에 대한 예도 부지기수로 많은데 대표적인 것 몇 가지 보면 충분하겠다는 생각이다.

낸시는 20세인 아들이 오토바이 사고로 죽어 하염없는 슬픔에 젖어 있었다. 아들이 죽고 10일이 지났는데 갑자기 침실에 환한 빛이 가득하게 나타났다. 그런데 놀랍게도 그 가운데에 아들의 얼굴이 나타나 웃고 있었다. 낸시는 반가웠지만 너무 슬픈 나머지 '나도 (너에게) 가고 싶다'라고 말했다. 이 말을 듣고 아들은 '엄마는 아직 올 때가 아니다'라고 말하고 조용히 사라졌다. 이 사례는 빛과 얼굴이 같이 나왔을 뿐만 아니라 짧지만 서로 대화까지 나눈 사례이다. 낸시는 이렇게라도 아들을 다시 만나서 그가 잘 있는 것을 확인했으니 한결 마음이 나아졌을 것이다.

이렇게 아들의 영이 나타난 것은 전형적인 사후통신의 사례이기 때문에 그다지 특이한 점이 없다. 이 사례에서 재미있는 점은 낸시가 죽은 아들에게로 가고 싶다고 말한 것이다. 이런 경우는 사랑하는 가족이 죽었을 때 많이 발생한다. 사랑하는 가족을 황망하게 잃은 사람은 너무 슬픈 나머지 자살이라도 해서 죽은 가족에게 가고 싶어 한다. 이 심정은 이해할 수 있지만 그렇다고 그 일을 실행에 옮기면 절대로 안 된다. 따라서 그런 것을 생각하는 사람이 있다면 말려야 하는데 이번 사례에서는 아들의 영이 그 일을 하고 있어 이채롭다. 이런 경우에 고인의 영은 보통 '당신은 아직 이곳으로 올 때가 아니다'라고 말한다. 이를 통해 보면 영들은 지상에 사는 사람들의 운명에 대해서 알고 있는 것 같다. 우리가 육신으로 지상에서 살 때에는 이처럼 미래를 예측할 수 있는 능력이 없다. 그런데 영이 되면 사람의 미래를 볼 수 있게 된다고 하는데 이것은 영혼의 세계에서는 지상에서처럼 '시공 개념'에 갇혀 있지 않기 때문일 것이다. 지상에서는 과거, 현재, 미래가 따로 존재하는 것처럼 되어 있어 현재만 알 수 있지만 영계에서는 이 세 시점이 동시에 보이니 과거나 미래도 알 수 있는 것이리라.

다음은 2년 전에 죽은 할머니가 손녀에게 갑자기 나타난 사례이다. 손녀가 침대에 앉아 있는데 갑자기 옆에 구름 같은 게 나타나더니 거기에 할머니의 상반신이 투영되었다. 손녀는 놀라서 '할머니'하고 불렀더니 할머니는 말없이 웃기만 했는데 그런 가운데에서도 사랑과 화평의 기운이 넘쳤다고 한다. 그런데 특이하게 할머니는 손녀가 수년 전에 크리스마스 선물로 준 분홍색 실크 블라우스를 입고 나왔다. 생전에 할머니는 이 옷을 한 번도 입지 않았는데 이번에 입고 나온 것이다.

이 예는 상반신만 나온 사례인데 우선 주목해야 할 것은 할머니의 영이 나타나기 전에 구름 같은 것이 나타났다는 것이다. 이것의 정체가 궁금한데 추측하건대 영혼이 물질계에 나타나려 할 때 매개체 역할을 해준 것 아닌지 모르겠다. 누누이 말한 것처럼 영혼은 에너지로 구성되어 있기 때문에 물질계에 나타나는 일이 쉽지 않다. 그래서 먼저 이 구름 같은 것을 만들어서 그것에 기탁해 자기 모습을 드러낸 것 같다. 이 추정이 맞다면 구름 같은 것은 일종의 스크린 역할을 하는 것으로 보아야 한다. 영혼이 자신의 생각을 이것에 투사해서 자기의 모습을 드러내는 것이다.

그다음으로 드는 의문은 왜 할머니 영혼이 죽은 지 2년이 지난 다음에야 나타났느냐는 것이다. 당시에 분명히 할머니가 나타나야 할 이유가 있었을 텐데 이 손녀가 밝히지 않아 그 내막을 알 수 없다. 그럼에도 불구하고 우리가 확실하게 말할 수 있는 것은 이 할머니는 살아생전에 손녀와 매우 친한 관계였을 것이라는 것이다. 양자가 보통 친하지 않으면 영혼이 굳이 지상에 나타나 자신의 소식을 전하지 않기 때문이다. 이 손녀와 할머니는 친밀한 관계이었기 때문에 할머니가 성의를 보이느라 선물로 받은 옷까지 입고 나와서 큰 사랑을 표시한 것이리라. 자신이 언제나 손녀를 지켜보고 있으니 아무 걱정하지 말고 잘 살라고 말하려고 나타난 것 같다. 아니면 사랑하는 손녀가 선물로 준 옷을 한 번도 입지 않아 미안한 마음에 손수 그 옷을 입고 나타난 것인지도 모르겠다(이때 입은 옷은 당연히 할머니가 사념으로 만든 것이다!).

다음에 볼 것은 영혼이 부분이 아니라 전체로 나타나는 사례이다. 이때 특기할 일은 영혼이 나타날 때 나이와 관계없이 가장 좋은 때의 모습으로 나타난다는 것이다. 이 점은 앞에서 임종침상 비전을 설명할 때 이미 언급했다. 우리가 나이가 많이 들어 죽으면 몰골이 형편없는 경우가 많은데 영혼으로 나타날 때는 생전에 가장 좋았던 모습으로 나타난다는 것이다. 따라서 영혼은 이생에서 죽을 때 앓았던 병이 모두 치유된 상태로 나타나게 된다. 이것은 당연한 것이, 영혼은 몸이 없으니 병이 있을 리가 없지 않은가? 그것뿐만이 아니다. 생전에 장애를 갖고 있던 사람도 영혼으로 나타날 때는 온전한 몸의 형태로 나타난다고 한다. 예를 들어 생전에 사고를 당해 하반신 마비를 겪은 사람이 영혼으로 나타날 때는 사지가 온전한 상태로 나타난다는 것이다. 그리고 그렇게 나타난 영혼들은 영적인 평온함을 발사하면서 치유의 힘도 가진다고 한다. 이제 볼 첫 번째 사례는 영혼이 전신으로 나타났을 뿐만 아니라 당사자가 영혼과 대화도 하고 접촉도 하고 냄새도 맡은 경우다. 여러 가지 일이

한꺼번에 일어난 특이한 사례라 소개하고자 한다.

  수잔은 영적인 것은 전혀 믿지 않는 회의론자(skeptic)였다. 그녀의 오빠가 죽고 3개월이 지났을 때의 일이다. 그녀가 남편 옆에서 자고 있었는데 누군가가 발을 흔들었다. 그 때문에 깨서 보니 놀랍게도 오빠(의 영혼)가 전신으로 나타나 침대 옆에 앉아 있었다. 그렇게 나타난 오빠는 따뜻하게 느껴지는 빛을 발산하고 수잔을 껴안아 주기도 했다. 수잔은 오빠가 풍기는 향의 냄새도 맡을 수 있었는데 그 때문에 기분이 좋았다. 오빠는 수잔에게 '여기는 모든 것이 아름답고 좋으니 걱정하지 마라. 그리고 사랑한다'라고 말하곤 천천히 사라졌다. 이처럼 수잔은 영과 대화도 하고 그 냄새도 맡고 접촉하는 놀라운 경험을 했다. 이 일을 겪은 뒤 수잔은 평소에 견지했던 영적인 회의주의를 버리고 영혼이 존재할 뿐만 아니라 그들과 소통할 수 있다는 사실을 믿게 되었다. 그녀는 이 오빠와의 만남이 너무나 '리얼'해서 환영이라고 생각할 수 없었다. 수잔은 자신이 환상을 본 것이 아니라 오빠의 영혼이 진짜 방문해서 그녀에게 소식을 전해준 것이라고 보는 게 더 합리적인 해석이라고 생각한 것 같다. 그러나 이 경우에도 오빠가 왜 갑자기 여동생을 방문했는지에 대해서는 언급이 없어 아쉽다. 앞에서 누누이 말한 대로 영혼은 결코 허투루 나타나지 않기 때문에 이 경우에도 오빠가 나타난 데에는 분명히 이유가 있었을 것이다.

사실 전신의 영혼이 나타난 사례 가운데 로스가 예로 든 슈왈츠 부인의 사례처럼 극적인 것은 흔하지 않다. 이 사례에 대해서는 그동안 많이 언급해서 또 다룰 필요는 없겠다. 그러나 다시 한번 강조한다면, 이 사례가 희귀한 것은 영혼이 전신으로 대낮에 병원이라는 복잡한 공적인 공간에 나타났고 당사자인 로스와 수 분간 대화했을 뿐만 아니라 양자 간에 물리적인 접촉이 있었기 때문이다(로스가 부인의 팔을 만져보기도 했다). 그뿐만이 아니라 로스의 부탁에 따라 이 영혼이 펜을 잡고 메모를 남기는 등 거의 산 사람과 같은 수준에서 쌍방의 소통이 이루어졌기 때문에 놀라운 것이다. 따라서 이 사례는 정말로 믿기 어려운 예인데 아마 로스 같은 세계적인 석학이 아니라 평범한 사람이 말했다면 아무도 믿지 않았을 것이다.

그런데 눈 밝은 독자는 슈왈츠 부인과 같은 사례 중에 가장 극적인 것은 예수의 부활 사건이 아니냐고 주장할 수 있겠다. 예수 역시 죽었다가 다시 살아났을 뿐만 아니라 그 상태로 며칠을 보내다가 승천했다고 전해지기 때문이다. 분명히 그렇게 볼 여지가 있지만 예수의 부활 사건은 기독교 내에서도 논란

이 많은 것이라 여기서는 다루지 않는 것이 낫겠다. 나도 개인적인 의견이 있지만 그것을 밝히면 공연한 분란을 일으킬 것 같아 삼가는 것이 좋겠다는 생각이다.

다음 사례는 영혼이 전신으로 나타났을 뿐만 아니라 치유까지 해서 우리의 시선을 끈다. 주디라는 여성은 9살짜리 딸을 병으로 잃은 후 거의 실성한 상태였다. 그러면서 '신이 도대체 있는 건지, 천당이 있는 건지, 딸은 어디에 있는지'와 같은 질문을 하면서 하염없이 슬퍼했다. 그렇게 매일 슬퍼하니까 마음은 항상 암울했고 몸의 상태도 안 좋았다. 그런데 딸이 죽고 6주 정도가 지난 어느 날 주디가 자려고 하는데 누군가가 그녀의 어깨를 만졌다. 놀라서 돌아보니 죽은 딸이 반짝거리는 가운을 입고 빛을 발하면서 서 있었다. 딸은 '나는 아픈 거 다 나았고 여기는 모든 것이 좋으니 엄마는 아무 걱정하지 마'라고 말하곤 서서히 사라졌다. 이 일이 있은 다음 주디는 딸을 잃은 슬픔에서 많이 벗어났을 뿐만 아니라 마음에 낀 검은 구름과 어깨를 짓누르는 암석 같은 것이 모두 제거된 느낌을 받았다.

이 사례는 영혼이 나타나 당사자의 몸을 치유의 목적으로 만졌다는 점에서 매우 특이한 사례라고 하겠다. 엄마가 너무 힘들어해서 몸이 망가질 정도가 되니까 고인이 된 딸의 영혼이 나타나 지압 같은 것을 해주면서 고쳐준 것이다. 딸의 의도는 적중해서 엄마는 이 만남에서 완전한 치유를 받았다. 이런 일이 정말로 가능할까 하는 의심이 들 정도로 이 사례는 독특한데 이 경우는 엄마를 고쳐주고자 하는 어린 딸의 염원이 컸던 것 같다. 그런데 이처럼 영혼이 산 자의 몸을 고친 사례는 흔하게 발견되는 것은 아니다. 순수 에너지체인 영혼이 지상에 사는 사람의 육신에 깃든 병을 고치는 일은 쉽지 않기 때문이다.

6. 선잠 혹은 꿈속 사후통신

이 사례는 우리가 잘 때 고인의 영혼과 만나는 체험을 말한다. 이 사례는 두 부류로 나눌 수 있는데 선잠 잘 때 체험하는 것과 일반적인 잠을 잘 때 체험하는 것이 그것이다. 우선 선잠을 잘 때 고인의 영혼과 접촉하는 사례부터 보자. 이 체험은 선잠 상태에서 영혼을 만나는 것인데 사후통신 체험 가운데 상당히 흔한 것 중의 하나이다.

이 상태 중에 가장 많이 등장하는 것은 새벽녘에 잠이 덜 깬 상태일 것이다. 이때 우리는 잠이 깬 상태와 자는 상태 사이에 처하게 되는데 이런 상태에 있을 때 영혼들이 산 자의 뇌리에 틈입하는 일이 쉬워진다고 한다. 낮에 사람의 의식이 성성할 때는 영혼이 그 의식의 진동수에 자신의 것을 맞추기 힘들다. 이에 비해 새벽에 잠이 깬 것도 아니고 안 깬 것도 아닌 상태는 고인의 영혼이 진동수를 맞춰 당사자의 의식과 공명할 수 있는 상태를 만들기 쉽다고 한다. 이럴 때 고인이 당사자의 꿈(의식)에 나타나면 이것이 사후통신이 되는 것이다. 이때 우리는 고인의 임재뿐만 아니라 손길, 냄새, 모습 등을 모두 접할 수 있다.

이번 사례는 사후통신의 여러 양태가 동시에 나타나고 있고 좋은 정보를 제공하고 있어 한 번 소개해 본다. 수개월 전에 죽은 아빠 때문에 큰 슬픔과 아픔 속에 살고 있던 마리가 어느 날 새벽에 선잠 상태에서 아빠를 만났다. 아빠의 영혼이 꿈에 나와 마리에게 '얘야, 제발 슬퍼 말아라. 나는 여기서 아주 행복하다. 그런데 나를 지상에 돌아오라고 하지 마라. 나 좀 가게 내버려다오. 이곳에서 할 일을 하게 해다오'라고 말했다. 깜짝 놀라 깨어보니 아빠가 상반신 형태로 나타나 방구석에서 빛나고 있었다. 그 자태에 큰 감동을 받은 마리는 그 후로는 아빠의 죽음을 수용하고 슬픔에서 벗어나게 되었다고 한다. 그녀의 아빠는 자식이 너무 힘들어하니까 일부러 나타나서 큰 사랑의 빛을 발산해서 딸을 편안하게 해준 것이다.

이 사례에서 재미있는 것은 이 아버지가 자신을 놓아달라고 (let me go) 한 것이다. 자신은 이제 이승이 아니라 저승의 일원이 되었으니 그곳에서 해야 할 일을 하고 살아야 한다. 그런 이승에 있는 가족들이 못 가게 막으니 제발 좀 가게 해달라고 부탁하는 것이다. 고인의 영혼이 이렇게 말하면 지상에 있는 가족들은 그게 무슨 말인지 이해하지 못할 수 있다. 그런 가족들을 위해 이것을 설명해 보면, 지상에 있는 가족들이 너무 슬퍼하면 그 마음의 부정적인 에너지가 고인의 혼을 잡을 수 있다. 영혼은 에너지로 구성되어 있어 사람들의 의식에서 발산되는 에너지에 의해 영향받을 수 있기 때문이다. 그렇게 되면 영혼은 자신의 길을 가지 못하고 지상 근처에 묶여 있게 된다.

나는 이와 비슷한 이야기를 동료 의사에게 들은 적이 있다. 어떤 할머니가 위급한 상태라 오늘내일하면서 의식이 들락날락하고 있었다. 할머니의 자손들은 이럴 때마다 있는 힘껏 기도해서 할머니가 의식을 되찾고 다시 건강해지길 빌었다. 그렇게 조금 시간이 지난 다음에 할머니가 잠깐 의식을 되찾았다. 그때 그녀는 자손들에게 '나는 지금 좋은 곳으로 가려고 하는데 자꾸 너희들이 내 발목을 잡아서 못 떠나고 있다. 제발 이제 내가 가게 내버려다오'라고 말했다고 한다. 아마 이 할머니는 코마 상태가 됐을 때 소위 영계라는 곳을 보았을 것이다. 이 때는 굳이 탈혼 상태가 되지 않아도 저쪽 세계를 볼 수 있다. 그때 그녀가 영계의 아름다운 모습을 보고 그곳으로 가려는데 자손들이 자꾸 기도해서 못 가게 막으니 의식을 되찾았을 때 그 사정을 자손들에게 알린 것이다. 아마 이 말을 들은 자손들은 기도를 자제했을 것이고 그 결과 이 할머니는 어렵지 않게 몸을 벗고 좋은 곳으로 갔을 것이다.

이런 것을 통해 보면 임종이 가깝거나 임종을 막 맞이한 사람 앞에서는 기도를 '빡세게' 한다거나 마구 울부짖는 일을 삼가야 한다는 것을 알 수 있다. 그런데 원불교의 교주인 소태산 역시 같은 가르침을 설파하고 있어 우리의 비상한 관심을 끈다. 그는 '임종자가 마지막 숨을 쉬면서 몸을 벗으려고 할 때 절대로 망자의 몸을 흔들면서 울부짖는 일을 하지 말아라'라고 제자들에게 신신당부하고 있다. 그리곤 정 슬픔을 참지 못하면 고인이 임종하고 몇 시간이 지난 다음에 울 것을 권하고 있다. 왜냐하면 임종자가 몸을 벗는 순간에 옆에서 크게 울면 정신이 산만해져 제 갈 길을 못 가기 때문이다. 그러나 몇 시간이 지나서 고인이 영계에서 어느 정도 자리를 잡으면 울어도 좋다고 하는데 이것은 우리가 새겨들어야 할 매우 실용적인 임종법이 아닐까 한다. 내가 세계 종교 경전을 다 본 것은 아니지만 인간의 죽음을 대하는 방법에 대해 이렇게 구체적인 가르침을 남긴 경전은 접해 본 적이 없다. 원불교 경전에는 이 이외에도 우리가 임종을 맞을 때 어떤 태도를 취해야 하는 것에 대해서도 매우 실제적인 가르침이 조목조목 나열되어 있다. 이에 대해서는 별도로 연구하여 적당한 기회에 알려야겠다는 생각이다. 이런 좋은 임종법이 한국 종교 경전에 나와 있는데 제대로 알려지지 않아 안타깝다.

다음 사례는 상당히 재미있는 것으로 어떤 여성이 상처한 남자와 결혼했는데 전처의 영혼이 꿈에 나타난 사례다. 우리는 생전에 지상에서 가졌던 인간관계가 영혼들의 세계까지 연장되는가에 대해 궁금해하는데 이 사례가 그 궁금증을 부분적으로 풀어줄 것 같다. 특히 첫째 부인이 죽고 새 아내를 맞아들였을 때 이전 아내가 현재 아내를 어떻게 생각할까 하는 문제는 더 궁금할 수 있겠다. 지상의 문법에 따르면 첫째 부인이 둘째 부인을 질투할 것 같은데 이번 사례를 보면 그렇지 않아 재밌다. 질투는커녕 첫째 부인(의 영혼)이 두 번째 부인을 격려하는 모습마저 보인다. 우리의 예상과 다른 결과가 나와 흥미를 자아내는데 이 사례는 이렇게 진행된다.

아이 둘을 남기고 에밀리(전처)는 죽었고 마리아는 에밀리의 남편인 탐과 결혼했다. 전처의 아이 둘을 안고 결혼한 것이다. 결혼한 지 3개월 후 마리아가 새벽에 선잠에 잠깐 빠졌는데 갑자기 에밀리가 예쁜 모습으로 나타나서 '마리아, 놀라지 말아요. 당신은 내 아이에게 좋은 엄마가 될 것이고 편안하게 잘 살 거예요'라고 말하고 사라졌다. 사실 마리아는 새엄마가 되어 에밀리의 자식들을 기르는 것이 신경이 쓰이고 왠지 찜찜했는데 이렇게 에밀리가 나타나서 그녀의 자식 양육을 인정해 주니 마음이 편해졌다. 에밀리의 자식을 자기 자식처럼 키워도 문제가 없을 것으로 생각한 것이다.

이 예를 통해서 보면 저승에서는 이승의 관계가 지속되지 않는 모양이다. 다시 말해 이승의 관계가 계속해서 연장되는 것이 아니라는 것이다. 그럴 수밖에 없는 것이 저승에서는 영혼들이 이승과 같은 사회적 관계를 맺는 것이 아니라 개별적인 관계만 갖기 때문이다. 이게 무슨 말인지 예를 들어 설명해 보자. 이승에서 부부였던 사람이 저승에 가면 계속해서 그 관계를 유지하는 것이 아니라 개별적으로 존재하면서 카르마에 따라 끌리는 사람하고만 관계가 유지된다. 따라서 저승에서는 이승에서 맺었던 관계가 무시되고 영혼의 에너지 진동수가 비슷한 사람끼리만 관계를 맺게 된다(물론 배우자와 진동수가 비슷하면 그와도 계속 같이 있게 된다). 에밀리가 죽어서 영혼이 되어 보니 이제부터는 자기 자식의 카르마가 자기보다는 마리아와 가까운 것을 보고 선뜻 독점권(?)을 마리아에게 내 준 것 아닌가 하는 생각이 든다.(기독교의 누가복음 20장 27절부터 36절까지 보면 예수도 이와 비슷한 이야기를 하고 있으니 관심 있는 독자는 참고하기를 바란다.)

선잠 상태의 사후통신은 이 정도만 보고 지금부터는 수면 상태 때 나타나는 사후통신에 대해 보자. 다양한 사후통신 가운데 가장 흔한 통신이 이 수면 상태에 나타나는 사후통신이다. 고인의 영혼은 가족들이 잘 때 그들의 (무)의식과 접촉하는 것이 쉽기 때문에 이렇게 말할 수 있는 것이다. 앞에서 말한 것처럼 우리가 낮에 지낼 때는 의식이 성성하여 고인의 영혼이 우리 의식이 지닌 진동수에 맞추기가 쉽지 않다. 그러나 우리가 잘 때는 의식이 잠시 작동을 멈추고 대신 무의식이 활동하게 되어 영혼이 그 무의식에 진동수를 맞추기가 쉬워지는 것이다.

그런데 꿈에 고인이 나왔다고 그게 정말로 고인(의 영혼)인지 아닌지는 따져봐야 한다. 우리가 보통 꾸는 꿈은 많은 경우에 내용이 뒤죽박죽이고 비논리적이며 알지 못하는 여러 상징이 나타나는 등 실재성이 많이 떨어진다. 이런 꿈에 고인이 나타나면 그것은 고인의 영혼이 나타난 것으로 보기 힘들다. 그때 꿈에 나타난 고인은 당사자의 의식이 만들어낸 것으로 고인의 영혼으로 볼 수 없다는 것이다. 이런 꿈의 특징은 시간이 지나가면 다 잊어버린다는 데에 있다. 만일 여러분이 꿈을 꾼 다음에 나중에 그 꿈이 기억나지 않는다면 그런 꿈은 별로 중요한 꿈이 아니다. 따라서 그런 꿈은 그다지 신경 쓸 것 없다.

이런 보통 꿈에 비해 진짜 사후통신이 일어난 꿈은 너무 생생해서 절대로 '잊혀지지' 않는다. 그리고 앞에서 말한 보통 꿈보다 구성도 잘 되어 있고 색감도 풍부하고 무엇보다 고인을 직접 대하는 느낌이 든다. 그런데 이런 꿈을 꿀 때에 그 앞뒤로 또 다른 꿈들이 있을 것이다. 이 꿈들은 보통 꿈으로 시간이 지나면 거의 생각나지 않는다. 반면 고인을 만난 꿈은 시간이 흘러도 절대로 잊히지 않는다. 아무 때나 생각해도 그 장면이 떠오른다. 그만큼 생생하기 때문이다. 이런 꿈은 누구나 꾼 경험이 있기 때문에 사례를 들 필요가 없을 것 같지만 독자들의 이해를 위해 가장 전형적인 것으로 두 개만 들어보자.

이 사례는 전형적인 수면 중 사후통신이지만 그 내용이 기이하다. 그래서 보자는 것이다. 낸시가 자면서 꿈을 꾸고 있었는데 갑자기 타계한 할아버지가 나타났다. 그런데 신기하게도 할아버지가 쓰던 향수나 피던 담배 냄새가 같이 났다고 하니 후각적 사후통신도 동시에 일어난 모양이다. 어떻든 이것으로 보아 할아버지 영혼이 낸시의 (무)의식 안으로 들어온 것이 틀림없을 것 같다. 그런데 이렇게 나타난 할아버지가 낸시에게 급한 어조로 '빨리 창문을 닫아라'라고 종용했다. 그 소리를 듣고 낸시는 퍼뜩 잠이 깨어 일어나서 안마당과 비상구로 향한 창문을 닫았다. 그랬더니 조금 있다가 아래층에 사는 여자의 비명 소리가 들렸다. 이상하다 싶었지만 당시는 어쩔 수 없어 낸시는 그냥 다시 잤다. 그런데 그다음 날 그녀가 알아보니 어떤 남자가 낸시 방에 들어와 못된 짓을 하려다가 창문이 닫혀 있으니까 들어오지 못하고 아랫집으로 가서 침입한 것이었다. 하마터면 낸시가 강도를 당해 험한 꼴을 당할 뻔했는데 할아버지가 꿈에 나타나 경고한 덕에 무사하게 된 것이다. 그 뒤로 낸시는 할아버지가 항상 자신과 함께 있다는 것을 알게 되어 마음이 든든했다고 한다.

이런 식으로 고인의 영혼이 나타나는 것은 흡사 우리가 TV를 보는데 프로그램 중간에 속보가 뜨는 것과 비슷하다고 하겠다. 그때 낸시는 일반적인 꿈을 꾸고 있었는데 손녀가 위급한 상황에 있는 것을 감지한 할아버지가 손녀의 꿈속으로 틈입한 것이다. 이런 일은 그리 쉽게 일어나는 것은 아닌 것 같은데 손녀의 상황이 워낙 위급하니까 할아버지가 비상 수단을 쓴 것 같다.

다음 사례도 독특해 한 번 소개해 본다. 로즈는 사랑하던 남동생을 오토바이 사고로 잃어버려 큰 슬픔을 안고 살고 있었다. 그러다가 꿈에 남동생이 나왔는데 그는 빛을 발하면서 평소에 입던 옷을 입고 있었다. 로즈는 깜짝 놀라 '아니, 애야 너 지금 뭐 하고 있는 거야?'라고 물었다. 그러자 동생은 '모든 게 잘 되고 있다고 말하려고 왔어'라고 자기 뜻을 전했다. 이 말을 듣고 로즈는 동생에게 '사고 났을 때 안 아팠어?'라고 재차 물었다. 로즈는 동생이 조용하게 자연사한 게 아니라 처참한 사고로 죽었으니 사고 당시 동생이 얼마나 아팠을지를 걱정한 것이다. 이에 대한 동생의 대답이 의외다. '아주 잠깐 아프면서 꽉 조이는 느낌이었는데 곧 터널을 지나서 하얀빛으로 들어갔어. 그리고 누나 사랑해'라고 답하고 그는 조용히 사라졌다.

이 사건이 있고 난 뒤 로즈는 사람이 완전히 바뀌었다. 동생이 죽은 뒤에 그 충격으로 마음에 가득했던 화와 좌절감이 모두 사라진 것이다. 그뿐만이 아니라 영적인 문제에 관심을 갖게 되면서 인생을 진지하게 생각하게 되었다. 동생의 일을 통해 영적인 세계를 접한 덕에 세속적인 것에 함몰되지 않고 차원이 높은 영적인 주제를 끊임없이 추구하게 된 것이다.

이 사례를 소개하는 것은 동생의 대답에 생각해 볼 거리가 꽤 있기 때문이다. 로즈가 동생에게 뭐 하느냐고 묻자 그는 '(여기는) 모든 게 잘 되고 있다'라고 대답했다. 그런데 우리가 이승의 입장에서 생각하면 이 친구가 사고로 처참하게 죽었는데 잘 되고 있다고 하니 이상하게 들릴 수 있을 것이다. 그런데 그것은 우리의 시각이고 동생의 입장에서 보면 그렇지 않을 수 있다. 이 동생의 경우에는 다음과 같은 가능성이 있다. 즉 그는 아마 태어나기 전에 영계에 있을 때 이런 식으로 이번 생을 마치려고 계획을 세운 다음에 이번 생에 태어났을지 모른다. 그러니까 이번 생은 사고로 자신의 최후를 마감하기로 하고 지상에 내려왔으리라는 것이다. 그래서 그 계획대로 생을 마감하고 다시 영계로 들어왔으니 모든 게 잘 되고 있다고 말한 것 아닌가 한다.

그다음 이야기도 재밌다. 로즈는 동생에게 사고 났을 때 아프지 않았냐고 물어보았는데 이것은 철저하게 이승의 입장에서 물어본 것이라고 할 수 있다. 사고 났을 때 다른 차량이나 사물에 부딪히면서 몸이 엉망이 됐으니 얼마나 아팠을까 걱정한 것이다. 그런데 그 물음에 동생은 아주 잠깐 아팠지만 곧 하얀빛 안으로 들어갔다고 했는데 이것은 그의 영혼이 즉시로 몸과 분리되어 재빨리 저승 쪽으로 간 것을 의미한다. 일이 이렇게 진행된 것은 앞에서 근사체험을 서술할 때 말한 대로이다. 우리가 예기치 않게 큰 사고를 당하면 고통을 가능한 한 덜 느끼게 해주려고 영혼이 알아서 빨리 육신과 분리된다고 했다. 우리는 사람들이 큰 사고를 당하면 당시에 굉장한 고통과 공포를 느끼리라고 생각하기 쉬운데 실상은 그렇지 않다는 것이다.

이것은 1920년대라는 아주 이른 시기에 근사체험을 연구한 스위스의 알베르트 하임 박사가 밝힌 것이다. 그는 스위스의 알프스산맥에서 험한 산을 등반하다가 발을 헛디뎌 조난 당한 사람들을 예로 들었다. 이런 사고를 당한 동료를 바로 옆에서 본 지인은 엄청난 공포를 느끼고 경악에 빠지게 된다. 사고 난 사람이 내 앞에서 곧 죽을지도 모르기 때문에 그런 감정이 드는 것은 당연한 것이다. 그런데 그런 생각과는 달리 앞에서 말한 것처럼 사고를 당한 사람은 영혼이 곧 분리되면서 금세 마음이 편해진다고 한다. 그와 동시에 그의 눈앞에는 그때까지 살아온 인생이 생생한 영상으로 펼쳐진다. 이것은 큰 사고를 당한 사람들이 많이들 겪는 일이다. 따라서 로즈의 남동생도 같은 방법으로 일을 겪었을 것이다. 그래서 사고가 났을 때 아주 잠깐 아프고 곧 고통에서 해방된 것이다. 이렇게 보면 우리가 큰 사고를 당하게 돼도 크게 걱정할 일은 없지 않을까 싶다.

7. 전화 사후통신

다음에 볼 사후통신은 받아들이기가 쉽지 않지만 아주 재미있는 경우라 우리의 비상한 흥미를 자아낸다. 이것은 전화로 하는 사후통신을 말하는데 사례들을 보면 실제로 전화벨이 울리고 수화기를 들면 고인의 목소리가 들린다. 이때 소리가 강하고 깨끗하게 들리는 경우가 있는가하면 먼 곳에서 들리는 것 같은 경우도 있다. 그런데 통화가 끝나면 아무것도 들리지 않는다고 한다. 우리가 실제 생활에서 통화할 때는 통화가 끝나면 수화기에서 '뚜뚜'하는 소리가 들리는데 사후통신 때에는 아무 소리도 나지 않고 그냥 끝난다는 것이다. 이제 2개의 사례를 볼 텐데 이 사례는 믿기지 않지만 그래도 구겐하임이 소개하니 나도 독자들이 참고하라고 소개해 보겠다.

수잔은 부친이 사망하고 3개월쯤 지난 뒤에 친구에게 전화를 걸었다. 이때 전화교환원이 나와 수잔에게 잠깐만 기다리라고 하고는 음악을 틀어주었다. 기다리는 사이에 지루하지 말라고 음악을 틀어준 것이다. 그런데 갑자기 수화기에서 그녀의 아버지가 나와 '내가 누군지 알겠지?'라고 말해 수잔은 깜짝 놀라 말도 못하고 그냥 얼어붙었다. 장거리 전화처럼 아버지의 목소리가 멀리서 들렸지만 잡음이 없고 소리도 깨끗했다. 그러나 곧 교환원이 돌아와 수잔이 찾는 사람이 자리에 없다고 해 일단 전화를 끊었다. 하도 이상해서 수잔은 나중에 그 전화번호를 다시 돌려봤는데 같은 일은 일어나지 않았다. 수잔은 자신의 체험이 정말로 '리얼'했기 때문에 아버지의 영혼이 진짜 나타나서 말한 것으로 믿었다. 평소에 그녀는 영적인 문제를 무시하는 회의론자적인 태도를 지니고 있었는데 이 일이 있은 후에는 그런 태도를 확실하게 버렸다고 한다. 이 사례는 너무 기이해서 설명할 '거리'가 없는 것 같다. 순수한 에너지체인 사람의 영혼이 어떻게 해서 전화기 라인으로 들어가 말을 할 수 있는지를 물리적인 관점에서는 설명할 수 없기 때문이다.

다음 사례는 더 가관이다. 앞의 사례보다 더 말이 안 되기 때문이다. 힐다는 폴란드계 미국인인데 아버지가 2주 전에 타계했다. 그때 그녀는 고인이 된 아버지로부터 전화를 받는데 전체적인 상황이 전화를 받을 만한 여건이 전혀 아니었다. 한마디로 말해 말도 안 되는 상황이 벌어진 것이다. 당시에 힐다의 집 앞에서는 길을 넓히는 공사가 진행 중이었다고 하는데 길을 파헤치다 보니까 전화선이 모두 끊겼다고 한다. 그런데도 전화기가 울렸다. 아버지가 전화한 것인데 이상하게 집 안에 있는 3대의 전화기 가운데 부엌에 있는 것만 울렸다고 한다. 힐다가 받아보니 아무 소리도 안 들리고 바다 소리 같은 것만 들렸다. 아마 '솨'하는 소리가 들린 모양이다. 그러다 세 번째로 걸려 온 전화에 아버지가 나왔다. 그는 폴란드 말로 '힐다야, 사랑해'라고 말했다. 반갑고 의외의 마음에 그녀는 '아버지...'라고 불렀는데 소리가 작아지더니 사라져 버렸다.

이상이 이 사례의 간략한 내용인데 이해하기 힘든 점이 한둘이 아니다. 우선 전화선이 다 끊겨 있었는데 전화기가 울린 것부터 그렇다. 이게 어떻게 가능할까? 전화기가 울리려면 전기가 들어가야 하는데 이 경우 전기는 어떻게 공급된 것일까? 이 전기를 공급한 사람(?)은 힐다의 아버지 영혼밖에 없는데 과연 인간의 영혼이 그런 일을 할 수 있을까? 에너지로만 구성된 영혼이 전기를 흐르게 할 수 있는지 잘 모르겠다. 더 이상한 것은 전화기가 울리려면 모두 같이 울려야지 왜 3대 중에 부엌에 있는 것만 울렸느냐는 것이다. 게다가 이 전화기도 두 번은 통화가 안 되다가 세 번째에 간신히 통화가 된 점도 그 원인을 알 수 없다. 이렇듯 이 사례에는 상식적으로 이해가 안 되는 점이 많다. 사정이 어찌 됐든 이렇게 통화가 어려운 것은 영계와 지상 사이의 교통이 그만큼 어렵다는 것을 보여주는 것 아닐까 한다. 그렇다 하더라도 이 사례를 사실이라고 선뜻 받아들이기는 힘들지만 극적이고 재미있는 예라 한 번 소개해 보았다.

8. 물질적 사후통신

이번에는 영혼이 물질을 이용하여 사후통신을 도모하는 경우를 소개해 볼까 한다. 고인의 영혼이 물질을 매개로 활용해서 지상에 있는 친지에게 신호를 보내는 것인데 이 사례는 생각보다 다양하다. 예를 들어, 전구나 라디오, 녹음기 등이 저절로 꺼졌다 커지는 경우가 있는가 하면 어떤 때는 물건이 저절로 이동하기도 한다. 이 가운데 전자의 경우가 더 흔하니 이에 대한 사례만 보기로 한다.

사라는 부친이 타계한 후 아빠가 보고 싶은 나머지 그와 소통하겠다는 염원을 세웠다. 어느 날 그녀가 '아빠, 사후생이 존재하는지 알려주세요'라고 말하니 갑자기 전등이 꺼졌다. 그녀는 혹시나 해서 '아빠가 지금 여기 있으면 알려주세요'라고 물으니 전등이 다시 켜졌다. 그 뒤에도 같은 일이 반복되었는데 이 때문에 사라는 아빠가 항상 자신과 같이 있다는 것을 확신하게 되었다. 아빠의 영이 저승에 있으면서 자신을 돌보고 있다는 것을 안 것이다.

이와 관련해서 내가 개인적으로 겪은 일을 소개해보겠다. 십수 년 전에 전생 탐험을 위해서 최면사인 엄영문 선생과 같이 최면 실험을 하고 있던 중이었다. 그때 피최면자인 김성진 씨가 말하길 우리가 이곳으로 올 때 지박령이 따라서 들어왔다고 한다. 피최면자인 김씨는 영을 보는 능력이 있는 사람인데 최면 상태에 있는지라 더 쉽게 영혼이 왕래하는 것을 볼 수 있었던 모양이었다. 지박령이란 자신이 죽었다는 것을 모르는 영혼이나 이승에 대한 미련을 버리지 못해 영계로 들어가지 못한 영혼을 말한다. 나는 그런 것을 잘 믿지 않는데 그때 갑자기 형광등 전구가 '퍽' 하더니 터져버렸다. 아무 이유 없이 폭발한 것이다. 그런데 엄 선생에 따르면, 그 등을 교체한 지가 며칠밖에 안 되어 터질 이유가 없다는 것이었다. 그래서 할 수 없이 전구를 교체하고 최면을 계속했는데 이번에는 녹음기가 늦게 돌아가는 것이었다. 엄 선생은 최면할 때 명상 음악 같은 것을

CD로 틀어놓는데 이게 갑자기 늦게 돌아가기 시작한 것이다. 엄 선생은 자기가 최면을 수십 년 했지만 이런 경우는 처음 보았다고 혀를 끌끌 찼다. 당시 우리들의 결론은 아마 따라온 지박령이 장난질한 것이라는 데에 의견을 모았다.

이런 사례를 통해 보면 영혼들에게는 이처럼 전기 기구를 어느 정도 제 마음대로 하는 능력이 있는 모양이다. 이것이 사실이라면 앞에서 보았던 사라의 예도 설명이 된다. 사라의 아빠는 전기 기구의 조작을 통해 자기 딸의 간곡한 부탁에 화답한 것이다. 그뿐만 아니라 전화로 하는 사후통신 사례에서 본 힐다의 경우도 같은 방법으로 이해할 수 있을 것이다. 아마도 힐다의 아빠는 전기를 끌어다 자신이 원하는 전화기 선에 연결시켰을 것이다. 그 때문에 세 대의 전화기 가운데 하나만 통화가 된 것이리라. 그런가 하면 내가 겪은 사례에서는 이른바 지박령이 전기를 합선시켜 전구를 터지게 한 것으로 추정된다. 이렇게 짐작은 하지만 영혼들이 어떤 방법으로 전기 에너지를 자기가 원하는 대로 활용하는지는 알려진 바가 없어 잘 모르겠다.

다음은 물건은 아니지만 일정한 자연물로 고인의 영혼이 가족들과 소통하려고 하는 경우이다. 여기에는 상징성을 띠는 것이 많은데 이를테면 나비나 무지개, 꽃, 새 등을 들 수 있다. 이런 상징물들이 나타날 때 당사자는 고인의 기운을 강하게 느끼게 되고 직감적으로 그것이 고인이 보낸 신호라는 것을 단번에 알아차린다. 이 현상은 단지 직관으로 파악하는 것이라 객관적으로는 검증이 가능하지 않다. 그러나 사례를 보면 그 직관이 맞을 것이라는 생각이 들 것이다.

17세의 딸인 다이애나를 교통사고로 잃은 제이의 사례다. 딸이 죽고 10달 뒤 온 가족이 별장으로 놀러 갔다. 제이가 거실에서 시가를 피우려고 하는데 실내에 나비가 날아다니고 있었다. 그때 갑자기 제이는 딸이 생각나 혹시나 하는 생각에 '다이애나, 이 나비가 너라면 내 손가락 위에 앉아 볼래?'라고 말했다. 그러자 정말로 나비가 손가락 위에 앉아 그 위에서 왔다 갔다 했다. 시가를 다 피운 다음에 집안을 돌아다녀도 나비는 그의 손에서 날아가지 않았다. 그러다 제이가 '내가 이제 샤워해야 하니 나가거라'라고 말하면서 발코니에서 밖으로 손을 내밀자 그제야 나비가 날아갔다.

이렇게 나비가 일종의 상징으로 나오는 경우는 흔한 사례 중의 하나인데 이 일을 사실로 받아들인다면 이 사건은 아마 이렇게 진행되었을 것이다. 딸의 영혼이 무슨 이유인지 몰라도 아빠에게 자신이 영혼들의 세계에서 잘 있다고 전하고 싶었던 모양이다. 그런데 그때 주위에 나비가 발견됐다. 별장이 교외에 있었을 터이니 나비가 비교적 쉽게 발견되었을 것이다. 나비는 아주 작고 연약한 곤충이라 인간의 영혼이 다루기 쉬운 모양이다. 그래서 다이애나는 나비를 아버지 근처로 몰고 갔고 아버지에게 딸이 왔다는 것을 느끼게 하려고 그의 뇌리에 모종의 기운을 넣었을 것이다. 그래서 이때 이 아버지는 자기도 모르게 딸이 임재함을 느꼈을 것이고 또 그 김에 나비에게 손을 내밀어 앉아 보라고 권한 것일 것이다.

나는 이와 유사한 예를 직접 들은 적이 있다. 어느 날 학교 연구실에 있었는데 전화가 한 통 걸려 왔다. 당시 나는 연구실에 오는 전화는 거의 받지 않았다. 대부분 쓸데없는 전화라서 응대하기 싫어 받지 않은 것이다. 그런데 그날은 이상하게 그 전화를 받고 싶었다. 충동을 이기지 못하고 전화를 받았더니 전혀 모르는 부인이었다. 그는 나에게 자기가 이상한 일을 겪었다고 하면서 내가 죽음학회 회장이니 아마 설명해 줄 수 있을 것이라고 했다. 그래서 무슨 일이냐고 물으니 그는 이렇게 술회했다. 그의 친정아버지가 타계하여 무덤을 만들어 묻은 다음 그 앞에서 제사를 지내고 있었는데 어디서 왔는지 모르는 검은 나비 두 마리가 날아왔단다. 그리곤 제사상에 앉아 제사를 지내는 동안 계속해서 있다가 제사를 마치자 날아갔다고 한다. 그러면서 그는 나에게 '교수님, 이 나비, 제 아버지가 보낸 거 맞지요?' 하면서 연신 물었다. 나는 객관적인 증거가 없으니 확실하게는 말을 못 하고 '아마 그럴 가능성이 클 겁니다'라고만 응대하고 전화를 끊었다. 심증만 있으니 이렇게 말한 것이다.

이처럼 나비가 자주 등장하는 이유는 나비의 상징성이 크기 때문일 것이다. 나비는 많은 문화에서 부활을 상징한다. 그 사정은 나비의 탄생 과정을 보면 알 수 있다. 잘 알려진 것처럼 나비는 꼬치에 있는 애벌레에서 변화되는 것이라 새로운 생명을 의미한다고 볼 수 있다. 애벌레로 죽고 나비로 태어나는 것이니 부활하는 셈이다. 우리 인간도 육신은 소멸하지만 영체로서 새롭게 탄생하기 때문에 나비의 상징성과 잘 맞아떨어진다. 한국 무당들이 하는 굿에는 망자를 위해 하는 (진)오구굿이라는 것이 있다. 이 굿의 한 거리에는 무당이 나비춤을 추는 게 포함되어 있다. 이것은 망자가 저승에서 다시 태어나기를 바라면서 추는 춤일 터인데 여기서도 나비가 부활의 상징으로 쓰인 것을 알 수 있다.

이번에는 다른 상징이 동원된 사례를 보자. 앤디는 아내 생전에 크리스마스선인장을 하나 샀는데 이 꽃은 한 번도 꽃피운 적이 없었다. 그러다 아내가 죽었고 그는 그 뒤에 일이 있어 여행을 갔다가 그녀의 생일에 돌아왔다. 그런데 놀랍게도 이 식물이 꽃을 피우고 앤디를 기다리고 있었다. 이 식물은 이름에 크리스마스가 들어 있는 데에서도 알 수 있듯이 크리스마스에 꽃이 핀다. 그런데 당시는 6월 중순이라 절대로 꽃 필 수 있는 시기가 아니었다. 앤디는 이 사건을 죽은 아내가 소식을 전한 것이라고 믿고 아내를 다시 만난 것 같아 그녀를 잃은 마음이 한층 누그러지는 것을 느꼈다.

기타 가외의 체험에 대해

지금까지 매우 다양한 사후통신에 대해 보았는데 사례의 대부분이 평화로운 분위기로 진행되었고 훈훈한 내용을 갖고 있었다. 그러나 사람의 인생에 좋은 것만 있을 수는 없는 일이다. 그래서 이번에는 공포스러운 사후통신에 대해서 보았으면 한다. 우리는 이 사례를 통해 우리가 생전에 좋지 않은 일을 하면 사후에 어떤 일을 겪게 되는지 알 수 있을 것이다.

제일 먼저 볼 사례는 자살에 관한 것이다. 존에게는 한 달 전에 충동적으로 자살한 친구가 있었다. 이 친구가 갑자기 존의 꿈에 나타났는데 그때 그 친구가 있었던 곳은 황량한 황무지 같은 곳이었고 안개도 자욱하게 끼어 있었다. 한눈에 이곳은 고독하고 암울한 곳이라는 것을 알 수 있었다고 한다. 그런 곳에 존의 친구가 누더기 티셔츠와 반바지만 입고 서 있었다. 그의 모습은 모든 것을 단념하고 실의에 빠진 것처럼 보였는데 이때 그 친구가 던진 한마디는 충격적이었다. 자신은 상위의 영혼으로부터 선고 같은 것을 받았는데 '영원히 그런 상태로 있어라'라는 말을 들었다는 것이다.

이 사례는 자살의 과보에 대해 많은 것을 시사하고 있다. 우선 자살한 당사자가 아무것도 없는 황망한 데에서 영원히 머물러야 한다니 이것은 엄청난 형벌이 아닐 수 없다. 이곳은 아마 주위에 그를 상대할 사람이 하나 없는 그런 고독한 곳일 것이다. 본인이 자살함으로써 스스로를 세상에서 격리시켰기 때문에 죽어서도 혼자만 있는 상황이 펼쳐진 것이다. 필자는 기회가 있을 때마다 자살은 절대로 해서는 안 된다고 역설했다. 자살하는 사람은 목숨을 끊으면 자신이 고통에서 해방될 줄 아는데 실상은 정반대이기 때문이다.

그러한 현실을 잘 보여주는 것이 지금 본 사례이다. 게다가 위의 사람은 충동적으로 자살했으니 그 과보가 더 막중하다. 자신의 목숨을 천하게 여겼으니 죽어서도 그의 영혼이 존중받기는 그른 것이다. 지금 저 사람이 처한 상태는 자살할 당시 그가 지녔던 마음 상태라고 할 수 있다. 그게 밖으로 투사되어 저 같이 음산하고 암울한 환경을 만든 것이다. 다시 말해 누가 저렇게 만들어준 게 아니고 스스로 만든 것이라는 것이다. 따라서 스스로 빠져나와야 하는데 자기 마음 상태를 자신의 힘으로 바꾸는 것은 매우 어려운 일이다. 그가 자신보다 상위에 있는 영혼들로부터 선고받기를 '영원히 그 상태에 있어라'라는 말을 들은 것이 바로 그 상황을 말해준다. 스스로 만들었으니 어느 누구도 그를 구해줄 수 없다. 그러니 그 상태에 영원히 있어야 하는 것이다(그러나 본인이 진정으로 참회하면 그 상태를 벗어날 수 있는 기회가 주어진다).

그런데 자살이 반드시 나쁜 결과만 가져오는 것은 아닌 것 같다. 구겐하임이 소개한 사례를 보면 자살해도 괜찮은 예외적인 경우가 있다. 다음은 그 한 예이다. 칼에게는 중병에 걸려 남은 생이 몇 개월밖에 안 되는 친구가 있었다. 그는 병 때문에 너무도 큰 고통을 겪고 있었다. 어느 날 그는 지인들에게 이렇게 말했다. '나는 어차피 곧 죽는다. 따라서 이렇게 큰 고통을 겪으며 의미 없는 삶을 살 필요가 없다. 나는 곧 자살로 내 삶을 마감할 것이다'라고 말한 뒤 그는 진짜로 며칠 뒤에 자살했다. 그런데 그가 죽고 나흘이 지난 뒤에 칼의 꿈에 나왔는데 그는 아픈 기색은 전혀 없었고 옷차림도 말끔했단다. 그 친구는 칼에게 '나는 고통을 견딜 수 없어 자살했지만 지금은 기분이 아주 좋다'라고 짤막하게 자신의 상태를 피력했다고 한다. 이 경우는 자살해도 나쁜 후과(後果)가 없는 사례라 할 수 있는데 이것은 이 사람이 자살하는 데에 불순한 의도가 없기 때문일 것이다. 어차피 생이 얼마 안 남았는데 고통 때문에 힘들게 있다가 가느니 조금 빨리 생을 마감해서 편안하게 임종하겠다는 것인데 우리가 무엇이라고 말할 수 있겠는가.

마지막으로 볼 사례는 생전에 나쁜 일을 많이 한 사람이 죽어서 어떤 곳으로 가는지를 보여주는 사례이다. 린다는 시아버지가 죽고 4개월 뒤에 그가 나오는 꿈을 꾸었다. 꿈에서 그는 칠흑 같은 어둠 속에서 불안하게 서성거리고 있었다. 그리고 화가 많이 난 것처럼 보였는데 린다는 그 상황이 이해가 안 돼 그에게 무엇을 하고 있느냐고 물었다. 그러자 그는 '나는 여기가 싫다. 이런 일이 생길 줄 몰랐다'라고 하면서 자신을 위해 기도해달라고 부탁했다. 잠이 깬 다음 린다가 남편에게 자신의 꿈을 말해주니까 그는 자신의 부친이 살아생전에 불법적인 일을 많이 했다고만 말하고 더 이상 구체적인 이야기는 하지 않았다.

린다의 시아버지가 어떤 나쁜 짓을 했는지는 알 수 없지만 현재 그가 처해 있는 상태는 그 나쁜 짓을 할 때의 감정이 그대로 투사된 것이라고 할 수 있다. 이것을 조금 구체적으로 말하면 린다의 시아버지가 있는 곳은 그가 스스로 만든 지옥이라는 것이다. 사람들은 지옥이 어딘가 있는 개별적인 장소로 여기는 경우가 많은데 그것은 사실이 아니다. 지옥은 자기가 만들어내서 스스로에게 부과한 주관적인 환경일 뿐이다. 주관적으로 자신이 만들어냈기 때문에 본인은 자신이 지옥에 있는지 모르는 경우가 태반이다. 린다의 시아버지는 자신이 그곳을 빠져나갈 방법을 모르니 린다에게 기도를 부탁했는데 그렇게 남이 하는 기도는 그다지 힘을 발휘할 수 없다. 그 지옥 같은 곳에서 빠져나올 수 있는 방법은 자신의 진정 어린 참회밖에 없다.

이제 사후통신에 대한 설명을 마치려고 하는데 지금까지 필자의 설명을 따라온 독자들은 이제 사후통신이 어떤 것인지 확실하게 알았을 것이다. 독자들 가운데에는 지난 삶을 회고

하면서 그때는 이해되지 않았던 사건이 사실은 사후통신 가운데 하나라는 사실을 발견하는 이도 있을 것이다. 그때는 사후통신에 대한 지식이 없어 그저 신기한 일로 치부하고 지나갔지만 사실은 먼저 타계한 고인의 영혼이 우리에게 모종의 소식을 전하려고 했다는 것을 알게 된 것이다. 여러분들이 이런 일들을 그냥 지나치지 않고 자세히 살펴보면 본인의 영적 성장에 도움이 될 만한 요소를 발견할 수 있을 것이다. 이런 체험에 대해 더 많은 사례를 접하고 싶은 사람은 다음의 단체가 제공하는 정보를 참고하면 좋겠다. 이 단체는 "After Death Communication Research Foundation"이라는 곳인데 이 단체의 홈페이지(adcrf.org)에 가보면 수많은 사람들이 자신의 사후통신 체험담을 올려놓은 것을 접할 수 있다. 2002년부터 2025년까지 사후통신을 겪은 사람들이 저마다 다양한 체험을 소개하고 있는데 이것을 통해 보면 사후통신이 매우 보편적인 현상이라는 것을 알 수 있다.

이처럼 할 이야기가 많지만 내 개인적인 경험을 이야기하면서 이 장을 마쳐야겠다. 십수 년 전에 나는 집안일로 곤욕을 치르고 있었다. 어떻게 문제를 풀어야 할지 막막했다. 그때도 새벽에 산을 갔었는데 그날은 허공에 대고 마구 소리를 지르면서 문제 해결을 소망했다. 그리고 다시 걷고 있는데 갑자기 땅 위에 있는 작은 나뭇가지 하나가 한 번 뒤집어지는 게 보였다. 그래서 나는 '이게 뭐야? 저 나뭇가지가 왜 뒤집어진대?' 하면서 아주 의아해했다. 당시는 바람이 전혀 없어 그 가지가 뒤집어질 일이 없었다. 그러니까 외부에서 아무 힘도 가해지지 않았는데 가지가 스스로 뒤집어진 것이다. 나는 그때 사후통신에 대한 지식이 조금 있어 이 현상을 나와 함께 하는 영혼이 내게 신호를 준 것이라고 이해했다. 내 해석으로는 이 나뭇가지가 뒤집히는 것처럼 일이 반전되어 잘 풀리니 걱정하지 말라는 것이었다. 실제로 그 뒤에 그 일은 탈 없이 잘 해결되었다. 나는 이 체험을 하고 나를 보호하고 있는 어떤 영혼이 있다는 심증을 갖게 되었다. 이런 일들이 독자 여러분들에게도 있을 터이니 잘 찾아보고 자신이 영적으로 성장하는 데에 활용하라고 조언하고 싶다. 이처럼 자신을 지켜주는 영혼들과 대화하는 것은 이 세상에서는 쉽게 얻을 수 없는 지혜를 줄 터이니 이런 기회를 놓치지 않았으면 한다.

4

네 번째 근거

영매(Medium) 연구

 이번에 볼 주제는 영매다. 영매는 말 그대로 '영과 인간을 매개하는 존재'라고 정의할 수 있다. 이들은 사자의 영과 소통할 수 있는 특별한 능력이 있다고 알려져 있다. 일상적인 인간은 물질계의 현상만을 체험할 수 있는데 이들은 영혼들을 목격할 뿐만 아니라 그들과 텔레파시 같은 방식으로 의사를 교환할 수 있다고 한다. 한국에서 이와 비슷한 존재를 꼽는다면 무당을 들 수 있는데 영매는 무당이 행하는 굿 같은 종교 의례를 행하지는 않는다.

 사실 영혼과 인간을 잇는 이른바 영매술(mediumship)은 역사가 매우 오래되었다. 아마도 인류 역사만큼이나 오래되었을 텐데 이 같은 영적인(psychic) 현상이 주목받기 시작한 것은 19세기 중엽 이후에 미국이나 영국에서 일어난 심령주의(spiritualism) 운동에 힘입은 바가 크다. 이때부터 자신을 영매라고 주장하는 사람들이 주관하는 소위 강령회(seance)라는 모임이 크게 유행했고 이 때문에 영매가 사회의 전면에 나서게 된 것이다. 그 이후 영매술을 둘러싸고 그 진위에 대해 끊임없는 논쟁이 있었는데 여전히 주류 학계에는 이것을 인정하지 않는 학자들이 많다. 그러나 이전과는 달리 매우 과학적인 방법을 동원해 영매술을 연구하려는 학자들의 움직임도 눈에 띈다. 우리는 이 장에서 그러한 움직임 가운데 유력한 것을 골라 살펴볼 것이다.

간략하게 본 영매 연구사

영매술의 역사야 수천 년이 되었지만 이에 관한 본격적인 연구는 서양에서 시작되었고 그 시원지는 19세기 후반의 영국이라고 할 수 있다. 1882년에 영국에서 세계 최초로 심령연구학회(SPR, Society for Psychical Research)라는 단체가 설립되면서 본격적으로 이 주제를 연구하기 시작한 것이 그것이다. 사람들이 이 학회에서 많이 행했던 일 가운데에는 앞에서 언급한 것처럼 '강령회'가 있었다. 강령회는 영매들로 하여금 영혼들과 소통하게 해서 여러 가지 일을 도모하는 것을 목적으로 하는 회합을 말한다. 이 회합에서 하는 일은 여러 가지가 있었는데 탁자 같은 것이 들리게 하는 공중 부양이나 영혼을 물질화하는 일, 혹은 영계에 있는 지인의 영혼으로부터 필요한 정보를 얻어내는 일 등이 포함된다.

사실 이 같은 영매술은 19세기 중엽 미국에서 비롯되었다. 당시 뉴욕주에 살고 있던 폭스 자매가 강령회를 열면서 대중들로부터 선풍적인 인기를 끌게 된다. 이러한 움직임에 힘입어 영국에도 강령회가 유행처럼 번졌다. 그래서 그런지 지금 우리가 생각해 보면 이런 미신처럼(?) 보이는 강령술에 전혀 관심을 갖지 않았을 것 같은 과학자들이 대거 이 현상에 관심을 가져 우리의 흥미를 자극한다. 이런 과학자 중에는 그 유명한 찰스 다윈을 비롯해 퀴리 부인이 있었고 프랑스의 세계적인 수학자였던 푸앵카레, 그리고 전화기를 최초로 발명한 벨 등이 있었다. 그런가 하면 '절규'라는 작품으로 유명한 뭉크, 그리고 '셜록 홈스'의 저자 도일 등과 같은 예술인들도 이 대열에 동참했다(특히 강령술의 진위 문제를 놓고 도일이 당대 최고의 마술사인 후

디니와 논쟁한 사건은 유명하다). 영매와 강령술에 관심 있는 유명인들은 얼마든지 더 나열할 수 있지만 우리의 주제가 아니니에서 그치는 게 낫겠다.

이 같은 영매에 대한 연구의 열기는 미국도 비슷해서 미국에서도 많은 실험이 이루어졌다. 영매나 강령술에 관심 있는 미국인 가운데에는 세계적인 철학자였던 윌리엄 제임스를 빠트릴 수 없을 것이다. 제임스는 미국을 대표하는 최고의 철학자이었는데도 오늘날의 철학자들과는 달리 영매나 강령술 같은 심령술에 관심이 많아 이에 대해 다년간 연구했다. 그는 특히 '레오노라 파이퍼'라는 여성 영매에 대해 많은 관심을 갖고 연구한 것으로 알려졌다. 이 영매는 제임스의 과거나 가족에 대해 어떤 선지식도 갖고 있지 않았는데도 그와 그의 가족에 대해 놀랄 만큼 정확한 정보를 제시했다고 한다. 그 때문에 제임스도 이 여성 영매는 우리가 아직 알아내지 못한 초능력 같은 것을 갖고 있다고 인정하게 된다. 그는 1909년 앞에서 본 심령연구학회의 회장에 취임하면서 다음과 같은 말을 했다고 전해진다. 영매 등이 행하는 수많은 심령현상에는 속임수가 많은 것이 사실이지만 그럼에도 불구하고 텔레파시나 원격 투시 같은 초상적인(paranormal) 초능력이 발현되는 경우가 있다고 말이다. 그는 또 '우주는 의식의 저수지'라는 주장을 한 것으로 유명한데 이것은 '이 우주에는 인간의 의식 안에 있는 수많은 정보가 담겨 있다'라는 견해로 볼 수 있다(이 입장은 우주가 비어 있는 공간이 아니라 아카샤 레코드로 가득 차 있다는 힌두교의 교리를 연상하게 한다). 제임스에 따르면 영매가 초상적인 정보를 가져올 수 있는 것은 그들이 이 우주 의식 안에 뛰어들어 그곳에 있는 정보를 갖고 오기 때문이라고 한다.

이처럼 영매에 대한 서양 학자들의 연구를 소개하다 보면 끝이 없다. 사실 이 주제를 말할 때 영국의 사상가인 윌리엄 마이어스(William Myers, 1843~1901)를 빼놓으면 안 되지만 그는 일반적으로 잘 알려진 사상가가 아니라 언급하지 않았다. 심리학이나 서양 고전을 전공한 마이어스는 초능력 연구에 관심이 많아 앞에서 본 심령연구학회의 창립회원 중 한 명이 되었고 1900년에는 회장으로 피선되기도 했다. 영혼과 사후생을 연구하는 분야에서 가장 영향력 있는 책 가운데 하나가 『Human Personality and Its Survival of Bodily Death』인데 이것은 마이어스의 사후 1903년에 그의 글을 모아 출간한 것이다. 그는 이 책에서 죽음 이후에 우리가 생전에 유지했던 인격이 그대로 존속한다고 주장했는데 그것을 증명하기 위해 자동 필사

(automatic writing)나 최면, 영매, 염력, 텔레파시 현상 등이 나타난 사례를 활용했다. 이 책은 당시 영국에서 인간의 영혼을 연구하는 사람들 사이에서 거의 성경처럼 간주되었고 앞에서 본 윌리엄 제임스도 이 책으로부터 많은 영향을 받았다고 한다.

게리 슈워츠는 왜 영매 연구를 시작했을까?

이처럼 이 주제에 관해 지금까지 있었던 연구를 소개하기 시작하면 끝이 보이지 않는다. 이 이외에도 수많은 영매가 존재했고 또 그에 대한 연구가 있었지만 그것을 다 보는 것은 나의 능력을 벗어나는 일이기도 하지만 앞으로 우리가 가는 길에도 별 도움이 되지 않는다. 그래서 이에 대한 소개는 여기서 멈추기로 하는데 대신에 현대에 들어와 재개된 연구 가운데 가장 신빙성이 있는 연구를 하나 소개해 보려고 한다. 이 연구는 명망 있는 한 대학 교수가 정교한 학술적인 방법을 사용하여 과학적으로 이 주제에 접근했기 때문에 소개하려는 것이다. 이 한 사례만 보면 다른 연구들이 어떻게 접근했는지 알 수 있다.

왜냐하면 영매를 통한 사후생의 연구는 대부분 비슷한 방식으로 이루어졌기 때문이다. 이게 무슨 말인가 하는 것은 아래의 설명을 읽어보면 알게 될 것이다.

우리의 주인공은 게리 슈워츠(Gary E. Schwartz, 1944~)이다. 슈워츠는 하버드대학에서 심리학으로 박사학위를 취득하고 예일대학 교수(1976~1988)를 거쳐 애리조나 대학에서 교수로 재직하다 현재는 같은 대학의 명예 교수로 되어 있다. 올해 (2025) 나이가 81세이니 상당한 고령이다. 그는 심리학자로서 여러 가지 다양한 연구를 했지만 우리가 관심을 두는 것은 그가 인간의 영혼과 사후생에 대해 행한 연구이다. 그는 이 주제에 대해 비상한 관심을 가졌는데 이런 일은 그다지 자주 일어나는 일이 아니다. 슈워츠처럼 하버드 대학 같은 주류 중의 주류에 속하는 대학에서 심리학을 전공하고 명문 대학에 교수로 재직하는 학자가 이 같은 영적인 주제에 관심을 갖는 것은 희귀한 일이기 때문이다. 그는 진즉에 인간에게는 '불멸'하는 영혼이 있고 그 영혼(혹은 의식)은 뇌에서 이루어지는 화학적인 작용에 의해 생겨나는 부산물이 아니라는 생각을 갖고 있었다. 사정이 이렇게 되니 인간의 영혼이 사후에도 존속하는 것은 당연한 것이 되었다.

나는 그가 어떤 과정을 거쳐 이 같은 생각을 갖게 되었는지는 잘 알지 못하는데 개인적인 생각에 이러한 성향은 후에 습득되는 것이 아니라 생득적인 것 같다. 즉 태어나면서부터 이 주제에 대해 관심을 갖고 태어난다는 것이다. 그래서 이런 사람들은 후에 성장해서 어떤 삶을 살든지, 어떤 전공을 갖든지 이런 주제를 끊임없이 추구한다. 반면 태어날 때부터 영적인 것과는 담을 쌓고 살겠다고 작정한 사람은 성장하면서 어떤 환경에 처하든 이런 주제에 대해 아무 관심도 보이지 않는다. 극단적인 예로 이런 사람은 유년 시절을 절이나 교회 안에 살아도 이 같은 영적인 주제에 대해서는 관심을 두지 않는다.

이렇게 볼 때 슈워츠는 기본적인 성향이 영적인 데에 끌렸을 것으로 파악된다. 왜냐하면 앞에서 말한 것처럼 미국에서 하버드 대학 같은 최고의 대학에서 심리학 박사 학위를 받은 사람이 이런 데에 관심을 갖는 것은 잘 일어나는 일이 아니기 때문이다. 미국의 심리학은 잘 알려진 대로 행동주의가 사상적 주류를 이룬다. 행동주의 심리학은 그 대체적인 경향이 관찰이 가능한 인간의 행동에만 관심을 두고 연구하기 때문에 보이지 않는 의식 같은 데에는 주의를 기울이지 않는다(그래서 그런지 미국 심리학은 '건조하다'!). 주위가 그런 환경임에도 불구하고 인간의 영혼에 대해 관심을 가졌으니 슈워츠가 특이한 것이다.

본인의 근본적인 성향이 어떻든 슈워츠는 주류의 심리학자들과는 달리 인간의 의식(혹은 영혼)은 육신(뇌)과 별도로 존재한다는 것을 과학적으로 증명하겠다는 야무진 생각을 했다. 우리는 그의 연구 가운데 이 주제에 대해서만 집중적으로 볼 것이다. 이처럼 인간의 의식이 육신을 떠나 별도로 존재한다는 것은 인간의 사후에도 의식이 존속한다는 것을 의미한다. 이 주장에 대해 지금까지 많은 증언과 연구가 있었다. 특히 불교나 기독교 같은 세계 종교는 기본적으로 인간의 영혼이 죽음과 관계없이 불멸한다는 주장을 해왔다. 그런가 하면 앞에서 본 것처럼 근사체험이나 임종침상 비전 등을 통해서도 인간의 영혼이 존재하고 사후에도 존속한다는 주장이 상당한 설득력을 보인 것이 사실이다. 그런데 슈워츠는 이보다 진일보한 연구를 하고 싶었던 모양이다. 그는 이 주제를 과학적으로 접근해서 빼도 박도 못하는 진실로 증명하고 싶었던 것 같다. 그래서 그의 꿈이 야무지다고 한 것이다.

그에 따르면 현대의 과학자들은 대부분 유물론에 빠져 있는데 이것은 서양 과학을 연구하는 사람들이 빠지기 쉬운 함정이다. 잘 알려진 것처럼 이들은 이 세상에 존재하는 것은 우리의 눈에 보이는 물질밖에 없고 이것만이 과학적인 연구의 대상이라고 주장한다. 이른바 '과학주의(scientism)' 혹은 '과학지상주의'적인 입장인데 과학적으로 증명할 수 없는 것은 참일 수 없다는 것이다. 그런데 그들에 따르면 인간의 의식이나 영혼은 물질에서 파생한 것이긴 한데 눈에 보이지 않는 것이라 과학의 대상이 될 수 없다는 것이다. 따라서 그들에게 인간의 의식이나 영혼은 몸(뇌)이라는 물질이 존재할 때만 존재하는 것이고 몸이 소멸하면 같이 사라지는 것에 불과했다.

이런 사람들은 인간은 한 생만 사는 존재라 죽으면 모든 것이 사라진다고 믿었다. 슈워츠는 재미있게도 이런 생각을 하는 과학자들을 타조에 비유했다. 타조는 속설에 따르면 위험에 처했을 때 머리를 땅에 박고 그 상황을 외면한다는 이야기가 있다(타조가 이런 식으로 행동하지 않는다는 설도 만만치 않다!). 슈워츠에 따르면 유물론에 빠진 과학자들은 현대의 상황이 어떻게 변했는지 모르고 여전히 과학적 유물주의에 빠져 현상을 직시하지 않고 있다는 것이다. 이런 태도가 타조의 그것과 비슷하다는 것이다. 그런데 지금은 이전과 달리 인간의 의식이 뇌에 종속된 것이 아니라 독립적으로 존재하면서 인간의 사후에도 존속한다는 실험 결과가 속속 나오고 있다. 그런 끝에 그 같은 시각이 서서히 대세를 이루고 있는데 앞에서 거론한 과학자들은 이것을 무시하고 여전히 이전의 유물론적 세계관에 함몰되어 있으니 한심하다는 것이다.

이 같은 과학자를 향해 슈워츠는 타조 말고 독수리처럼 사물을 바라보라고 충고한다. 독수리는 타조와 비교도 안 되게 높이 날면서 광활한 지역을 한눈에 본다. 그와 동시에 독수리는 수 km 아래에 있는 쥐와 같은 작은 물체도 볼 수 있는 능력을 갖추고 있다. 그러니까 독수리는 전체와 세부를 한 번에 볼 수 있는 능력을 갖고 있다는 것이다. 따라서 우리도 타조처럼 제한된 사고에 빠져 이번 생만 본다거나 육신(뇌)만 인정하는 일을 그만두고 독수리처럼 넓은 시각으로 이생과 다음 생(사후세계)을 같이 아우르면서 뇌와 의식을 동시에 보자고 슈워츠는 제안하고 있다.

이제 슈워츠에게 남겨진 과제는 어떻게 의식이 뇌와의 관계에서 독립적으로 존재하고 인간의 사후에도 존속하는가를 증명하느냐였다. 이를 위해 그는 영매를 활용하기로 했다. 이렇게 생각하게 된 그의 가정은 간단했다. 만일 영매를 통해 사후세계에 있는 영혼들을 불러내고 그들을 통해 확실한 정보를 얻어낼 수 있다면 그것은 사후세계와 영혼이 존재한다는 유력한 증거가 될 수 있지 않겠느냐는 것이다. 여기서 말하는 확실한 정보란 영매는 어떤 경로로든 알 수 없는, 내담자와 영혼만이 알 수 있는 정보를 말한다. 이를테면 내담자 가족만이 아는 매우 은밀한 정보 같은 것이 여기에 해당되겠다. 이 정보가 진실로 판명된다면 영혼이 존재한다는 강력한 증거가 된다는 것이다. 사실 이것은 앞에서 거론했던 선배 학자들이 항시 애용하던 방법이었다. 따라서 슈워츠가 새로운 방법을 쓴 것은 아니고 과거부터 있었던 방법을 답습한 것이다. 굳이 슈워츠에게서 선배 학자들과 다른 점을 찾는다면 그가 조금 더 철저하고 객관적인 태도를 유지하려고 노력했다는 것이다. 곧 보게 되겠지만 슈워츠가 실험하는 모습을 보면 자신의 연구를 학술적인 것으로 만들기 위해 엄청난 노력을 기울였다는 것을 알 수 있다.

독자들의 이해를 돕기 위해 슈워츠가 행한 실험을 풀어서 설명해 보자. A라는 상담자가 있다. 그는 최근에 아버지를 잃어 너무 슬픈 나머지 이 고통을 극복하고자 고인이 된 그의 아버지(의 영혼)와 교통하고 싶어 했다. 아버지가 비록 육신으로는 죽었지만 저승에서 영혼으로 살아 있는 것을 확인한다면 아버지를 잃은 슬픔을 많이 극복할 수 있을 것으로 생각했기 때문이다. 이 작업을 위해 그는 영매를 찾아가서 아버지의 영혼과 교통하려는 시도를 했다. 이 작업에서 만일 영매가 그의 아버지 영혼과 자신만 알고 있는 은밀한 정보를 발설한다면 그것은 아버지의 영혼이 존재한다는 확실한 증거가 되는 것이다. 이것이 슈워츠가 실험하는 방법인데 이 시도가 성공한다면 그 자연스러운 결과로 우리의 영혼(의식)이 사후에 존속한다는 명제가 증명될 수 있을 것이다. 그의 작업은 그의 저서 『The Afterlife Experiments: Breakthrough Scientific Evidence of Life After Death (2002)』에 상세히 나와 있다. 이 책은 이 방면에서 상당히 인정받는 책이라 나는 이 책에 따라 다음의 설명을 이어 나갈 것이다.

게리 슈워츠의 실험은 어떻게 진행됐을까?

이 실험을 수행하기 위해 그가 해야 할 첫 번째 과제는 가장 유능한 영매를 선정하는 작업이었다. 그런데 이 세계는 사기와 거짓이 판치고 있기 때문에 이 첫 번째 작업부터 쉽지 않았다. 원래 영적인 것을 가지고 장사하는 데에는 사기꾼이 많은 법이다. 이 세계는 객관적인 검증을 할 수 있는 기준이 없기 때문에 누구나 자신이 영과 소통하는 능력을 지닌 영매라고 주장할 수 있고 제삼자의 입장에서는 그것을 검증할 수 없는 경우가 많았다. 그런가 하면 자신이 최고라는 헛된 망상을 가진 자도 많다. 자기가 접촉하는 신령이 가장 영험하기 때문에 자신 역시 제일 유능한 영매라는 것이다.

이 같은 상황이라 슈워츠가 진실한 영매를 찾기 위해 많은 노력을 기울였지만 그런 영매를 찾는 일이 쉽지 않았다. 그러나 훌륭한 영매가 전혀 없는 것은 아니어서 슈워츠는 그런 영매와 접촉할 수 있었는데 여기에 또 문제가 있었다. 그렇게 어렵게 찾은 탁월한 영매 가운데에는 이 실험에 동참하지 않으려는 사람이 있었다. 이들이 실험에 동참하는 것을 마다한 이유는 사회로부터 너무나 많은 비판과 조롱을 받았기 때문이었다. 이들은 그동안 주류 사회로부터 '미신 신봉자' 혹은 '악마 숭배자'와 같은 모욕적인 이름으로 낙인찍혀 온갖 멸시를 받았다. 그래서 그들은 가능한 한 자신들이 노출되는 것을 피하고 싶어 했다. 만일 이번에 슈워츠 교수의 프로젝트에 참여하면 그들의 이름이 사회에 노출될 것이고 그럴 경우 사회가 그들에게 가할 수 있는 위해를 감당하기 싫었던 것이다.

그런 상황에도 슈워츠는 계속해서 유능한 영매를 찾았고 그렇게 해서 다음과 같은 다섯 명의 영매가 선정되었다. 존 에드워드(John Edward)와 수잔 노스럽(Suzan Northrop)과 조지 앤더슨(George Anderson)과 앤 게먼(Anne Gehman)과 로리 캠블(Laurie Campbell)이 이번 실험의 주인공 영매인데 이들은 현재에도 미국에서 최고의 영매로 활동하고 있다. 이 가운데 에드워드나 노스럽 같은 영매는 다양한 TV 토크쇼에도 자주 출연했고 TV에서 자신만의 프로그램도 진행하는 등 유능한 영매로 이름이 높다.

영매의 선정은 실험의 시작에 불과하다. 진짜 문제는 그다음이다. 슈워츠는 본인의 실험이 과학적으로 이행되었다는 것을 보여주기 위해 나름대로 많은 노력을 기울였다. 그래서 만들어낸 게 삼중(triple) 블라인드 실험이다. 이 실험 방법은 그가 처음으로 만든 것은 아니다. 앞에서 거론했던 선배 학자들도 이와 비슷한 방법을 고안하여 그들의 실험을 진행했다. 슈워츠가 그들과 다른 점은 이 방법을 더욱더 엄밀하게 정립해서 완벽한 도구로 만들기 위해 치밀하게 노력했다는 점이다. 이 점에 대해서는 독자들이 다음에서 이 실험이 어떻게 진행됐는지를 살펴보면 동의할 것이다.

이 실험에는 세 부류의 사람이 참여한다. 우선 주인공인 '영매'가 있고 그로부터 정보를 제공받는 '내담자(sitter, guest)'가 있으며 마지막으로 '실험자(교수)'가 있다. 이 실험이 삼중 '블라인드' 테스트, 즉 '세 참여자가 서로 모르는' 실험이라고 한 것은 이 세 부류가 서로 철저히 차단되어 어떤 정보도 나눌 수 없게 만들었기 때문이다. 특히 영매에게는 모든 게 비밀에 부쳐져 그는 내담자에 대해 어떤 정보도 소유할 수 없었다. 그뿐만이 아니다. 영매가 내담자로부터 정보 캐내는 것을 최소한으로 하기 위해 내담자는 '예, 아니오'라고만 대답하게 했다. 이것은 매우 현명한 처사라고 할 수 있다. 왜냐하면 영매들은 똑똑하고 눈치가 빨라서 내담자들이 무심코 던지는 말에서 내담자에 대한 정보를 캐내기 때문이다. 그런 것을 원천적으로 차단하려면 내담자의 말을 최소화해야 한다. 그래서 '예, 아니오'라고만 대답하게 했는데 나중 실험에서는 이것조차 금하고 내담자와 영매가 직접적으로 접촉하는 것을 아예 막아 버렸다. 이런 점에서 슈워츠의 실험이 매우 엄격하게 진행되었다고 하는 것인데 그 모습은 곧 보게 될 것이다.

어떻든 이런 방법을 써서 여러 내담자를 대상으로 실험을 잘 마쳤다. 나중에 실험에서 나온 여러 정보를 확인해 보니 80%

이상의 적중률을 보였다. 그러니까 영매가 내담자의 가족 가운데 고인이 된 사람으로부터 얻어낸 정보 중 80% 이상이 옳은 것으로 판명되었다는 것이다. 이 정보에는 영매 한 사람이 알아낸 정보뿐만 아니라 다섯 명의 영매가 하나의 내담자에게서 얻은 정보 가운데 일치하는 정보도 포함되는데 어느 경우이든 그 정확도가 80% 이상이라는 것이다. 예를 들어보면, 어떤 내담자를 리딩하는데 다섯 명의 영매가 모두 특정한 개에 대해서 언급했다. 그런데 나중에 이들이 묘사한 이 개의 특징을 비교해 보니 일치하는 점이 80% 이상에 달했다는 것이다. 물론 영매는 이 개에 대해서 어떠한 선 지식도 가지고 있지 않았다. 이 정도의 정확도를 보인 것은 이 실험이 상당히 잘 진행되었다는 것을 보여준다.

그런데 슈워츠는 이 실험으로 만족하지 못했다. 그는 더 완벽하게 객관적인 실험을 하고 싶었다. 주관적인 것은 어떤 것도 개입하지 못하게 만들고 싶었던 것이다. 그래서 그는 다음과 같은 더 철저한 방법을 고안해 냈다. 그는 영매가 내담자를 보게 되면 어떻게든 내담자의 정보를 얻어낼 것이라고 생각한 나머지 이 두 사람 사이에 막을 설치해서 양자 간의 접촉을 완전히 차단했다. 영매가 내담자를 아예 못 보게 만든 것이다. 슈워츠는 그것으로도 성에 차지 않아 리딩의 처음 10분은 묵언 실험을 했다. 이 10분 동안 내담자는 아무 말도 하지 않고 가만히 앉아 있는다. 그러면 영매가 알아서 자신의 실력으로 이 내담자와 관계된 영혼을 불러내어 이 세션에 관계된 정보를 실토하게 한 것이다. 그 시간이 지나면 영매가 내담자에게 질문할 수 있는데 이때에도 영매가 그의 대답을 내담자한테서 직접 듣는 게 아니라 실험자(교수)가 중재해서 전하는 것을 들을 수 있게 했다.

설명이 복잡해졌는데 독자들의 간편한 이해를 위해 세션이 진행되는 모습을 묘사해 보겠다. 이 설명을 들어보면 슈워츠가 얼마나 용의주도하게 실험했는지 알 수 있다. 우선 실험하는 방에는 막이 하나 쳐져 있어 영매는 실험이 시작됐을 때 어떤 내담자가 들어와 있는지 전혀 알지 못한다. 이렇게 막으로 차단하는 이유는 영매가 내담자의 외모로부터 정보를 얻어내는 것을 원천적으로 차단하기 위함이다. 영매들은 눈치가 빠르고 기민하기 때문에 내담자의 성별이나 옷, 액세서리 등과 외적인 모습만 보고도 내담자의 성향을 짐작할 수 있다. 그리고 내담자는 자신도 모르게 눈빛이나 표정, 그리고 자세의 변화 등을 통해 자신의 정보를 영매에게 흘릴 수 있다. 이런 것을 차단하기 위해 당사자를 아예 못 보게 한 것인데 이렇게까지 할 필요가 있나 할 정도로 슈워츠는 실험을 치밀하게 진행했다.

이렇게 해서 내담자가 들어와 앉으면 앞에서 말한 대로 영매는 10분 동안 이 내담자와 관계된 정보에 대해 혼자 떠들어댄다. 즉 어떤 영혼이 왔는지, 또 그 영혼이 내담자에 대해 어떤 정보를 주는지 등에 대해 혼자 말하는 것이다. 이 10분이 지나면 그제야 영매가 여러 질문을 하기 시작한다. 이때 내담자는 '예/아니오'로만 대답하는데 그것도 자기 목소리로 직접 내는 게 아니라 머리를 끄덕이던지('예') 젓는('아니오') 것으로 표현한다. 그런데 앞에서 영매는 내담자를 볼 수 없게 막이 쳐져 있다고 했다. 따라서 영매는 내담자가 어떤 대답을 하는지 알 수 없다. 그러면 내담자의 대답은 어떻게 전달될까? 여기에 실험자(교수)가 등장하는데 이렇게 하는 이유는 내담자가 직접 말하게 하면 아무리 '예/아니오'라고만 대답한다고 하더라도 목소리를 통해 모종의 정보가 전달될 수 있다고 생각했기 때문이다. 실험자는 내담자를 볼 수 있는 위치에 있기 때문에 그의 대답을 받아서 영매에게 '예/아니오'로 전달한다. 그런데 이때에도 실험자는 그 대답에 어떠한 감정도 싣지 않고 아주 건조하게 대답하는 것을 원칙으로 삼았다고 슈워츠는 전하고 있다.

영매가 실험자의 표정이나 목소리에서 캘 수 있는 정보를 원천적으로 차단한 것이다.

이런 모습을 보면 앞에서 실토한 대로 과연 이렇게까지 할 필요가 있을까 하는 생각이 들 정도로 슈워츠는 자기 실험의 객관성을 높이기 위해 최선의 노력을 다한 것으로 보인다. 이런 식으로 해서 다섯 명의 영매가 내담자를 탐문하고 나면 그 결과를 가지고 교차 검증을 한다. 이 경우 영매들은 그 영매만 캐낸 정보가 있는가 하면, 같은 내용을 보고하는 경우도 있다. 그런데 어떤 경우이든 앞에서 말한 대로 그 진실성이 80%를 웃도는 것으로 나와 신뢰도가 매우 높았다. (이 실험을 하고 그 뒤에 슈워츠는 직접 대면이 아니라 전화로만 하는 실험도 했는데 이에 대해서는 번거로워 설명을 생략한다.)

슈워츠는 이 리딩의 정확도에 대해 재미있는 말을 남겼다. 그가 상대한 영매들이 대단히 뛰어난 영매임이 틀림없지만 그럼에도 불구하고 이 영매들도 틀리는 때가 더러 있다. 그러나 그렇다고 해서 그들이 행한 전체 리딩을 부정해서는 안 된다는 것이 그의 주장이다. 사람들은 영매들이 하는 예언이 하나라도 틀리면 영매가 말한 것이 모두 틀렸다고 부정하는데 그것은 좋은 태도가 아니라는 것이다. 그러면서 그는 미국 농구계에서 황제로 불렸던 마이클 조던을 예로 들었다. 조던이 대선수이기는 하지만 그의 슛 성공 확률은 평균 45%에 불과했다고 한다. 가장 잘할 때의 성공 확률도 60%이고 최악일 때는 20%까지도 내려갔다고 한다. 조던의 실적이 예상보다 저조하지만 사람들이 그를 두고 형편없는 선수라고 여기기는커녕 가장 위대한 선수라고 하는 것을 보면 영매를 대할 때도 같은 잣대를 적용해야 한다는 것이다. 따라서 영매의 말을 다 믿어서는 안 되겠지만 조심스럽게 검증하면서 영매의 말을 참고하면 좋은 지침이 될 수 있다고 주장했다.

이처럼 인간 영혼의 사후 존속설을 인정한 슈워츠는 서문에서 잠시 소개했지만 2015년에 미국의 투손(Tucson)에서 "Declaration for Integrative, Evidence-Based, End-of-Life Care that Incorporates Nonlocal Consciousness"라는 장문의 제목으로 작성된 선언문을 발표하는 모임에 참여한다. 이 제목은 조금 어색하지만 대체로 '의식의 비국소성을 포함하는 통합적이고 근거에 기반한 임종 돌봄에 대한 선언'으로 번역할 수 있을 것이다. 제목이 어렵게 보이지만 이 선언의 주장은 간단하다. 우리의 의식(영혼)은 뇌에 국한되는 것이 아니라는 것인데 특히 우리의 의식이 뇌에 의해 만들어진 부산물에 불과하다는 유물주의자들의 주장을 반박하는 것이다. 우리의 의식은 뇌에 의존하지 않고도 존재할 수 있다는 것인데 이것을 종교적으로 말하면 인간의 의식(영혼)은 불멸하다는 것을 말하는 것이다. 그러니까 우리가 죽으면 육신은 소멸하지만 의식은 존속한다는 것이 그 주된 취지라고 하겠다. 슈워츠는 이 모임에 참여하여 선언문의 저자 중 한 사람으로 활동했다. 이 선언문에 서명한 사람 가운데에는 앞에서 내가 인용한 이븐 알렉산더나 핌 반 롬멜, 피터 펜윅 등이 포함되어 있다고 했다. 이런 학자들은 모두 비슷한 신념, 즉 인간의 영혼이 불멸하다는 것을 수용하는 사람이라 같은 내용의 주제를 발표하는 데에 동참한 것이리라.

  이제 슈워츠의 연구에 대한 설명을 마치려 하는데 그가 주장한 이론 가운데 재미있는 것이 있어서 그것을 소개하고 끝내야겠다. 이것은 일정한 명제가 참(true)으로 인정받기 위해서 어떤 조건이 충족되어야 하는가에 대한 것이다. 여기서 이런 주장을 살펴보는 것은 우리의 주제와 연결되기 때문이다. 우리는 지금 여기서 '인간(의 의식)은 죽은 뒤에도 존속한다'라는 명제가 참이라고 주장하고 있는데 이 주장이 받아들여지려면 어떤 조건이 충족되어야 하느냐는 것이다. 이에 대해 슈워츠는 이른바 '다섯 손가락 시험(five finger test)' 이론을 주장하는데 이것은 어떤 명제가 참으로 인정받으려면 다섯 가지 조건이 충족되어야 한다는 것이다.

슈워츠가 주장하는 다섯 가지 조건이란 다음과 같다. 1) 이론이 있어야 하고, 2) 조사가 이루어져야 하고, 3) 믿을 만한 사람이 주장해야 하고, 4) 개인적인 체험이 있어야 하고, 5) 1~4번까지의 요인을 무시할 만한 유력한 이유가 없어야 한다는 것이다. 이 조건 가운데 부가 설명이 필요한 것은 3번이 아닐까 한다. 다른 조건은 바로 알아듣겠는데 3번은 약간의 설명이 필요할 것 같다. 3번에서 말하는 '믿을 만한 사람이 주장해야 한다'라는 것은 이해하겠는데 문제는 믿을 만한 사람을 어떻게 고르냐는 것이다. 다시 말해 어떤 사람이 믿을 만하냐는 것인데 이에 대해 슈워츠는 다시 일곱 가지 조건을 들고 있다.

그에 따르면 믿을 만한 사람은, 1) 성공적인 삶을 살아야 하고, 2) 똑똑하면서, 3) 동시에 회의적인 태도를 견지할 줄도 알고, 4) 예외를 인정하고 고집 피우지 않아야 하며, 5) 요령도 있고 경험이 많아야 하고, 6) 솔직하고, 7) 정신적으로 정상이어야 한다는 것이다. 믿을 만한 사람은 우리가 어떤 신념을 수용하려 할 때 대단히 중요한 역할을 한다. 따라서 그런 사람을 잘 선정해야 하는데 슈워츠는 그것을 선별할 수 있게 해주는 조건을 상세하게 제시하고 있다. 그런데 이 조건들을 보면 한 마디로 성숙한 인격을 말하는 것 같다. 인격이 성숙한 사람들은 위의 여건을 충족시킬 것이다. 이것을 우리의 주제인 의식의 사후 존속설에 대입해 보면, 만일 앞에서 말한 조건을 충족하는 어떤 '성숙한 인격을 가진 사람'이 이 설을 주장한다면 이 설은 참일 가능성이 매우 높다고 할 수 있을 것이다.

슈워츠의 이야기를 끝내기 전에 한 가지 첨언할 사안이 있다. 그는 영매 연구에 그치지 않고 2025년에 이른바 '소울폰(SoulPhone)', 즉 '영혼 전화'를 개발하고 있는 것을 알려졌다. 이를 위해 그는 'SoulSwitch' 기술을 만들어냈다고 하는데 그에 따르면 이 스위치가 있으면 영혼과 소통할 수 있다고 한다. 이런 기술은 그가 처음으로 시도한 것은 아니고 전화기를 발명한 그레이엄 벨이나 발명왕 에디슨도 이와 비슷한 장치를 만들려고 노력했다. 그의 노력이 결실을 볼지 어떨지는 더 두고 보아야겠지만 기대되는 것은 부정할 수 없다.

영매들 이야기

이 주제에 대한 연구는 슈워츠의 사례만 보아도 괜찮겠다는 생각이다. 왜냐하면 다른 연구들도 대개 비슷한 과정을 거치면서 진행되었기 때문이다. 이번에는 연구 말고 영매 자체를 살펴보면 어떨까 하는 생각이다. 그들이 현장에서 어떤 방식으로 사람(그리고 영혼)들과 만나는가를 보면 이 주제에 대해 더 깊은 이해를 할 수 있을 것이다. 앞에서 슈워츠는 다섯 명의 영매를 예로 들었는데 나는 이 가운데 존 에드워드(John Edward, 1969~)에 대해 보려고 한다. 나는 미국 영매들의 책을 서너 권 읽어 보았는데 에드워드가 쓴 『One Last Time』(1999)에서 가장 많은 정보를 얻을 수 있었다. 그래서 이번에는 이 책을 중심으로 영매들의 이야기를 진행하려고 한다.

영매 에드워드 이야기

존 에드워드는 미국에서 꽤 유명한 영매인 것처럼 보인다. 왜냐하면 자신이 진행하는 TV 쇼인 "Crossing Over"라는 프로그램을 수년간 방영하기도 하고 'Larry King Live' 같은 유명한 TV 토크쇼를 비롯한 숱한 TV 프로그램에 출연했기 때문이다. 이 사람의 이름을 유튜브에 치면 그가 출연한 TV 쇼들이 뜨는데 그 쇼들이 매우 다양한 것을 알 수 있다.

이 쇼에서 그가 리딩을 진행하는 방법은 다음과 같은데 그것을 보기 전에 미리 알려 둘 것이 있다. 그것은 그가 TV에 나와서 행하는 리딩은 앞에서 본 슈워츠가 행한 과학적인(?) 것과는 거리가 멀다는 것이다. 슈워츠는 영매와 내담자를 철저하게 격리하고 실험을 진행했지만 에드워드가 나오는 TV 쇼는 그와 달리 아주 자유로운 '환경'에서 진행되었기 때문이다. 예를 들어 슈워츠의 실험에서는 내담자가 '예/아니오'라고만 대답했지만 TV 쇼에서는 방청객들이 하고 싶은 말을 자유롭게 했다. 그런가 하면 에드워드가 상대하는 방청객에 대해서도 의문이 생긴다. 그 선정이 무작위로 이루어졌는지 아니면 다른 어떤 방식으로 이루어졌는지는 전혀 알려지지 않았다. 부정적인 시각으로 보면 에드워드(그리고 방송국)가 방청객과 짜고 세션을 진행하는지 누가 알겠는가? 이런 일은 얼마든지 가능하다. 흡사 개신교의 부흥회에서 목사가 신자와 짜고 신자의 병을 낫게 해주는 장면을 연출하는 것처럼 말이다.

그 같은 한계를 염두에 두고 그의 세션 장면을 재연해 보자. TV 쇼에서 그는 보통 이렇게 시작한다. 우선 청중에게 일정한 외모를 지닌 영혼이 왔다고 전한다. 예를 들어 어떤 노파의 영혼이 아주 특별한 자세를 하고 나타났다고 말하는 것이 그것이다. 그런데 이것만 가지고는 청중들이 이 영혼이 자신과 관계된 사람인지 아닌지 알지 못한다. 그럴 때 에드워드는 다시 '자동차 사고로 죽은 친척이 있는 사람이 있는가?'라고 묻는다. 그러면 보통 이런 발언에는 반응하는 청중이 나온다. 이 사람에 대해 에드워드는 다시 '그분의 이름에 J 글자가 들어가지 않는가?'라고 하면서 'Judy? June? Jane?'라고 다시 묻는다. 그러면 청중이 '맞다. 얼마 전에 죽은 내 할머니의 이름이 Jane이다'라고 하면 그 영혼의 정체가 밝혀진 것으로 간주하고 에드워드는 청중과 그의 할머니 영혼 사이에서 대화를 연결해 준다. 그때 이 청중의 가족만 알고 있는 비밀이 공개되기도 하는 등 재미있는 일이 많이 발생하는데 보통은 '(영혼이) 나는 잘 있고 사랑한다'라는 말로 끝나는 경우가 제일 많다.

이상이 에드워드가 행하는 세션의 진행 모습을 대강 그린 것인데 우리의 관심을 끄는 것은 그가 묘사하는 영혼의 본질이다. 에드워드도 내가 주장하는 것처럼 영혼을 순수한 에너지체로 정의한다. 영혼은 에너지체이기 때문에 진동이 매우 빠르다. 반면 우리의 육신은 물질, 즉 고체이기 때문에 진동이 매우 느리다. 우리는 이 같은 성질을 잘 이해해야 하는데 나는 독자들의 이해를 돕기 위해 이 상황을 '얼음/물/수증기'로 비유해서 설명한다. 이 순서는 진동수의 높고 낮음으로 나열한 것인데 고체인 얼음이 진동이 가장 느리고 액체인 물이 그다음이고 기체인 수증기는 진동이 가장 빠르다. 그런데 수증기의 특색은 얼음이나 물에 비해 잘 보이지 않는다는 것이다. 이것은 진동이 빨라질수록 가시력이 떨어지기 때문인 것으로 생각된다.

그런데 영혼은 수증기처럼 물이 변한 게 아니라 아예 에너지로 구성되어 있기 때문에 그 진동이 수증기보다도 훨씬 빠르다. 그러니 자연스럽게 가시성도 현저하게 떨어지는 것이다. 떨어지는 정도가 아니라 아예 눈에는 보이지 않는데 에드워드는 이것을 헬리콥터의 프로펠러에 비유해서 설명했다. 헬리콥터가 지상에 서 있을 때는 프로펠러가 아주 잘 보인다. 그러나 헬리콥터가 이륙하기 위해 프로펠러를 돌리면 그때부터 서서히 안 보이기 시작한다. 그러다 프로펠러가 가장 빠르게 돌 때 보면 흡사 프로펠러가 없는 것처럼 보이든지 아주 서서히 움직이는 것처럼 보인다. 이런 모습이 영혼과 비슷하다는 것이다. 나는 이 이야기를 읽고 굳이 헬리콥터를 비유로 들 것 없이 집에 있는 선풍기만 보아도 이 사정을 알 수 있다고 생각했다. 선풍기도 빨리 돌리면 날개가 거의 보이지 않는 것이 그것이다.

  어떻든 영혼은 이런 성질 때문에 진동이 느린 물질계에 나타나는 일이 대단히 어려운 것인데 이에 대해서는 앞에서 이미 언급했다. 그리고 이러한 이유로 이른바 '유령(귀신)'이 이 지상에 잘 나타나지 않는다고 주장했다. 죽은 사람이 수도 없이 많지만 그들이 영혼의 형태로 우리 앞에 나타나는 일이 좀처럼 발생하지 않는 것은 위와 같은 사정 때문이라는 것이다. 따라서 영혼과 인간이 만나려면, 영혼은 진동수를 내려야 하고 인간은 자신의 의식이 지닌 진동수를 올려야 한다. 영혼이 진동수를 내리는 일도 중요하지만 더 중요한 것은 인간이 진동수를 올려야 한다는 것인데 우리 같은 일반인은 이 일이 되지 않는다. 이 일을 할 수 있는 능력을 가진 사람이 바로 영매 혹은 무당이다. 그런데 에드워드에 따르면, 아무리 양자, 즉 영혼과 영매가 노력해서 서로의 진동수를 맞추려 해도 양자 사이에는 뛰어넘기 힘든 공간이 생긴단다. 이것은 물론 물리적인 공간이 아니라 심리적인 공간인데 이 공간이 꽤 커서 영매도 영혼이 전하는 말이나 영혼이 보여주는 영상을 선명하게 해독할 수 없다고 한다. 소리나 이미지가 잘 안 들리고 잘 안 보인다는 것인데 비유하면, 영혼이 들려주는 소리는 옛날에 시외전화할 때처럼 멀리서 들리는 것 같은 느낌이라고 한다.

이렇게 영혼이 전하는 소리가 잘 들리지 않는 것도 문제이지만 영혼이 정보를 충분하게 주지 않는 것도 문제라고 한다. 무당을 예로 들어 보면, 사람들은 무당이 점을 칠 때 그가 모시는 신령이 옆에서 모든 것을 다 말해주는 것으로 생각하기 쉬운데 그것은 사실이 아니다. 무당에 따르면, 신령은 핵심 단어가 될 만한 것 몇 개만 제시할 뿐이라서 나머지는 무당이 알아서 알아내야 한다고 한다. 이때 무당은 내담자로부터 가능한 한 많은 정보를 캐내서 그것을 신령이 준 정보와 교차 검증해 내담자에게 그럴듯한 정보를 제공하는 것이다. 이런 일을 잘해서 내담자가 원하는 정보를 선사해야 하는데 이런 작업을 잘하려면 무당이 똑똑해야 한다(그래서 그런지 내가 만나봤던 무당 중에 똑똑하지 않은 사람은 보지 못했다!).

이 사정은 영매도 마찬가지인 모양이다. 에드워드에 따르면 영혼이 자기 이름을 말할 때도 전체를 말하는 게 아니라 앞의 예에서 본 것처럼 'J' 같은 머리글자만 말해준다고 한다. 그러면 그걸 가지고 내담자와 대화를 통해 이름 전체를 알아내야 하는 것이다. 이렇게 보면 영매 역시 무당처럼 머리가 좋은 사람만이 할 수 있으리라는 생각이 든다. 추측해서 맞히는 것은 머리가 둔한 사람들은 할 수 없기 때문이다.

영혼이 보여주는 영상도 사정은 마찬가지다. 영상을 보여줄 때도 영혼은 상징적인 이미지만 전달하는데 그 경우에도 부분만 보여준다고 한다. 따라서 이 정보를 해석하는 것은 전적으로 영매의 능력에 달려 있게 된다. 독자들은 이게 무슨 말인지 헷갈릴 수 있으니 에드워드가 든 사례로 설명해 보자. 만일 영혼이 자동차를 보여주면 이것은 이 영혼이 지상에서 자동차 사고로 죽은 것으로 해석할 수 있다고 한다. 또 동시에 2라는 숫자가 나타나면 이것은 두 사람이 죽은 것으로 볼 수 있다고 한다. 그런데 이 숫자 해석이 그리 만만한 것이 아닌 모양이다. 만일 영혼이 2를 제시한 다음에 7을 제시하면 이게 7월에 사고를 당한 것인지 7년 전에 당한 것인지 알 수 없다고 한다. 이를 풀기 위해 내담자와 대화를 하게 되는데 이때 뜬금없는 정보도 튀어나오고 잘못된 해석도 적지 않게 나온다고 한다. 그러나 앞에서 말한 것처럼 사소한 데에서 잘못이 나온다고 해서 전체를 부정하는 우를 범해서는 안 될 것이다.

앞에서 영매는 자신의 진동수를 올릴 수 있는 능력을 가진 사람이라고 했는데 그렇다고 이 일이 쉽게 되는 것은 아닌 모양이다. 에드워드에 따르면 이 일은 자신도 힘들어 몇 분밖에 할 수 없다고 한다. 이때 영매는 고도로 집중하기 때문에 잔뜩 긴장된 상태가 된다. 그런 상태로 오래 있으니 힘들 수밖에 없는 것이리라. 에드워드는 이것을 비유해서 이 상태로 있는 것은 수영장에서 물속 6m 밑으로 내려가서 애인을 만나는 것 같다고 했다. 이것은 재미있는 비유인데 우리가 맨몸으로 6m나 되는 물속 깊은 곳에 들어가면 잠수에 능하지 않은 보통 사람인 우리는 숨도 오래 참을 수 없지만 물의 압력 때문에 오래 버티지 못한다. 몸이 조여 오고 귀가 터질 것처럼 아플 수 있다. 그래서 오래 있을 수 없는 것인데 영매가 영혼과 만나는 세션에서도 그런 고통을 느낀다고 한다. 그래서 세션이 끝나면 영매는 기진맥진해진다고 하는데 그 피로 정도가 얼마인지는 알 수 없다. 그런데 TV 프로그램에 나타난 에드워드는 여러 사람의 리딩을 동시에 하면서도 그다지 힘든 기색을 보이지 않았는데 실제의 사정은 그에게 직접 물어봐야 할 것 같다.

그 외 다른 영매 이야기—치코 자비에르

슈워츠는 에드워드 외에도 네 명의 영매를 더 인용했는데 그들을 여기서 다 소개할 필요는 없을 것이다. 그들은 다 비슷비슷한 일을 하고 있기 때문에 굳이 다 보지 않아도 된다. 예를 들어 슈워츠가 많이 의지한 수잔 노스럽(1948~)도 에드워드처럼 'The Afterlife' 같은 TV 쇼를 진행했는가 하면 자기만의 방송에서 팟캐스터로 활약하고 있다. 이런 매체에서 그녀가 활약하는 모습을 보면 에드워드와 별다른 점을 찾을 수 없다. 계속해서 영혼들과 대화하면서 그들로부터 얻은 정보를 지상에 사는 친지들에게 전해주는 것 말이다.

영매에는 에드워드나 노스럽 같은 사람만 있는 것이 아니다. 이번에 소개할 영매는 20세기에 브라질에서 전 국민적인 존경을 받았던 프란시스코 칸디도 자비에르(Francisco C. Xavier, 1910~2002)다. 이처럼 긴 이름보다는 '치코'라는 친숙한 약칭으로 불렸던 이 사람은 단순한 영매가 아니라 영적인 지도자로 브라질 사람들부터 크게 존숭 받았다. 이것은 그의 초상이 브라질의 우표에 나왔다는 사실 하나만으로도 알 수 있지 않을까 싶다. 어느 사회건 아무나 우표에 그 초상을 싣지 않는다. 거국적인 영웅이 아니면 우표에 올라갈 수 없는데 치코가 우표에 실린 것을 보면 브라질 사람들이 그를 얼마나 존경하는지 알 수 있다.

브라질은 영적으로 매우 풍부하면서도 특별한 나라인 것 같다. 치코가 서양 사회에 있었으면 멸시의 대상이 될 수 있었겠지만 브라질에서는 반대로 숭배를 받았으니 매우 특이하다고 하는 것이다. 브라질은 이 영매 현상을 포함해서 영적인 것을 중시하는 '영성주의(spiriticism)'에 매우 개방적이라고 한다. 브라질은 현재 가톨릭교도가 전인구의 반을 웃도는데 그 가운데 반이 환생, 즉 인간이 윤회한다는 사실을 믿는다고 하니 그들이 얼마나 다른 믿음에 개방적인지 알 수 있다. 이 같은 일은 같은 가톨릭을 믿는 유럽 국가에서는 일어나지 않는 일이다. 치코 같은 위대한 영매가 브라질에서 나올 수 있었던 것은 이 같은 브라질의 종교적 환경에 기인하는 바가 클 것이다.

치코가 한 일을 보면 그의 일생은 크게 두 부분으로 나뉠 수 있다. 우선 치코는 인생의 전반부를 책 쓰는 데에 바쳤다. 그런데 그가 쓴 책은 일반적인 책이 아니다. 다른 저자처럼 자신의 생각을 쓴 것이 아니라 그가 접촉했던 영혼이 그에게 전한 것을 가지고 쓴 책이기 때문이다. 따라서 영적인 집필 작업을 했다고 할 수 있는데 이렇게 영혼의 말을 그대로 옮겨 적었기 때문에 그는 약 500권이라는 어마어마한 양의 책을 쓸 수 있었다. 자신이 힘들게 생각해서 적은 것이 아니라 영혼이 불러주는 대로 적었으니 이렇게 많은 책을 쓸 수 있었을 것이다. 우리는 뒤에서 이 책 가운데 하나를 골라 상세하게 살펴볼 것이다.

그러나 후반부로 가면 사정이 달라진다. 인생의 후반기를 편지 쓰는 데에 바쳤다고 하니 말이다. 그런데 이 편지는 일반적인 편지가 아니라 가족 가운데 한 사람을 사별한 경험이 있는 사람들을 위해 써 준 편지였다. 가족을 사별한 사람이 와서 치코에게 부탁하면 그는 우선 고인의 영혼을 부른다. 그런 다음 그 영혼이 지상에 사는 가족에게 하고 싶은 이야기를 들려주면 그것을 받아 적어 전달하는 것이다. 군인에게 보내는 편지를 '위문 편지'라고 한다면 치코가 쓴 편지는 '영혼 편지'라고 할 수 있겠다. 이 편지에 관한 이야기가 많이 있지만 이 자리는 그것을 논하는 자리가 아니니 통과하기로 하는데 브라질 사람들은 치코가 이 일을 해주어 많은 위안을 받았다고 한다. 예를 들어 너무도 사랑하는 아들을 잃어 상심하고 있는데 그 아들(의 영혼)에게서 편지를 받으면 얼마나 큰 위로가 되겠는가? 그런데 여기서 중요한 것은 치코가 이렇게 수천수만의 브라질 사람들을 위해 영혼 편지를 써 주었지만 돈은 일절 받지 않았다는 것이다.

그는 살면서 약 60년 동안 영혼과 교통했다고 하는데 그의 수호령은 '엠마뉴엘'이라고 한다. 이 영혼은 로마나 스페인에 환생해서 인간으로 산 적도 있다고 하는데 영적으로 매우 높은 영혼이라고 한다. 그러나 얼마나 높은 영인지는 정보가 없어 잘 알지 못한다. 여기서 귀띔하고 싶은 것은 높은 영을 수호령으로 둔 영매일수록 그 영향력이 크다는 것이다. 쉽게 말해 실력이 좋다는 것이다. 보통 사람인 우리들은 보통 영을 수호령으로 두고 있기 때문에 영향력을 거론할 여지가 없지만 수준이 높은 영매는 그에 걸맞는 영혼을 수호령으로 두고 있어 그 예언력이나 정보력이 일반 영혼들과는 비교가 되지 않는다. 치코가 브라질 사회에서 갖는 영향력을 감안해 보면 그가 모시고 있는 엠마뉴엘이라는 수호령은 아주 높은 고급령일 것 같다.

치코는 수호령을 비롯해 수많은 영혼들과 교통했는데 그것을 바탕으로 그는 예언을 하거나 설법을 하면서 사람들에게 선한 영향력을 끼쳐왔다. 앞에서 말한 대로 그는 약 500권의 책을 썼다고 전해지는데 이 책이 전부 해서 5천만 권 이상이 팔렸다고 하니 엄청나게 많이 팔린 것을 알 수 있다. 그런데 그는 이렇게 해서 벌어들인 인세를 모두 자선 단체에 기부했다고 하는데 이것이 사실이라면 그는 사심이 없는 진정한 영성가라고 할 수 있다. 그래서 국민들의 숭앙을 받은 것인데 영매들에 따르면 자신들의 능력은 신에게서 받은 것이기 때문에 돈을 받는 것은 있을 수 없는 일이라고 한다. 그러니까 이 능력은 내가 노력해서 키운 능력이 아니라 신에게서 받은 것인데 어떻게 그 대가로 돈을 받을 수 있느냐는 것이다. 이것은 진정한 영성가만이 취할 수 있는 자세라 하겠다.

앞에서 나는 그가 이렇게 많은 책을 쓸 수 있었던 것은 다양한 영혼들과 끊임없이 소통했기 때문이라고 했다. 이 다양한 영혼들이 자신들이 거주하고 있는 세계나 영적인 문제에 대해 정보를 전해주면 그는 그것을 그대로 받아 적었다. 그러니까 그가 일종의 채널러(channeler)가 되어 자동 필사(automatic writing)를 한 것이다. 만일 그가 이런 식이 아니라 자신의 능력으로만 책을 썼다면 절대로 이렇게 많은 부수의 책을 쓸 수 없었을 것이다.

그가 이렇게 해서 낸 책 가운데 『Nosso Lar: Life in the Spirit World』(2006)라는 책이 있다. 이 책은 원래 1944년에 브라질에서 포르투갈어로 출간된 것인데 이처럼 뒤늦게 영어로 번역되었다. 이 제목에 나온 'nosso lar'는 번역하면 'our home'을 말하는데 이때 말하는 집은 지상에 있는 집이 아니라 영계에 있는 집을 말한다. 이 집은 말할 것도 없이 우리가 이 지상에 환생하기 전에 머물던 곳이다. 그러다 이 책은 2010년에 "Astral City: A Spiritual Journey"라는 제목으로 영화화된다. 이 제목에 나오는 'astral city'는 영적인 도시라는 뜻으로 앞에서 말한 '노소 라르'를 이렇게 표현한 것이다.

나는 그의 책은 읽지 못하고 영화만 보았는데 이 영화는 우리의 주제와 관련해서 특별히 주목받아야 한다. 왜냐하면 이 영화는 이른바 영계를 무대로 삼아 만들어진 수많은 영화 가운데 최고의 영화로 꼽히기 때문이다. 이런 평가는 사람마다 다를 수 있겠지만 영계를 직접 다룬 영화가 많지 않기 때문에 이 영화는 아주 귀하다고 할 수 있다. 우리가 접할 수 있는 영화 가운데 영혼들의 세계를 묘사한 영화는 적지 않다. 그러나 이 가운데 영계를 직접 다룬 영화는 손가락으로 꼽을 정도로 적다. 영혼들을 다룬 영화 가운데 가장 대표적인 것으로 그 유명한 'The Sixth Sense'나 'The Others'와 같은 영화를 들 수 있다. 특히 전자는 모르는 사람이 없을 정도로 유명한 영화이다. 그러나 이 영화들은 영계를 직접 다룬 것이 아니라 지상을 떠나지 못하는 영혼들이 방황하는 모습을 그린 것이다. 따라서 이 영화에는 영계의 모습이 직접 묘사되지 않는다. 이 영화의 배경은 외려 육신을 가진 사람들이 사는 이 세상이다.

영계를 직접 다룬 얼마 안 되는 영화 가운데 가장 많이 알려진 것은 로빈 윌리엄스 주연의 '천국보다 아름다운'이라는 영화일 것이다(2025년 4월 현재 한국의 한 TV 채널에서는 같은 제목을 가진 드라마가 방영되고 있는데 이 드라마도 영계에서의 생활을 다루고 있다). 이 영화는 한국에서도 개봉되었다. 이 영화는 앞에서도 잠깐 언급했지만 'What Dreams Come True'라는 제목의 소설을 각색해서 만든 것이다. 이 영화는 전체 분량의 반 정도가 영계를 무대로 하고 있을 정도로 영계가 비중 있게 묘사되어 있다. 감독이 묘사한 영계의 모습은 화려하고 인상적이었는데 그런 점이 인정받아 제71회 아카데미상 시상식(1999)에서 시각효과상을 받기도 했다. 영화로서는 그다지 성공하지 못했지만 영계(천국?)를 나름대로 사실적으로 묘사했다는 점이 아카데미 영화제 심사위원들의 눈에 들었던 모양이다. 내가 보기에 이 영화(혹은 소설)가 묘사하는 영계의 모습은 기왕에 이루어졌던 연구를 기반으로 만들어졌다는 것을 알 수 있었다. 그러나 이 영화에 나타난 영계의 모습은 영계에 있는 존재가 직접 밝힌 것이 아니라 연구된 것을 가지고 미루어 짐작해서 묘사한 것이다. 그 때문에 생생함이나 정확도 면에서 떨어진다. 2차 자료를 사용했기 때문이다. 이것은 어쩔 수 없는 일이었을 것이다.

사후세계를 묘사한 최고의 영화--"Astral City"

이런 점을 극복하고 영계를 직접적이고 정확하게 묘사한 영화가 바로 지금 보려고 하는 치코 원작(?)의 '아스트랄 시티'이다. 이 영화는 영계에 있다고 믿어지는 영혼이 직접 전한 것을 바탕으로 만들었기 때문에 그 정확도나 생생함이 다른 어떤 영화보다 앞선다.

이 영화는 안타깝게도 한국에서는 개봉되지 않아 나는 미국에 주문해서 영화의 DVD를 사서 보았다. 이 영화가 한국에서 개봉되지 않은 것은 다음과 같은 이유로 당연하다. 첫 번째 이유는, 한국인들은 이런 주제에 관심이 없다는 것이다. 한국인들은 현생만 인정하는 경향이 강하기 때문에 영계 같은 초현실적인 주제에 대해서는 별 관심이 없다. 현세 유일주의는 한국인들의 의식 세계에 상당히 강하게 뿌리박고 있어 현세를 넘어서는 것에 대해서는 흥미를 느끼지 못한다. 게다가 이 영화에는 남녀 로맨스처럼 말초적인 내용이 전혀 없다. 앞에서 본 미국 영화 'What Dreams Come True'에도 남녀 로맨스 이야기가 나오는데 이 영화에는 그런 이야기가 일절 없다. 그저 한 영혼이 영계에 가서 겪는 일을 담담하게 묘사하고 있을 뿐이다. 한국인들은 이런 무미건조한 스토리를 좋아하지 않는다. 그러니 한국의 영화 관계자들도 이런 영화를 수입할 생각을 하지 않았을 것이다.

그런가 하면 이 영화의 언어가 영어가 아니라 포르투갈어로 되어 있다는 것도 한국인들이 이 영화를 외면한 이유가 될 수 있겠다. 이 영화는 브라질에서 만들어졌기 때문에 포르투갈어로 진행되는데 내가 본 CD에는 영어로 자막이 나왔다. 그런데도 자막이 너무 빨리 지나가서 그 의미를 해독하는 일이 쉽지 않았다. 그리고 한국인들은 헐리우드 영화에 너무 익숙해 있어 다른 나라에서 만들어진 영화에 대해서는 다소 어색함을 느낀다. 그런데 이 영화는 더더군다나 남미 국가인 브라질에서 만들어진 것이라 한국인들의 취향에 맞지 않았을 것이라는 생각이 든다. 이런 여러 가지 이유로 당시 이 영화 DVD로 볼 때 이 영화가 한국에서 개봉되기는 글렀다는 느낌이 들었다.

다시 우리의 주제로 돌아가서, 이 영화가 영계를 직접적으로 다룰 수 있었던 것은 치코가 영계에 있는 영혼으로부터 몸소 들은 것이기 때문이라고 했다. 이른바 'first-hand' 묘사라는 것이다. 그러니까 치코가 역행 최면 같은 간접적인 방법을 써서 영계에 대한 정보를 알아낸 것이 아니라 영혼과 직접 접촉해서 영계의 실상을 밝힌 것이라는 것이다. 이것은 치코가 영매이기 때문에 가능한 것이다. 역행 최면 같은 것은 필자도 할 수 있는 방법이고 실제로 시도해 본 적도 있었다. 그러나 이렇게 해서 얻어낸 영계에 대한 정보는 간접적인 것이라 직접적으로 알아낸 것에 비하면 정확도가 떨어질 수밖에 없다.

사실 그런 치코보다 영계를 더 직접적으로 경험한 사람이 있다. 이 사람은 한참 앞에서 인용한 스베덴보리인데 이 사람이 말한 것을 사실로 받아들인다면 그는 다른 영혼의 도움 없이 영계를 직접 체험한 사람이라고 할 수 있다. 치코는 다른 영혼으로부터 영계에 대한 정보를 얻었지만 스베덴보리는 본인이 직접 본 것을 전했기 때문이다. 비록 스베덴보리는 천사와 같이 영계를 돌아다녔지만 자신의 두 눈으로 직접 영계의 실상을 목격했고 그것을 기록으로 남겨 우리에게 전달해 주었다. 내가 그를 다시 거론하는 이유는 그가 영계에 대해 서술한 것과 치코가 적은 것 사이에 유사한 면이 많이 발견되기 때문이다. 이런 것을 통해 볼 때 이 두 사람의 증언은 개인의 주관적인 체험이 아니라 사실에 기반해 있는 것으로 보인다. 그리고 자의적인 판단이 될 수도 있겠지만 내가 지금까지 공부해 본 바로는 영계의 실상을 가장 정확하게, 그리고 상세하게 전한 사람은 치코와 스베덴보리가 아닌가 한다.

영화 아스트랄 시티의 내용은?

그러면 이 영화(소설)의 내용을 간단하게 보자. 치코가 상대한 영혼은 안드레 루이즈라는 사람인데 이 사람은 생전에 의사로 살았다. 그런데 그는 인품이 그다지 좋은 사람이 아니었다. 의사라는 직업을 이용해서 그는 사람들을 무시하면서 건방지게 대했고 이기적으로 살았다. 그러다 그는 내장 계통에 심각한 병을 앓았는데 식사하던 중 자리에서 꼬꾸라지면서 급사한다.

이 영화의 본론은 여기서부터 시작된다. 루이즈(의 영혼)는 죽은 뒤 어떤 곳으로 가게 되는데 그곳은 분위기가 어둡고 음산했다. 한마디로 말해 아주 기분 나쁜 곳이었다. 이것을 지상의 세계에 비유한다면 수챗구멍 속이나 하수도 같은 곳으로 이해하면 되겠다. 그래서 그곳에는 구정물만 흐르고 고약한 냄새가 코를 찔렀다. 주위에는 루이즈와 비슷한 수준의 영혼들만 있어 살벌하기 그지없었다. 이들은 생전에 자기밖에 모르고 살았던 이기적인 영혼들인지라 이곳에 와서도 자기만 챙기고 상대방에게는 적의를 품고 있었다. 이곳은 그런 영혼들로 득실거렸다. 루이즈가 이런 곳에 처한 이유는 생전에 그가 다른 사람을 배려하지 않고 이기적으로 살았기 때문이다. 그런 사람들은 마음이 삭막하기 마련인데 그 삭막한 마음이 그대로 외계에 투영된 게 바로 루이즈가 있는 곳이었다.

루이즈는 이곳에 얼마나 있었는지 모른다. 그런데 시간이 지나도 아무도 그를 도와주러 나타나지 않았다. 그러다 루이즈는 너무도 힘든 나머지 진정으로 참회하기 시작했다. 그리고 신에게 살려달라고 진심 어린 기도를 했다. 그러자 어디선가 하얀 옷을 입고 밝게 빛나는 '구급대'가 나타나 그를 들것에 태워 그곳을 빠져나와 밝은 곳으로 향했다. 루이즈가 인도된 곳은 흡사 병원처럼 생긴 곳이었다. 그곳에서 그는 누워서 치료를 받게 되는데 특히 간호사 같은 남자가 와서 생전에 그가 아팠던 부위인 배를 감쪽같이 치료해 주던 모습이 인상에 남는다. 상처가 치유되자 그는 본격적인 영계 생활을 시작한다.

이게 전반부의 모습인데 여기서 우리는 매우 중요한 단서를 적지 않게 발견한다. 이른바 죄를 많이 저지른 사람들은 죽은 다음에 루이즈처럼 지옥 같은 곳으로 가게 되는데 그것은 누가 보낸 게 아니고 자신이 알아서 가는 것이다. 이때 우리의 영혼은 자기와 진동수가 가장 가까운 영혼들이 모여 있는 곳으로 가기 때문에 그렇게 되는 것이다. 이것은 누누이 강조했던 유유상종의 법칙이다. 이 법칙에 따라 루이즈는 자청해서 그런 곳에 가서 온갖 괴로움을 겪으면서 지내게 되는데 이 기간이 얼마나 될지는 아무도 모르니 절망적이라고 할 수 있다.

그런데 이 우주(혹은 신)는 자비롭기 때문에 그런 곳에 있는 영혼들을 어떻게든 도와서 좋은 곳으로 보내려고 한다. 그러나 우주의 마음이 그렇게 간절해도 해당 영혼이 참회하고 우주의 도움을 받기를 원하지 않으면 그를 도울 수 없다. 초기의 루이즈가 그런 상태였다. 그러다 너무나 힘든 나머지 루이즈는 크게 참회하면서 신에게 도와달라고 기도하자 그 즉시로 구조대가 당도한 것은 앞에서 말한 대로이다. 이런 모습은 스베덴보리의 설명에도 나온다. 그에 따르면 천사들은 언제나 모든 영혼을 도와주려는 생각을 갖고 있는데 본인들이 원하지 않으면 가까이 갈 수 없다고 한다. 이 상황은 진동수를 가지고 설명하면 이해될 수 있을 것이다. 해당 영혼은 죄가 많으니 영혼이 탁해 진동수가 낮을 것이다. 사정이 그러하니 진동수가 높은 천사는 가까이 가는 일이 쉽지 않다. 그러나 당사자가 참회하면서 영을 순화시키면 전동수가 올라가게 되어 천사가 접근할 수 있게 되는 것이다.

이 영화에 이런 상황을 잘 묘사하는 장면이 나온다. 루이즈를 구하러 온 구급대는 천사처럼 하얀 옷을 입고 있는데 그래서인지 환하게 발광하고 있었다. 그들이 내는 빛은 그 어두운 지옥(혹은 연옥?) 같은 세계에서 너무나 밝았다. 그들은 루이즈를 챙긴 다음 자비심이 일어나 주변에 있는 어두운 영혼들도 구하고 싶었다. 그래서 그들은 이들에게 같이 가자고 하면서 다가갔다. 그러자 이 어두운 영혼들은 오히려 화를 내면서 가까이 오지 말라고 손사래를 쳤다. 우리들은 잘 있는데 왜 공연히 어디를 가자고 하느냐는 투였다. 이 영혼들은 천사 영혼들이 발하는 청명하고 투명한 빛을 감당하지 못해 그들이 접근하는 것을 막은 것이리라. 이렇게 함으로써 그들은 구원받을 수 있는 기회를 스스로 차버린 것이다. 이게 바로 영계의 현실이다. 모든 것은 자기에게서 비롯된 것이지 다른 영혼이 억지로 덧씌운 것이 아니다. 따라서 우리는 이곳에서 일어난 일을 가지고 어느 누구도 탓할 수 없다. 이 비슷한 이야기가 스베덴보리의 이야기에도 나온다. 그가 천사와 함께 하계로 가니 그곳에 있는 음산한 영혼들이 천사의 빛을 감당하지 못해 천사와 스베덴보리에게 가까이 오지 말라고 역정을 내는 장면이 나온다.

  이렇게 해서 천계로 온 루이즈는 앞에서 말한 것처럼 일단 치료를 받는데 이 비슷한 이야기가 역행 최면으로 영계를 파헤친 것으로 유명한 마이클 뉴턴의 책에도 나온다. 뉴턴은 일단 내담자를 최면한 다음 그에게 죽은 직후로 가보라고 제의한다. 그런 다음 그곳에서 무슨 일이 벌어지는지 말해보라고 하는데 내담자들은 치유의 방으로 가서 치료받는 일을 가장 먼저 했다고 입을 모았다. 뉴턴의 말로 우리들은 대부분 지상에서 고달프게 살고 병으로 고생하다가 이곳에 왔기 때문에 영혼이 심히 손상되어 있다. 그래서 그것을 우선 치유한다는 것인데 이 같은 처치는 악인이든 선인이든 가리지 않고 다 시행된다고 한다(카르마 법칙에 따라 영혼의 향방이 결정되는 것은 그다음일 것이다).

  치유가 끝난 다음 루이즈는 그곳에 머물면서 영적인 것을 학습하면서 살게 되는데 그는 이곳을 소설의 제목에서 알 수 있는 것처럼 '우리 집'이라고 불렀다. 영화에는 루이즈가 있는 곳이 일종의 작은 도시처럼 묘사되어 있는데 그곳은 사실 루이즈가 지상에 내려오기 전에 있었던 곳으로 고향과 같은 곳이라고 할 수 있다. 고향이니 우리 집이라고 부른 것이다. 이것 역시 스베덴보리의 설명에도 나온다. 스베덴보리에 따르면 우리가 죽은 다음에 안내령에게 이끌려 어딘가 도착하면 흡사 고향 집에 온 것처럼 친숙한 영혼들이 반겨준다고 하는데 이것은 루이즈가 말한 것과 일치한다. 그렇게 고향 집에 도착하면 또 배우는 일을 한다고 하는데 그것은 사람에 따라 다르기 때문에 일률적으로 말할 수 없다. 그러나 반드시 하는 공부가 있는데 그것은 직전생을 '리뷰'하는 것이다. 이 영화에서는 주인공이 컴퓨터로 직전생을 회상하는 것으로 표현되어 있었다.

 루이즈가 이곳에서 살면서 겪었던 일 가운데 가장 인상에 남는 것은 그의 모친(의 영혼)이 그를 찾아온 것이다. 그녀는 밝은 빛 속에서 나타나 루이즈를 만나고 다시 높은 곳으로 사라졌다. 영계의 실상을 모르는 사람은 이 사건을 그저 단순한 모자의 상봉으로만 이해할 것이다. 이 사건의 실상은 영적으로 높은 루이즈의 모친이 생전에 자기의 아들로 살았던 영혼이 영계에 도착했다는 소식을 접하고 친히 그의 처소로 내려왔다는 것이다. 여기서 중요한 것은 루이즈가 모친에게 간 것이 아니라 그의 모친이 그를 찾아온 것이라는 것이다. 이것이 영계의 법칙이다. 높은 데에 있는 영혼, 즉 진동수가 빠른 영혼은 진동수가 낮은 곳에 있는 영혼을 찾아올 수 있지만 그 반대는 안 된다는 것이다. 이것 역시 스베덴보리가 주장하던 바이다. 스베덴보리는 영계를 6층으로 나누고 있는데 낮은 층에서 높은 층으로 올라가는 것은 거의 불가능하다고 한다. 물론 그 반대는 가능하지만 말이다. 그리고 낮은 층에서 높은 층을 보면 그저 구름 같은 것이 있는 것처럼 뿌옇게 보인다고 한다. 이것은 지상에 사는 우리와 영계에 사는 영혼들 사이도 마찬가지 아닌가? 영혼들은 자신들이 필요할 때 언제든지 우리 곁으로 올 수 있지만 우리는 그들 곁으로 갈 수 없다. 이곳에서는 일방통행이 대세인 것이다.

이상이 대충 훑어본 이 영화의 내용인데 이외에도 기억에 남는 장면이 더 있다. 가령 어떤 여성(의 영혼)이 지상을 동경한 나머지 다시 태어나려고 이 (영계) 도시 밖으로 나간다. 대문을 열고 나간 것이다. 그러나 성공하지 못하고 다시 돌아오는데 그것은 그녀가 아직 환생할 때가 아니기 때문에 그렇게 된 것이다. 지상에서도 할 일을 마치지 못하면 죽지 않듯이 영계에서도 그곳에서 완수해야 할 일을 하지 않으면 지상으로 환생할 수 없는 것이다. 생각나는 장면이 하나 더 있다. 루이즈가 그곳에 있을 때 제2차 세계대전이 터졌던 모양이다. 그래서 수많은 사람들이 죽어서 영계로 오게 되는데 그 장면이 눈에 선하다.

이때 많은 영혼들이 전쟁 통에 죽어 영계로 온다는 소식을 듣고 영계에 살고 있던 영혼들이 무더기로 마중을 나와 서 있던 장면이 나오는데 꽤 실감 나게 표현됐던 것이 기억난다. 이런 형태의 상봉에 대해서 여러 의문이 들지만 여기는 그것을 다루는 자리가 아니니 통과하기로 한다.

그런데 이 원고를 쓰다가 검색해 보니 2024년에 이 영화의 속편이 나왔다는 것을 알게 되었다. 제목은 "Nosso Lar 2: Os Mensageiros(The Messengers)"인데 나는 이 필름을 아직 접하지 못했다. 작품 설명을 보니 1편을 더 발전시킨 것 같았다. 주인공인 루이즈가 영계에서 공부하는 것으로 그치지 않고 메신저의 일원이 되어 지상에 내려와 활약하는 것으로 전개되는 것 같았다. 메신저는 말 그대로 사자(使者) 혹은 전달자 같은 존재로 지상에서 사람들을 돕는 역할을 하는 영혼들을 일컫는다. 루이즈가 영적으로 많이 성장해서 이제는 남을 도울 수 있는 존재가 된 것이다. 이 영화도 소개할 수 있는 기회가 오기를 바라는데 내가 여기서 이런 영화를 비교적 자세하게 소개하는 이유는 이렇게 좋은 영화를 한 편 보면 책을 몇 권 읽는 것과 같은 효과가 있기 때문이다. 그런데 이런 영화는 비전문가들이 이해할 수 없는 대사나 해독할 수 없는 장면이 빈번하게 나와 전문가로부터 해설을 들으면서 천천히 감상해야 제대로 감상할 수 있을 것이라는 생각이 든다.

 이상으로 영매를 통해 사후생이 존재한다는 것을 증명하는 실험에 대한 설명을 마치는데 이 원고를 쓰는 동안 나는 내내 아쉬운 마음을 감출 수 없었다. 그것은, 한국은 이 실험을 할 수 있는 좋은 환경을 갖고 있는데 그동안 이에 대해 연구가 전혀 이루어지지 않았기 때문이다. 한국은 한국식 영매라고 할 수 있는 무당 전통이 대단히 강한 나라이다. 이것은 무당의 숫자가 수십만 명에 달한다는 사실 하나만으로도 알 수 있다. 그렇다면 이 많은 무당 가운데 능력이 뛰어난 무당을 엄선해서 슈워츠가 한 실험 같은 것을 시도해 볼 수 있겠다는 생각이 드는데 아직 그런 사례를 접하지 못했다. 이것은 아마 무당을 미신시 하고 낮추어보는 사회 분위기 때문인 것 같은데 앞으로 변화가 있을 것을 고대하면서 이 장을 마친다.

5

다섯 번째 근거

환생 연구

어린아이를 대상으로 한
이안 스티븐슨의 연구를 중심으로

우리가 인간의 환생(혹은 윤회) 문제를 생각할 때 가장 먼저 떠오르는 것은 불교와 같은 동양 종교이다. 불교에는 인간이 한 생만 사는 것이 아니고 계속해서 환생한다는 믿음이 보편적으로 깔려 있다. 이것을 한국에만 국한해서 말한다면, 한국인들은 약 1,600년 전부터 불교를 믿어왔다. 그 자연스러운 결과로 한국인들은 불교로부터 많은 영향을 받았고 불교의 환생 교리에 힘입어 환생과 관련된 민담이나 신화, 혹은 속담 같은 것을 많이 만들어냈다. 이에 대한 예는 수없이 들 수 있지만 한국인의 일상 회화 속에서 나타난 것을 보면 한국인들의 의식 속에 환생에 대한 생각이 어떻게 자리 잡고 있는지를 알 수 있다. 예를 들어 '전생에 내가 무슨 죄를 지어서 이런 고생을 하나'와 같은 언사는 한국인들이 자주 쓰는 표현이다. 그런데 이런 말을 하는 한국인들치고 진짜로 인간이 환생한다고 믿는 사람은 그다지 많지 않을 것이다. 그것은 한국인들에게 환생이라는 개념은 일종의 민속적인 속설로만 받아들여져서 실제의 일상적인 가치에는 편입되지 못했기 때문이리라.

이것은 한국인들이 문화적 전승에 따라 인간의 환생을 긍정하는 언사를 하기는 하지만 이 믿음이 한국인들의 행동을 변형시키거나 규제하지는 않는다는 것을 뜻한다. 다시 말해 한국인들이 환생이라는 개념을 실제로 믿어서 그에 부응하는 행동을 하지는 않는다는 것이다. 독자들의 이해를 돕기 위해 다른 예를 들어보면, 한국인들이 즐겨 하는 일상적 표현에는 자신이 혐오하는 사람을 두고 '귀신은 뭐 하나? 저런 놈 안 잡아가고'라는 것이 있다. 한국인들은 이 표현에 아무런 거부감을 표시하지 않는다. 그러나 그렇다고 해서 그들이 일상에서 이 표현에 따라 행동하는 것은 아니다. 즉 정말로 귀신이 존재한다고 생각해 귀신을 두려워한다거나 섬기거나 하는 식으로 행동하지는 않는다는 것이다. 외려 그 반대로 한국인들은 대부분 귀신을 인정하지 않을 뿐만 아니라 인정하는 사람을 수준이 낮은 사람으로 내려 본다.

한국인이 인간의 환생 문제를 대하는 태도도 이와 같았는데 한국의 불교도들은 한술 더 떠서 인간과 동물의 벽을 허무는 일까지 하게 된다. 이게 무슨 말일까? 한국 불교도들 가운데 인간이 큰 죄를 저지르면 다음 생에 동물로 태어난다고 믿는 사람이 있는 것이 그 한 예라고 할 수 있다. 이러한 믿음은 민속적인 설화 수준에 머물러 있으면 상관없지만 이것을 객관적인 사실로 받아들이면 문제가 발생할 수 있다. 왜냐하면 인간이 인간으로 다시 태어난다는 것도 받아들이기 힘든데 사람이 동물로 태어났다가 다시 사람으로 태어난다는 것은 객관적으로 받아들이기에 너무 많이 나간 생각이기 때문이다. 이런 믿음은 불교의 '육도윤회설'에서 비롯되었겠지만 정교한 논리적인 사고의 결과가 아니기 때문에 객관적인 사실로 수용하는 데에는 무리가 있다.

이처럼 인간의 환생 문제는 지금 본 대로 민속적인 믿음과 섞이면서 학술적인 주제로부터 멀어져 갔다. 이것은 한국만 그런 것이 아니라 이러한 믿음의 본고장인 인도, 그리고 중국, 일본 등지에서도 별반 사정이 다르지 않은 것 같다. 여기에 동남아시아의 불교 국가인 태국이나 라오스 등도 포함하고 싶지만 나는 그 나라 사람들이 불교를 믿는 양태에 대해서 아는 것이

별로 없어서 그에 대해서는 언급을 피할 수밖에 없다. 이런 제반 사항을 고려해 보면 그동안 앞에서 언급한 불교 국가에서 인간의 환생 문제가 어떻게 다루어졌는가는 그 그림이 대체로 나오는 것 같다.

즉 민간에서는 지금까지 본 것처럼 인간의 환생을 민간신앙적인 개념 정도로만 받아들이고 더 이상의 행동은 취하지 않았다. 이것은 당연한 것이다. 민속적인 개념들은 사람들이 일상에서 활용하면 되는 것이지 그것을 가지고 학술적으로 규명하겠다는 식으로 움직이지는 않는다. 예를 들어보자. 한국인들은 산에 산신령이 있다고 믿어 등반 등을 할 때 고사를 지내는가 하면 새로운 건물을 지을 때 무슨 신령인지도 모르면서 신적인 존재에 대해 고사를 지낸다. 그러나 그들은 거기서 그치지 신령의 존재 여부를 밝힌다든지 정체를 밝히겠다느니 하는 지적인 행동을 하지는 않는다. 이처럼 민속 개념은 필요할 때 잠깐 생각했다가 곧 잊어버리는 한시적인 개념에 불과한 것이다.

이에 비해 지식분자들은 이 환생 개념에 대해 어떤 태도를 취했을까? 불교를 학술적으로 연구하는 승려나 학자들의 태도가 어땠느냐는 것이다. 그들의 태도는 선뜻 예상된다. 그들은 학문적 '엘리티시즘'에 빠져 인간의 환생 문제 같은 것은 민속에 불과할 뿐이고 학문의 대상은 될 수 없다고 생각한 것 같다. 그러니까 현란하고 복잡한 불교 교리의 입장에 서서 인간의 환생이라는 교리는 수준이 낮다고 생각한 것이라는 것이다. 그 결과로 생각되는데 전통적인 불교학자들의 연구에는 인간의 환생 문제를 심각하게 생각하고 깊게 파헤친 연구를 보지 못했다. 그러니까 이제 곧 보게 될 서양 학자들의 경우처럼 환생이라는 개념을 객관적으로 증명하기 위해 여러 방법으로 접근하고 사례들을 수집해 그것을 검증하는 것 같은 작업을 하지 않았다는 것이다. 물론 불교 경전에서도 환생 문제를 거론하기는 하지만 20세기에 서양 학자들이 접근한 것처럼 나름대로 과학적인 방법으로 이 문제를 접근한 경우는 본 적이 없다. 이런 상황을 염두에 두고 결론을 내리면 인간의 환생이라는 개념은 인도를 위시한 아시아 국가에서 비롯됐지만 이들 국가에서는 그동안 별다른 관심을 받지 못하고 방치되어 있었다고 할 수 있다.

20세기에 서양에서 갑자기 나타난 환생 연구

느닷없이 20세기 중엽에 서양에서 각광받은 환생론
- 에드거 케이시의 경우

인간의 환생론은 이처럼 동양에서는 2,500년 이상 사람들의 의식에 횡행하는 이론이었지만 크게 주목받지는 못했다. 그뿐만 아니라 지성이 부족한 것처럼 보이는 사람들이나 믿는 덜떨어진 민속적인 개념으로 여겨져 왔다. 그러다 이 동양의 구닥다리 같은 믿음은 20세기 중엽에 서양, 그것도 미국에서 유대-기독교적인 배경을 가진 사람들이 새롭게 조명하기 시작하면서 완전히 새로운 단계에 접어들게 된다. 그 과정에서 돌연 나타난 에드거 케이시는 독보적인 존재라고 할 수 있다.

케이시에 대해서는 내가 기회가 있을 때마다 언급했기 때문에 여기서 그것을 재론하지는 않겠다. 환생론과 관계해서 그가 중요한 이유는 그의 증언에 힘입어 동양의 이 '미신적인' 믿음이 진리적인 지위까지 올라갔기 때문이다. 그는 개인적인 초능력(?)을 활용해서 인간의 환생론이 민속적인 믿음에 불과한 것이 아니라 실제로 일어나는 일이라고 밝힘으로써 누구도 부정하기 힘든 정론의 위치에 오르게 만든다. 이 의견은 물론 환생론이나 케이시의 체험을 인정하는 사람들만 받아들일 수 있는 것이지만 케이시가 제시한 여러 근거들은 그냥 무시할 수 있는 수준이 아니었다. 그는 인간의 환생을 긍정하는 구체적이고 실증적인 사례를 많이 제시했기 때문에 환생론을 부정하는 사람들도 케이시의 주장을 무조건 반박하거나 부정하기가 힘들어졌다.

 잘 알려진 것처럼 케이시가 처음부터 환생론을 주장했던 것은 아니다. 그는 아주 독실한 개신교 신자였다. 따라서 그에게 환생론은 씨알머리조차 먹히지 않는 황당한 교리였다. 그런데 그에게는 특별한 능력이 있었다. 즉 자가 최면에 들어간 그에게 환자의 이름을 대면 그 환자가 걸린 병의 원인을 알아내고 그것을 치유할 수 있는 약까지 알아내는 능력이 있었던 것이다. 그는 의학적인 교육을 전혀 받지 않았지만 최면 상태에서는 매우 전문적인 의학 용어를 구사했다고 알려져 있다. 그런데 최면에서 깨어난 뒤에는 자신이 한 말을 전혀 기억하지 못했다. 그의 능력이 여기서 그치는 게 아니다. 만일 그 약이 희귀한 것이라 환자가 쉽게 구할 수 없으면 그 약이 미국의 어느 약국에 있는지도 자가 최면으로 알아냈다. 이와 관련해 많은 재미있는 이야기가 있지만 갈 길이 머니 이 정도만 소개하기로 한다.

이렇게 사람들을 치유하는 과정에 그는 그만 인간이 환생한다는 '오래된 새로운' 진리에 새삼스럽게 눈을 뜬다. 환생이라는 개념은 앞에서 본 것처럼 매우 오래된 신념이지만 그에게는 새로운 것이니 '오래된 새로운 진리'라는 표현을 써 본 것이다. 케이시가 이 진리에 눈을 뜨게 된 배경은, 그가 사람을 고치던 중 인간이 겪는 병 중에 일부는 당사자가 도덕적으로 문제 있는 행동을 했을 때 발생한다는 것을 알게 된 데에서 찾을 수 있다. 그런데 문제는 이번 생뿐만 아니라 전생에 행한 나쁜 짓 때문에 이번 생에 피할 수 없는 병을 앓게 된다는 것을 발견한 데에 있었다. 따라서 케이시는 이 병을 고치려면 전생에 저지른 악행을 참회하지 않으면 안 된다는 결론에 도달하게 되었다. 케이시는 환자들의 생을 '리뷰'하다가 뜻하지 않게 이 같은 발견을 하게 된 것이다.

이 발견에 케이시는 크게 충격받는다. 자신이 평생을 개신교인으로 살면서 한 번도 생각해 보지 못한 환생론, 즉 윤회론이라는 지극히 동양 종교적인 교리를 만났으니 그럴 수밖에 없었을 것이다. 그런데 이 환생론을 무시해 버리기에는 그가 최면에서 본, 내담자들의 행위가 인과론적으로 전개되는 양상이 너무도 생생했다. 그가 보기에 사람이 전생 언젠가 윤리적으로 나쁜 짓을 했으면 후생에 그에 대한 과보를 받는 것은 너무도 확실했다. 따라서 그는 이 환생론을 그저 망상이라고 치부할 수 없었다. 게다가 그가 최면에서 발견한 대로 내담자에게 전생에 행한 악행을 참회하게 하면 그 악행으로 인해 생겼던 병이 치유되는 것을 목도했다. 그러니 그는 더 환생론을 무시할 수 없었다.

그런데 자신이 금과옥조처럼 신봉하는 기독교에서는 환생을 인정하지 않았다. 사정이 이러하니 그는 환생론과 기독교 사이에 끼여 이러지도 저러지도 못하고 있었다. 자신이 발견한 환생론을 포기할 수 없지만 그렇다고 기독교를 버릴 수도 없는 일이었다. 이에 그는 성서를 다시 읽어보기로 했다. 구약의 첫 장인 '창세기'부터 신약의 마지막 장인 '요한계시록'까지 다 읽어본 다음 그는 무릎을 쳤다. 그가 다시 읽은 성서에는 인간이 환생한다고 명시적으로 적혀 있지는 않았지만 그렇다고 인간은 환생하지 않는다고 못 박아 이야기한 곳도 없었기 때문이다. 그러니까 성서가 환생론을 대놓고 긍정하지는 않았지만 그렇다고 환생론이 거짓이라고도 하지 않았으니 환생론을 받아들여도 문제없다고 생각한 것이다. 이것을 발견하고 그는 뛸

듯이 기뻤고 그 뒤부터는 환생론을 공공연하게 주장하고 다녔다. 이 과정을 이렇게 단순하게 묘사하고 있지만 그로서는 피 말리는 과정이었을 것이다.

케이시는 이처럼 환생론에 입각해서 수많은 사람들의 전생을 리딩했다. 그리고 그 결과를 자신이 1931년에 설립한 연구소(Association for Research and Enlightenment)에 차곡차곡 보관했는데 그가 죽은 다음에 그곳에 보관된 사례를 보니 2만 개를 훌쩍 뛰어넘는 엄청난 숫자가 되었다(물론 여기에 환생과 관련된 사례만 있는 것은 아니다). 전 인류 역사에서 케이시처럼 이렇게 많은 사람의 전생을 리딩하고 그것을 자료로 보관한 사람은 없을 것이다. 그것도 수십, 수백 건에 그치는 게 아니라 수천, 수만 건이 되니 대단하다는 것이다(케이시 이후에도 이 같은 일을 한 사람이 있었지만 이렇게 방대한 자료를 수집한 사람은 없다). 여기에는 물론 잘못 리딩한 사례도 있을 수 있지만 이 같은 자료가 있다는 것 자체가 큰 행운이 아닐 수 없다. 인간의 환생을 연구하는 데에 이보다 더 좋은 자료가 없기 때문이다.

그런데 거기에서 그쳤으면 케이시의 자료가 빛을 발하지 못했을 것이다. 왜냐하면 우리에게는 이 방대한 케이시의 사례를 접할 수 있는 기회가 제공되지 않았기 때문이다. 그런데 다행히 지나 서미나라(Gina Cerminara) 같은 학자가 이 원자료들을 검토하고 분석해서 귀중한 연구서를 내주었다. 이 덕분에 우리는 케이시의 사례에 어떤 것이 있었는지 알 수 있었고 그것이 어떤 의미를 갖는지 알게 되었다. 이 사람의 책은 국내에도 번역되었으니 누구든지 참고할 수 있다. 나도 카르마 법칙을 공부하고 그 결과를 책으로 출간하는 과정에서 서미나라가 쓴 책에서 큰 도움을 받았다. 그냥 큰 도움이 아니라 가장 큰 도움을 받았던 것 같다. 만일 그가 케이시가 리딩한 자료를 연구하고 분석해서 책을 내지 않았다면 우리가 케이시의 사례를 접하는 데에 큰 어려움을 겪었을 것이다. 그뿐만 아니라 그는 이 사례들을 나름대로 분류하고 체계를 세워서 그 안에 흐르고 있는 카르마 법칙을 이해할 수 있게 귀중한 통찰력을 선사했다. 그런 면에서 나는 그의 책을 높이 평가한다.

그럼에도 불구하고 케이시가 제시한 사례들은 그것을 진실로 여기기에는 분명한 한계가 있었다. 그의 사례들을 검증할 수 없다는 것이 그것이다. 이것은 잠깐만 생각해 보면 알 수 있는데 독자들의 이해를 돕기 위해 예를 들어보자. 케이시의 사례에는 어떤 사람이 현재 육신에 큰 병이 들어온 것이 그가 중세 때 마녀재판을 하면서 수많은 죄 없는 여성을 죽인 과보라는 리딩이 있다. 이것은 듣기에는 그럴듯하지만 여러 의문이 드는 것을 피할 길이 없다. 우선 그가 정말로 중세에 살았는지부터가 알 수 없고 더 나아가서 그때 재판관이 되어 진짜로 여성들을 죽였는지를 알 수 있는 방법이 없다. 이것은 당연한 것이다. 그 사람은 그저 보통 사람이라 그에 대한 역사적 기록이 있을 수 없기 때문이다. 따라서 우리는 그가 한 일을 검증할 수 있는 방법이 없다.

이처럼 사례들을 검증할 수 없다는 약점은 이른바 전생 리딩을 한다는 사람들이 모두 갖고 있는 것이다. 따라서 그들의 연구를 활용할 때 매우 조심해야 한다. 그럼에도 불구하고 내가 케이시를 비롯한 전생 연구가들의 사례를 활용하는 것은 그들이 이야기하는 것이 기존에 불교에서 말하는 삼세인과론과 통하는 바가 있기 때문이다. 다시 말해 불교에서 기왕에 주장했던 카르마 법칙의 실상이 전생 연구가들이 든 사례에서 구체적으로 드러나고 있다는 것이다. 그런데 양자에는 차이가 보인다. 불교 경전에서는 이 법칙에 대해 다소 두루뭉술하게 설명되고 있는 반면 이들이 제시하는 사례에서는 구체적이고 세세하게 그 법칙의 실상이 드러나고 있다. 따라서 나는 이들의 연구를 참고하지 않을 수 없었다.

비근한 예를 들어보자. 가장 흔한 예가 공포증, 즉 포비아다. 어떤 사람이 물에 대해 설명할 수 없는 큰 공포증을 갖고 있다고 하자. 그는 수영장에도 들어가지 못할 정도로 물을 무서워했는데 케이시가 전생을 리딩해보니 어떤 생인지 모르지만 그가 어부로 산 적이 있었단다. 그런데 어느 날 여느 때처럼 고기 잡으러 나갔다가 태풍에 휩쓸려 물에 빠져 죽고 말았다. 그때 빠져 죽으면서 물에 대한 공포증이 생겨 현생에까지 이어졌다는 것인데 이런 경우는 쉽게 치유되는 모양이다. 그저 그 현실을 직시하게 해주면 자동으로 고쳐진다고 하는데 문제는 이런 간단한 예가 기존의 불경에서는 발견되지 않는다는 것이다. 앞에서 말한 대로 불경에서는 카르마 법칙에 대해 두루뭉술하게만 이야기할 뿐 케이시의 사례처럼 명확하게 카르마적 인과관계를 밝히지 않는다. 그리고 더 나아가서 그 카르마를 극복하는 방법, 즉 질병을 치료하는 방법까지 거론한 사례는 찾기 힘들다. 그런가 하면 케이시(그리고 다른 전생 연구가들)의 사례에는 동시대적이고 일상적인 사례가 많아 우리의 연구를 흥미롭게 해준다.

환생을 옹호한 대표적인 서양 의사 - 브라이언 와이스

원래 나는 에드거 케이시를 소개하고 웬만하면 이번 장의 주인공인 스티븐슨 교수의 연구를 본격적으로 거론하려고 했다. 그런데 한 사람을 더 소개하지 않으면 뒤가 켕길 것 같아 이 사람에 대해 잠깐이라도 보고 갔으면 한다. 이 사람은 브라이언 와이스(Brian Weiss, 1944~)로 정신과 의사인데 콜롬비아 대학이나 예일 대학 같은 명문 대학에서 수학한 정통파 의사이다. 이런 배경을 가진 의사라면 환생론 같은 동양 종교의 교리에 대해 관심이 없을 텐데 난데없이 환생론을 옹호하고 나서니 한 번 소개했으면 하는 것이다.

와이스도 초기에는 서양의 (정신과) 의사답게 인간의 환생론에 대해서는 일말의 관심도 두지 않았다. 서양 의학의 주류는 서양의 지식분자들이 그런 것처럼 환생 같은 교리는 아무 근거가 없는 동양의 몽환적인 교리에 불과하고 따라서 그것을 믿는 사람들은 덜떨어진 부류의 사람에 속한다고 믿어 왔다. 그렇게 계속 살았으면 그는 평범한 정신과 의사로 일생을 마쳤을 것이고 전 세계적으로 주목받는 일도 일어나지 않았을 것이다. 그런데 캐서린이라는 젊은 여성 환자가 그의 앞에 나타나면서 그의 일생은 대변혁을 맞이하게 된다.

캐서린은 공포증에 시달리는 전형적인 정신과 환자라 치료를 받기 위해 와이스를 찾아왔다. 그녀가 두려워하는 대상은 여러 가지였다. 물이나 어둠, 죽음 등이 그 대상이었는데 처음에는 별 차도를 보이지 않았다고 한다. 그도 그럴 것이, 나중에 밝혀졌지만 그녀가 보인 증상은 대부분 전생과 연관되어 있었기 때문이다. 이럴 경우는 정신과 의사가 하듯이 가벼운 상담과 약 처방으로는 완치가 어렵다. 와이스는 정통의 정신과적 방법으로 그녀를 1년 6개월 동안 치료했는데 병이 호전되지 않자, 최후 수단으로 최면법을 쓰기로 했다. 이 최면법은 정신의학에서 공식적으로 인정한 요법이라 정신과 의사는 누구든 활용할 수 있다. 그런데 내가 알기로 정신과 치료에서 최면을 적극적으로 활용하는 의사는 별로 없는 것 같다. 이런 사정이 있어 와이스도 오랜 세월이 지난 다음에야 마지막 방법으로 최면법을 도입한 것 같다.

그렇게 해서 와이스는 최면 요법을 시작했는데 그만 두 번째로 최면하던 날 충격적인 사건이 터진다. 캐서린이 최면 중에 느닷없이 기원전 19세기에 이집트에서 살았다고 주장했기 때문이다. 그러면서 그녀는 당시 자신이 입고 있던 옷이나 같이 살았다는 사람들의 이름, 주위 환경에 대해서 실토했다. 그리고 당시 큰 홍수가 나서 딸과 함께 익사했다고 밝혔다. 와이스는 그녀의 물 공포증은 이때 생겼을 가능성이 크다고 진단했다. 그녀는 그 외에도 최근에는 제2차 세계대전 때 독일군 조종사로 살다가 죽었다는 등 최면을 통해서 그녀가 겪은 수십 번의 환생에 대해서 밝혔다. 그러나 당시 와이스는 이 같은 캐서린의 증언이 인간의 환생을 증명하는 것은 아니라는 조심스러운 태도를 취했다. 이유는 앞에서 많이 밝힌 대로 검증할 방법이 없기 때문이다. 캐서린이 말한 수많은 그녀의 전생이 진실인지 아닌지를 밝힐 방법이 없다는 것이다. 그러다 그가 환생론을 받아들이게 된 결정적인 사건이 터진다.

그날도 캐서린을 최면했는데 그 상태에서 갑자기 고인이 된 와이스의 아들과 아버지의 영혼이 나타났다. 그러니까 이 두 영혼이 와서 캐서린을 통해 와이스에게 말을 건 것이다. 우리가 평상 의식 상태에서는 영혼과 통할 수 없지만 캐서린처럼 최면으로 무의식 상태가 되면 영혼과 소통할 수 있게 되어 이런 일이 발생한 것이다. 그때 캐서린은 와이스의 가족만 아는 비밀을 전한다. 예를 들어 와이스의 아들은 태어난 지 20여 일 만에 유례가 별로 없는 희귀병으로 죽게 되는데 캐서린이 이 사실과 함께 그 병의 이름까지 발설한 것이다. 물론 이 정보는 와이스의 아들 영혼으로부터 들은 것이다. 그 외에도 캐서린은 와이스의 가족만이 알고 있는 정보를 와이스에게 전했는데 이것을 통해 와이스는 아들과 아버지의 영혼이 분명히 존재하고 캐서린과 소통했다는 것을 인정하게 된다. 그 결과 와이스는 인간은 환생한다는 사실을 받아들이고 이 주제에 대해 본격적으로 연구하게 된다.

이 작업을 위해 와이스는 전에는 거들떠보지도 않던 환생과 카르마에 대한 책을 읽기 시작했고 캐서린에 대한 최면도 계속 이어갔다. 그러는 과정에서 그는 자신이 행한 모든 것을 종합해서 책을 출간하게 되는데 이 책이 바로 『Many Lives, Many Masters』(1988)라는 책이다. 이 책은 나오자마자 베스트셀러가 되는데 이 책이 얼마나 많은 인기를 누리고 있는가는 아마존 사이트에 올라온 독자 리뷰의 개수를 보면 된다. 물론 책이 나온 지 근 40년이 되어 그런 것도 있겠지만 이 글을 쓰는 2025년 4월 현재 리뷰가 2만 2천 개가 넘는다. 그리고 수십 년 전에 출간되었지만 여전히 잘 팔리고 있고 평점도 5점 만점에 4.7점이니 매우 좋은 평가를 받고 있다. 이런 평가를 통해 이 책의 내용, 즉 인간이 환생하고 각각의 생에는 카르마 법칙이 작동하고 있다는 내용이 미국인들 사이에서 선선히 받아들여지고 있다는 것을 알 수 있었다.

이 책의 한국어 번역본을 보면 제목이 '나는 환생을 믿지 않았다'(김영사, 2019)라고 되어 있는데 이 제목은 와이스의 의도를 제대로 읽지 못한 것 같다(물론 출판사가 제목의 원 뜻은 알고 있었지만 책 판매를 위해서 좀 더 대중적인 제목으로 바꾸었을 가능성이 있다). 원래의 제목에서 'many lives'는 문제가 될 게 없다. 이것은 우리가 수많은 생을 살고 있다는, 즉 끊임없이 환생한다는 메시지를 담고 있기 때문이다. 문제는 그다음에 나오는 'many masters'이다. 여기서 말하는 master는 번역하기가 힘들어서 그냥 '마스터'라고 부른다. 이들은 한마디로 하면 큰 스승과 같은 영혼으로 영계에 상주하면서 그곳에 들어온 영혼들을 돕고 있다고 한다. 이들의 특징은 더 이상 지상에 환생하지 않아도 된다는 것이다. 그들도 한 때는 지상에서 살았는데 지상에서의 카르마를 해소하고, 다시 말해 지상에서 배울 것을 다 배웠기 때문에 다시 지상으로 내려오지 않는 것이다. 다른 표현으로 하면 이 지구라는 학교에서 모든 과정을 성공리에 마치고 졸업했다고도 할 수 있겠다. 불교에는 이런 영혼을 부르는 '아나함'이라는 호칭이 있는데 한자로 번역하면 '불환(不還)' 즉 돌아오지 않는다는 것을 뜻한다. 이런 사람은 지구로 환생할 필요 없는 매우 진화된 영이다.

이 마스터 영들이 하는 일은 지구에서 오는 영들을 맞이하여 영계에서 생활을 잘할 수 있게 돕는 것이라고 한다. 이 영들은 특히 환생할 때 어떤 환경에서 태어나는 것이 해당 영혼에게 가장 유리할지에 대해 구체적으로 알려준다고 한다. 다음 생에 어느 부모 밑에서 태어나고 어떤 가족 관계를 유지할 것이며 그 생에서 어떤 일을 하고 어떤 사건을 겪는 것이 가장 좋을지 등에 대해 알려주면서 그 생을 전체적으로 디자인해 준다고 한다. 이들이 이 일을 할 때 잣대로 삼는 것이 바로 카르마 법칙이다. 카르마 법칙에 따라 당사자가 영적으로 성장하려면 어떤 환경에서 어떤 일을 겪으면서 살아가는 것이 가장 유리한지를 판단하고 그것을 당사자에게 알려주는 것이다.

　와이스가 저서의 제목에 마스터를 넣은 것은 사실 이 책의 주인공이 자신도, 캐서린도 아닌 마스터라고 생각했기 때문이었을 것이다. 캐서린을 와이스에게 보낸 것도 아마 마스터의 기획이었을 것이다. 캐서린과 와이스는 여러 생 전부터 인연이 있었기 때문에 둘이 만나는 것은 자연스러운 일이었다. 그래서 일차적인 목적은 캐서린의 병을 고치기 위한 것이었지만 그렇게 통로가 생기면 마스터들은 그들이 와이스에게 전하고 싶은 것을 캐서린을 통해 전하려고 했던 것 같다. 다시 말해 마스터들은 그들이 알고 있는 고급의 지혜를 세상에 알리고 싶어 이 같은 일을 행한 것으로 보인다. 예를 들어 인간은 끝없이 환생하면서 배우고 있고 우리가 영적으로 성장하려면 카르마 법칙의 진수를 잘 이해해야 하는 등등의 고급 지식을 와이스에게 전한 것이다. 마스터들이 이 같은 지혜의 전수자로 와이스 같은 고급 지식분자를 잡은 것은 와이스 정도가 되어야 사회에 큰 영향을 줄 수 있을 것이라고 생각한 때문이었을 것이다(아니면 와이스가 태어나기 전에 이미 이런 일을 도모하자고 약속했을 수도 있다).

그들의 예측은 적중해서 와이스의 책은 앞에서 본 대로 베스트셀러가 되었을 뿐만 아니라 그에 그치지 않고 근 40년 동안 팔리면서 많은 선한 영향력을 발휘했다. 보통 베스트셀러는 한 번 반짝하고 스러지는 경우가 많은데 와이스의 책은 약 40년 동안 꾸준하게 팔렸으니 그 영향력을 알 만하지 않겠는가? 또 여러 언어로 번역되어 미국뿐만 아니라 전 세계 독자들이 그의 책을 읽고 감동을 받았다. 그런 면에서 이 마스터들의 기획은 크게 성공한 것이라고 볼 수 있다.

와이스는 자신(그리고 마스터)이 전하고 싶은 메시지는 아주 간단하다고 주장한다. 즉 우리는 이번 한 생만 살고 스러지는 존재가 아니고 불멸하는 존재이다. 그리고 우리는 신(혹은 절대 진리)에 가까이 가기 위해 지혜를 닦아야 하는데 이 목적을 달성하기 위해 한 생으로는 부족하고 여러 번 환생하면서 지속적으로 지혜를 구해야 한다는 것이다. 그리고 그가 명시하지는 않았지만 환생의 횟수를 줄여서 가능한 한 빨리 지구학교를 졸업하는 게 우리의 일차적인 목표라는 것도 여기에 포함시킬 수 있겠다.

인간의 환생을 처음으로 학술적으로 연구한 이안 스티븐슨

인간의 환생 연구에서 독보적인 이안 스티븐슨 교수

이제 이 장의 본론으로 들어왔는데 인간의 환생론에 대해 말할 때 절대로 빠질 수 없는 사람이 이안 스티븐슨 교수(1918~2007)이다. 스티븐슨은 이 분야에서 단연 독보적이다. 그는 인간의 환생이라는 주제를 세계 최초로 '과학적인' 방법론에 기초해서 연구했기 때문이다. 이때 말하는 과학적이란 어떤 사례를 증명까지는 아니더라도 검증이 가능하게 접근했다는 것을 뜻한다.

앞에서 말한 것처럼 인간의 환생에 대해서는 예로부터 힌두교나 불교를 비롯해 각기 다른 문화권에서 수많은 사람들이 발설했다. 저마다 전생이 어떻고 카르마 법칙이 어떻고 하면서 인간의 환생을 옹호하는 발언을 많이 했다. 나는 그 대표적인 예로 앞에서 에드거 케이시와 브라이언 와이스를 들었다. 그런데 그들의 설명은 매력적이고 흥미로우며 모두 그럴듯하게 들리지만 결정적으로 검증할 수 없다는 것이 큰 약점이라고 했다. 이들이 제시한 사례뿐만 아니라 지금까지 있었던 환생에 관한 주장은 대부분 검증할 수 없다는 단점을 지니고 있었다. 그런데 스티븐슨은, 아마도 인류 역사 최초일 것으로 생각되는데 인간의 환생 문제를 검증할 수 있는 자신만의 독창적인 접근법을 고안해 냈다. 그래서 대단하다는 것인데 그가 어떤 식으로 자신이 발굴한 사례를 검증했는가는 뒤에서 설명할 것이다.

게다가 스티븐슨은 환생이라는 한 주제만 가지고 40년 이상을 연구했다. 전 인류 역사에서 이 주제를 이렇게 오래 연구해서 방대한 연구 업적을 남긴 사람은 없다. 그런데 이 환생이라는 주제는 과학을 중시하는 서구 사회에서는 결코 환영받을 만한 주제가 아니다. 그래서 그의 연구는 많은 과학자들에 의해 무시되었다. 그가 죽었을 때 뉴욕타임스에 실린 그의 부고 등을 보면 그에 대한 평가가 엇갈리는 것을 알 수 있다.

그의 평가 중에 가장 재미있는 것은 그를 두고 '엄청난 실수를 한 사람이거나 20세기의 갈릴레오다'라고 표현한 것이다. 여기서 그를 갈릴레오에 비유하는 것이 재미있다. 그가 하는 환생 연구가 만일 진실로 밝혀진다면 갈릴레오의 발견에 버금가는 것이라고 하니 말이다. 이것은 대단한 찬사가 아닐 수 없다. 그러나 학계에는 그에 대한 찬사만 있는 것은 아니다. 앞에서 인용한 그의 부고에 따르면 어떤 학자는 그를 두고 '진지하지만 속기 쉬운 사람'이라고 깎아내렸다. 아울러 스티븐슨은 자기가 보고 싶은 것만 보는 확증 편향에 빠졌고 잘 통제된 상태에서 실험한 것이 아니라 일화에 불과한 것을 근거로 삼았다고 비판했다. 이런 비판은 충분히 예상할 수 있는 것이다. 과학만능주의에 빠진 이들은 환생 같은 주제가 나오면 경기를 일으킬 정도로 무시하거나 비방하는 태도를 보이기 때문이다.

그러나 이 같은 태도는 바람직하다고 할 수 없다. 왜냐하면 어떤 최고의 지식분자가 한 주제를 가지고 40년 이상을 연구했다면 거기에는 분명 취할 수 있는 무엇인가 있다고 생각하는 게 온당하기 때문이다. 그렇지 않고 스티븐슨이 연구한 모든 것을 부정하는 것은 실로 무식한 처사라고 할 수 있다. 그러나 스티븐슨을 옹호하는 사람들의 세계로 오면 상황이 완전히 달라진다. 인간의 영혼이나 환생, 카르마 법칙을 진지하게 연구하는 사람들에게 스티븐슨의 연구는 얼마나 귀중한 자산인지 모른다. 그가 이 같은 주제에 단단한 토대를 만들어주었기 때문에 후학들은 그의 연구를 바탕으로 자신의 연구를 업그레이드할 수 있었다. 그들은 스티븐슨의 연구를 확실하게 인정했기 때문에 이런 일이 가능한 것이다.

내가 지금까지 발견한 스티븐슨에 대한 평가 가운데 의사인 래리 도시가 내린 평가가 가장 훌륭한 것 같다. 생생함을 살리기 위해 그의 말을 직접 들어 보자. 도시는 『원마인드(One Mind)』라는 명저를 써서 인간 의식 연구에 큰 족적을 남긴 사람이다. 그에 따르면 "이 분야에서 그처럼 철저하고 집요하게 세부적인 내용을 파헤친 사람은 아무도 없었다. 스티븐슨은 미얀마의 뒷골목과 인도의 산골 마을에서 세계의 가장 큰 도시에 이르기까지 지구를 샅샅이 훑었다. 수십 년 동안 남극대륙을 제외한 모든 대륙을 이 잡듯 뒤지면서 그는 항상 같은 원석을 캐고 다녔다."(『원마인드』, 2016, p.200) 이 같은 도시의 평가는 독자 여러분이 뒤에 나오는 내용을 읽어보면 충분히 공감할 수 있을 것이다.

스티븐슨의 연구에서 영감을 얻어서 자신의 연구를 진일보시킨 연구자가 많은데 그 예를 다 들 수는 없고 두 사람만 들어보자. 월터 셈키우라는 사람은 정신과 의사인데 독특하게도 유명인을 중심으로 그들의 전생이 어떤 사람이었는가를 밝히는 작업을 했다. 그는 원래 의학자답게 환생과 같은 주제에 대해 전혀 관심이 없었는데 우연한 기회에 자신이 전생에 미국 건국 초기에 유명한 정치가였다는 것을 발견하고 이 연구에 몰입한다. 그래서 집필한 책 가운데 하나가 『Born Again: Reincarnation Cases Involving Evidence of Past Lives, with Xenoglossy Cases Researched by Ian Stevenson, MD』(2018)이다. 이 책에서 그는 매우 재미있는 주장을 했는데 그것은 사람이 전생에 지녔던 외모나 성격, 취향이 이번 생에도 그대로 연장된다는 것이었다. 특히 외모가 전현생을 관통하면서 닮게 된다는 주장은 매우 흥미로웠다. 이것을 보여주기 위해 셈키우는 전생과 현생의 사진을 동시에 보여주면서 비교했는데 그의 주장에는 이야기할 거리가 많지만 이 자리는 그럴 여유가 없으니 여기서 그친다. 여기서 내가 강조하고 싶은 것은 셈키우가 이런 연구를 할 수 있었던 것은 전적으로 스티븐슨의 연구가 있었기 때문이라는 것이다. 전현생에 나타난 외모와 성향이 비슷하다는 주장은 스티븐슨이 진작에 했던 것이었고 셈키우는 그것을 받아 응용한 것이다.

이와 더불어 또 소개했으면 하는 사람은 캐럴 바우먼이라는 주부이다. 이 사람은 『Children's Past Lives: How Past Life Memories Affect Your Child』(1998)라는 책을 써서 유명해졌는데 그도 스티븐슨의 책을 읽고 개명해 인간의 환생에 대해 연구하기 시작했다. 바우먼이 특이한 것은 스티븐슨의 이론을 바탕으로 실제로 아이들을 치유했기 때문이다. 그녀는 자신의 아들이 신체적으로, 또 정신적으로 문제가 있다는 것을 알고 있었지만 그것을 고칠 방법을 찾지 못했다. 그러다 그것이 전생의 사건과 관계된다는 것을 깨닫고 아들의 병을 고치게 된다. 그러면서 주위에 있는 어린이들에게 눈을 돌리기 시작했고 많은 어린이들이 전생의 기억 때문에 고생하고 있는 것을 발견한다. 그는 거기서 그치지 않고 자신이 터득한 최면 기술을 활용하여 그들을 고쳐주었는데 그 과정을 적은 것이 바로 이 책이다.

이안 스티븐슨은 누구?

이제 이안 스티븐슨 본인에 대해 볼 차례가 되었다. 그는 미국 사람이 아니라 캐나다 사람이다. 캐나다 몬트리올에서 태어났고 의학은 캐나다의 명문 대학인 맥길대학에서 수학했다. 그는 학교 졸업 후 생화학을 주로 연구했는데 건강 문제 때문에 미국으로 이주했고 1949년에는 미국 시민권을 받는다. 그의 교육 과정을 보면 꽤 복잡한데 그것을 다 알 필요는 없다. 중요한 것은 그가 1957년부터 버지니아 대학의 정신의학과에 근무하면서 인간의 환생에 대해 본격적으로 연구를 시작했다는 것이다(그리고 그는 생을 이 대학 교수로 마치게 된다).

그가 의학 중에 정신의학을 전공하게 된 것은 생화학자들이 인간의 정신 작용을 화학적인 반응으로 환원시키는 데에 대한 반발이었다고 한다. 그가 당시 가장 궁금해했던 것은 왜 개인들이 여러 면에서 차이가 크게 날까에 대한 것이었다. 사람들은 육체적 혹은 성격적으로 다른 특징을 보이는데 이런 다름이 왜 생기는지 궁금했던 것이다. 또 그는 사람들이 같은 자극에 대해서 왜 다른 반응을 보이는지에 대해서도 관심이 많았다. 예를 들어 같은 스트레스를 받아도 어떤 사람은 천식이 걸리는가 하면 어떤 사람은 고혈압이 걸리는 것을 보고 이런 차이가 어디서 비롯되는지 궁금했던 것이다. 물론 대부분의 경우는 유전자 이론이나 환경 영향론으로 설명이 된다. 사람마다 유전자가 다르고 자라 나온 환경이 다르기 때문에 개인적인 차이가 난다는 것이다. 그런데 그런 것으로 설명이 잘 안되는 것이 있다. 그 대표적인 예로 포비아, 즉 공포증을 들 수 있다. 예를 들어 어떤 사람이 뱀을 소스라치게 무서워한다. 그런데 이 사람은 계속해서 도시에서 살았기 때문에 뱀을 직접 본 적이 없다. 그러니 뱀을 두렵게 생각할 수 있는 여건이 전혀 없었다. 그런데도 이 사람은 뱀 이야기가 나오면 자동으로 치를 떨었다. 스티븐슨은 이런 경우는 유전이나 환경으로 설명할 수 없다고 생각했다.

이때 그는 환생이라는 주제에 관심을 돌린다. 앞에서 말한 두 개념으로 설명할 수 없는 것을 설명하기 위해서는 환생론이 적격이라는 것이다. 그렇다고는 하지만 서양의 정신의학자인 그가 환생론에 대해 관심을 갖고 연구한 것은 대단히 이례적인 일이다. 아니, 이런 일은 거의 일어나지 않는다. 앞에서 말한 대로 서양에서는 이 환생론이 미신처럼 취급되었기 때문이다. 게다가 스티븐슨이 속한 백인의 주류 사회에서는 이러한 경향이 더욱이 강해 환생론이 설 자리가 아예 없었다. 그런데도 그렇게 배척된 이론을 백인인 스티븐슨이 필생의 연구 주제로 삼았으니 기이한 일이라고 할 수 있다. 그가 이렇게 된 것은 그의 성장 배경이 남달랐기 때문일 것이다. 그의 성장 배경은 인터넷에도 나와 있어 쉽게 접할 수 있지만 사람들은 그 의미를 잘 모르는 것 같다.

스티븐슨이 환생과 같은 매우 동양적인 주제에 관심을 갖게 된 것은 그의 모친인 루스(Ruth)의 영향이 아닐까 한다. 루스는 당시 서양에서 선풍적인 인기를 끌고 있던 신지학회(Theosophy)에 푹 빠져 있었다고 한다. 신지학회라는 단체는 거칠게 표현하면 기독교와 인도 종교를 합하여 종교 통일을 꾀한 단체인데 이 단체에서는 인도 종교가 말하는 환생 이론을 기본 교리로 가르치고 있었다. 조금 더 구체적으로 말하면 이 단체의 교리는 백인들에게 생소한 인도 종교의 교리를 그들이 받아들이기 쉽게 바꾼 것이라 할 수 있다. 그런 교리 가운데 인간의 환생과 같은 개념은 백인들에게 매우 신선했을 것이다. 스티븐슨은 이런 가르침에 빠진 모친 때문에 환생이라는 개념을 어려서부터 접하고 또 더 나아가서 많은 지식을 갖게 되었을 것이다.

그다음 요인으로는 그가 세계적인 문호인 올더스 헉슬리

(1894~1963)와 가진 친분을 들 수 있다. 그는 헉슬리와 같이 LSD와 같은 환각제를 직접 체험하면서 인간 의식의 정체에 대해 깊은 관심을 보인 것으로 알려져 있다. 따라서 그는 의식의 생성이나 존속, 소멸 등에 대해 관심이 있었을 것으로 추측된다. 서양의 정신과 의사 중에 스티븐슨처럼 환각제를 직접 체험하고 연구한 사람은 소수이다. 그는 이처럼 동양 종교에 대해서도 개방되어 있었고 환각제 체험을 통해 의식의 깊은 면도 체험했을 것이기 때문에 그가 환생론에 대해 관심을 갖게 된 것은 그다지 부자연스러운 일로 보이지 않는다.

스티븐슨은 왜 어린아이를 주된 연구 대상으로 삼았을까

이런 배경하에 스티븐슨은 인간의 환생에 관해 연구하기 시작했는데 그가 연구의 주된 대상으로 삼은 것은 특이하게 어린아이였다. 이 점은 다른 연구자들에게서는 발견되지 않는 그만의 독특한 경향으로 그는 이 같은 연구 방법으로 이 분야에서 독보적인 위치를 차지한다.

그는 과학도답게 자신의 주제를 학술적인 방법으로 접근하고자 했다. 이때 말하는 학술적인 접근은 우선 객관적인 접근을 말하는데 특히 인간의 조작을 배제하는 것을 최우선으로 삼았다. 인간이 연구 과정을 자의적으로 조작하면 그 연구 결과를 믿을 수 없기 때문이다. 그다음으로 중요한 것은, 어떤 주장이든 그것이 검증되지 않으면 학술적인 주장이라고 할 수 없다는 것이다. 이것은 당연한 이야기이지만 우리의 주제인 환생 같은 개념은 도무지 검증하는 일이 불가능한 것처럼 보인다. 이 점은 앞에서 누누이 이야기하던 것이다. 지금까지 연구자들이 인간의 환생을 연구할 때 가장 많이 썼던 방법은 앞에서 본 것처럼 에드거 케이시나 브라이언 와이스 등이 행한 (역행) 최면이다.

스티븐슨이 최면에 대해서 어떻게 생각했는지는 잘 알려져 있지 않지만 그는 자신의 연구방법으로 최면을 택할 생각이 없었다. 그가 최면을 거절한 데에는 두 가지 요인이 있었던 것 같다. 우선 최면은 관계자들이 얼마든지 조작할 수 있기 때문이다. 예를 들어 피최면자는 자신의 기억을 조작해서 발설할 수 있고 최면사는 피최면자를 조정(control)할 수 있기 때문에 그 결과가 조작될 수 있는 가능성이 언제든지 있다. 그런데 더 큰 문제는 최면으로 나온 결과를 검증할 수 없다는 데에 있다. 이 점은 앞에서 누누이 밝혔다. 예를 들어 어떤 사람이 최면 중에 자기는 18세기에 조선에서 종으로 살았다고 주장한다면 이것을 어떻게 검증할 수 있겠는가? 이 종에 대한 기록은 찾을 방도가 없으니 검증이 불가능한 것이다. 혹여 종이 아니라 양반으로 살았다면 그래도 기록이 조금이라도 남아 있을 가능성이 있다. 그러나 종이라면 사정이 완전히 달라진다. 종에 대해서는 그 족적을 찾는 일이 거의 불가능하기 때문이다.

이런 생각을 가지고 스티븐슨은 인간이 환생한다는 것을 증명(?)하기 위해 적절한 연구 대상을 찾았는데 그때 그의 레이더에 들어 온 것이 바로 전생을 기억한다는 아이들이었다. 그는 인도나 미얀마 등과 같은 힌두교나 불교를 믿는 국가의 어린이들이 말문이 터질 때 전생 이야기를 하는 시례가 있다는 정보를 접했을 것이다. 이 이야기를 듣고 그는 이 아이들이야말로 자신에게 적합한 연구 대상이라는 확신을 가졌을 것이다. 그가 이렇게 생각한 이유는 우선 이 아이들은 자신의 기억을 조작할 가능성이 없기 때문이다. 이들은 말문이 터지자마자 자신의 전생에 대해 이야기한 것이니 다른 요인에 의해 영향받을 일이 없는 것이다. 어른들의 경우에는 관련된 책이나 신문을 읽든지 방송 등을 접하면서 그 영향으로 얼마든지 자신의 기억을 조작할 수 있다. 그래서 자신이 경험하지 않은 것도 체험했다고 말할 수 있고 진짜로 경험한 것을 기억하지 못할 수도 있다.

이에 비해 어린아이는 말문이 터질 때 읽지도 못하고 쓰지도 못하는데도 느닷없이 '내가 전생에 이런 이름으로 살았다'라고 하면서 그에 대한 온갖 정보를 쏟아낸다. 자신의 이름뿐만 아니라 당시의 부모나 친척의 이름, 또 그때 살던 집의 위치나 특징 등에 대해서도 상세하게 언급한다. 그러다 그가 지목한 전생의 가족을 만나면 그 가족만 아는 비밀을 발설한다. 그렇게 되면 전생 가족도 이 아이가 과거에 가족이었다는 사실을 인정하게 된다. 그런데 이런 가운데 재미있는 일이 생기기도 한다. 즉 현생 가족이 이 아이가 전생 가족네로 가버릴지 모른다고 걱정하는 경우가 있다는 것이다(그러나 실제로 간 사례는 보지 못했다). 더 재미있는 것은 이 아이의 현생 부모가 그를 모질게 야단치면 이 아이는 '전생 가족에게 가버릴테니 자기를 찾지 말라'는 식으로 위협하는 적도 있었다고 한다.

스티븐슨이 이 유형의 사례를 좋아하게 된 결정적인 요인은 이 아이들의 주장을 검증할 수 있다는 데에 있었다. 이 아이들은 2~4살 때 전생에 대해 발설한다고 했는데 스티븐슨은 그런 아이들 가운데 전생의 인격이 죽은 지 얼마 안 되고 전생의 가족이 멀리 떨어지지 않은 곳에 사는 아이들을 골랐다. 이런 조건이라면 스티븐슨이 이 아이의 주장에 따라 전생의 가족이나 지인들을 만나 그 주장이 참인지 검증할 수 있기 때문이었다. 그렇게 해서 그 아이의 주장이 참(true)으로 판명나면 스티븐슨은 그것을 '해결된 사례(solved case)'라고 불렀다. 스티븐슨이 평생 모은 사례가 약 2,500개 정도라고 하는데 이 가운데 해결된 사례는 약 반 정도가 된다고 한다.

그는 이 기준에 따라 연구한 끝에 1966년에 자신이 조사한 사례를 모아 『Twenty Cases Suggestive of Reincarnation』이라는 책을 펴낸다. 이 책에는 인도와 스리랑카, 브라질, 알래스카, 레바논 등지에서 수집한 20개의 사례가 들어 있는데 재미있는 것은 제목에 '암시하는(suggestive)'이라는 단어가 들어 있는 것이다. 이것은 이 사례들이 인간이 환생한다는 사실을 증명하는 게 아니라 다만 암시한다는 것을 표현하기 위해 쓴 용어로 우리는 여기서 그의 학자적인 신중함을 엿볼 수 있다.

사실 그는 끝까지 '인간은 환생한다'라고 명확하게 주장하지 않았다. 자신의 연구는 인간이 환생하는 몇몇 사례를 보여준 것뿐이기 때문에 그것을 가지고 모든 인간이 환생한다고 생각하는 것은 무리가 있다는 식의 입장을 표명했다(그러나 속으로는 환생론을 굳게 믿었다고 보는 게 내 개인적인 생각이다). 그는 이 책을 필두로 해서 그 뒤에 약 40년을 이 주제만 가지고 연구를 지속했다. 이런 일이 가능하게 된 데에는 재정적인 후원이 있었기 때문이다. 스티븐슨의 연구가 차차 세상에 알려지자 이 연구를 좋게 생각하는 사람들이 나타나 그를 후원하게 된다. 그 가운데 체스터 칼슨(1906~1968)은 빼놓을 수 없는 후원자라고 하겠다. 아니 가장 중요하면서 훌륭한 후원자라는 표현이 더 적절할 것이다.

칼슨은 건식 복사기(일명 제록스 머신)를 처음으로 발명한 사람으로 알려져 있다. 처음으로 기계를 만든 사람답게 그는 많은 돈을 벌었는데 1960년대 후반에 100만 불이라는 엄청난 돈을 버지니아 대학에 기부했다. 그런데 이 돈은 스티븐슨의 연구에만 쓰이게 지정되었는데 지금으로 환산하면 그 가치가 얼마나 될지 가늠이 안 된다. 한국에서는 이럴 때 당시 쌀값과 현재 쌀값을 비교하여 환산하는데 미국에서는 어떤 식으로 환산하는지 알지 못한다. 어떻든 스티븐슨과 연구진은 이 돈으로 40년 동안 세계 방방곡곡을 돌아다니며 사례를 모으고 조사하고 분석하는 일을 하게 된다. 칼슨의 후원이 없었다면 우리는 아마 스티븐슨의 보석 같은 연구를 접할 수 없었을 것이다.

정식의 사례로 등재되는 과정은?

다음은 이 많은 사례들이 어떻게 모아졌고 그것이 어떤 기준으로 대학 연구소의 파일에 등재되는지 그 진행 과정을 살펴보자. 스티븐슨의 연구가 진행되는 과정을 보자는 것이다. 먼저 그가 다양한 사례를 접하는 과정부터 알아보자. 그는 우선 전 세계에 흩어져 있는 정보원(resource person)으로부터 사례를 보고받았다. 특히 연구하는 초기에는 모든 사례가 외국에서 보고되었기 때문에 그 나라에 있는 정보원에게 많이 의존했다.

그러면 이 정보원들은 이 사례들을 어떻게 알게 되었을까? 이 과정은 이렇게 진행되었다. 우선 그 지역 사회에 어떤 어린 아이가 자신의 전생을 발설하는 사건이 생긴다. 그러면 그 사건이 소문이 되어 지역 사회에 퍼져 나간다. 그러다가 그 사건이 지역 사람들에 의해 일차적인 검증을 받고 사실인 것처럼 포장되면 이번에는 지역 언론들이 관심을 갖기 시작한다. 따라서 이 소식은 지역 신문에 실리게 되고 지역 방송에도 나오게 된다. 이때 스티븐슨의 정보원이 이 소식을 접하게 되는데 자신이 판단해서 조사할 필요가 있다고 생각되면 그가 먼저 이 아이와 그의 가족을 방문한다. 그는 그 아이가 발설한 것을 일차적으로 수집해서 기록하고 관계되는 사람들의 목록과 그들이 증언한 것을 정리하여 스티븐슨에게 보낸다. 그러면 스티븐슨(그리고 연구진)은 그 자료를 가지고 나름대로 분석하고 검토해서 현지에 가서 심층 조사할 필요가 있는지를 결정한다. 그 결과 현지 조사로 결정이 나면 스티븐슨의 연구팀이 그제야 현지로 출발하는 것이다.

이 시점부터 스티븐슨의 연구가 시작되는데 그가 조사하는 방법이나 형식을 보면 그 까다로움이 혀를 차게 만든다. 너무도 치밀하게 조사하기 때문이다. 그는 물론 당사자의 증언을 중심으로 조사했지만 그와 더불어 이 사건에 관련된 모든 사람들의 증언도 수집했다. 이 인사에는 가족이나 친지는 당연히 들어가고 이웃 사람들도 포함된다. 본인 다음으로 비중 있게 다루어지는 사람들은 현생과 전생의 가족 구성원들이다. 이들이 언급한 것 가운데 당사자의 전생 고백과 관련된 것이 있으면 모두 기록했다. 그리고 이것들을 모아 도표로 만드는데 이 도표는 네 개의 기둥으로 되어 있다. 이 네 기둥은 문항(item)과 정보제공자(informants)와 검증자(verification)와 의견(comments)으로 구성되어 있는데 그 각각은 다음과 같이 전개된다.

우선 '문항' 칸에는 당사자가 자신의 전생에 대해 발설한 것을 적는다. 이것은 일차 자료로 가장 중요한 것이라고 할 수 있다. 이후의 조사는 모두 이것들이 사실이냐 아니냐를 판명하기 위해 하는 것이라고 할 수 있다. 그다음으로 '정보제공자' 칸에는 당사자가 말한 것을 누가 전했는가를 적는다. 이 정보제공자는 어린 당사자의 증언을 직접 들었던 사람들을 말한다.

그런데 누가 정보를 발설했다고 해서 그것을 진실로 받아들일 수는 없는 일이다. 그래서 그다음인 '검증자' 칸에서는 누가 그 정보의 내용을 확인하고 검증했는지를 적는다. 일차 자료를 검증하는 것이다. 적어도 이 정도로 검증해야 당사자의 주장을 사실로 볼 수 있다는 식으로 이해된다. 마지막으로 '의견' 칸에서는 당시 상황을 부연 설명한다거나 보충 설명을 적어 더 세세한 정보를 제공하고 있다. 이런 작업을 마친 다음 스티븐슨은 이 모든 사항들을 교차 검증해서 진실 여부를 가려낸다. 스티븐슨이 이렇게 분석하는 모습을 보면 법정에서 선 변호사의 모습을 연상케 한다. 변호사는 여러 진술을 짜서 맞추는 작업을 하는데 이것은 우리가 퍼즐 맞출 때 여러 조각을 하나하나 붙여서 전체 그림을 완성하는 것과 아주 흡사하다. 스티븐슨이 하는 작업이 바로 이와 같아서 변호사를 떠올려 본 것이다.

이런 식으로 검증하지만 앞에서 말한 것처럼 정식으로 스티븐슨의 파일에 등재되려면 다음과 같은 조건이 충족되어야 한다. 이것을 마침 스티븐슨의 제자인 짐 터커가 자신의 저서(『어떤 아이들의 전생 기억에 관하여』, 2015, p. 51)에 정리해 놓은 것이 있어 그것을 소개하려고 한다. 터커에 따르면 다음과 같은 여섯 가지 조건 가운데 적어도 두 개 이상의 현상이 나타나야 그것을 파일에 포함시킨다고 한다.

첫 번째 항목은 자신의 재탄생에 대한 예언이다. 이것은 당사자가 죽기 전에 '나는 어떤 부모 밑에 태어날 것'이라고 예언하는 경우이다. 이런 사례는 우리 주위에서는 찾기 힘든데 스티븐슨이 제시한 사례에는 분명히 나온다.

두 번째는 태몽으로 당사자가 다음 생에 엄마가 될 여성의 꿈에 나와 '나는 당신의 아이로 태어날 것이다, 혹은 태어나고 싶다'라는 식으로 말하는 것이다. 이 사례도 그리 흔하게 일어나는 것은 아니지만 첫 번째 경우보다는 더 자주 나타나는 것 같다.

세 번째는 전생과 관련된 것으로 보이는 모반(birth mark)이나 선천적 결함이 있어야 한다는 것이다. 전자는 태어난 아기의 몸에 전생에 입은 상처가 모반으로 흔적이 남아 있는 경우이다. 그리고 후자는 당사자가 선천적 결함을 가지고 태어났는데 그것이 전생에 입은 사고에서 기인하는 경우이다. 예를 들어 어떤 아이가 손가락이 절단된 채로 태어났는데 스티븐슨이 조사해 보니 이 아이가 전생에 손가락이 잘리는 사고를 당하면서 죽음을 맞이했다. 이 때문에 이 생에 결함, 즉 장애를 갖고 태어나게 된 것이다. 이 주제는 스티븐슨이 인생의 후반기에 집중한 분야인데 뒤에서 사례와 함께 다룰 것이다.

네 번째는 자신의 전생에 대해 발설한 주인공이 어린아이이어야 하고 적어도 한 사람 이상의 어른이 그 아이의 증언을 확인해 주어야 한다는 것이다. 주인공이 왜 어린아이이어야 하는가는 앞에서 상세하게 설명했다. 그런데 아이가 발설한 사실을 어른이 인정하는 것도 중요하다. 왜냐하면 아이가 나중에 자신이 말한 것을 기억하지 못하거나 왜곡할 수 있기 때문이다. 이 경우에 어른은 아이가 자신의 전생에 대해 말할 때 그것을 기록해 두면 가장 좋다.

다섯 번째는 당사자가 이전 생에 같이 살았던 인물이나 그가 지녔던 개성을 알아보는 것이다. 이 경우에 특히 이전 생의 인물을 알아보는 게 중요하다. 당사자가 이전 생의 가족이나 친지들을 만나게 되었을 때 누가 누구인지 알아본다면 그의 기억은 전생의 기억일 확률이 높다.

여섯 번째는 당사자가 그의 상황과 전혀 맞지 않는 이상한 행동을 하는 경우이다. 이 경우에 가장 대표적인 예는 말할 것도 없이 포비아 증상이다. 이 점에 대해서는 앞에서 이미 언급했다. 예를 들어, 어떤 어린아이의 경우인데 그는 아주 어렸기 때문에 트럭을 본 적이 없다. 그런데 트럭이라는 단어가 나오면 갑자기 경기를 일으키면서 공포에 휩싸였다. 그러다 마침 이 아이가 전생에 관해 실토하기 시작했는데 그 내용을 보니 그가 전생에 트럭에 치여 죽었다는 것이다. 스티븐슨은 이것을 가지고 이 아이의 공포증은 이 같은 전생의 사건에 비롯된 것이라고 추론했다.

이런 기준으로 전생을 기억한다는 아이들의 사례를 선별해서 스티븐슨은 약 2,500개의 사례를 모았다. 그리고 그중에 반이 검증된 것이라고 결론 내렸다고 했다. 그런데 이렇게 자신의 전생을 이야기하는 아이들이 평생을 그 이야기만 하는 것은 아니다. 일정한 나이가 되면 전생을 잊고 현생에 몰두하게 되는데 그 시기는 사람마다 다르다. 그러나 터커에 따르면 그 시기가 평균해서 대체로 6세 즈음이라고 한다. 그러니까 6세 이후부터는 서서히 전생의 기억을 잊고 현생에 '올인'한다는 것이다. 그리고 또 하나 주목해야 할 것은, 전생에 예기치 못한 사고로 죽은 사람일수록 전생을 기억하는 경향이 강하다는 것이다. 다시 말해 그냥 늙어서 자연사하는 경우보다 전생에 자동차 사고로 죽든지 아니면 피살되든지 하는 등의 사고로 죽은 사람들이 전생을 잘 기억한다는 것이다. 이것은 충분히 이해할 수 있는 게 그런 사고로 죽으면 그때 받은 충격이 커서 그들의 의식에 선명한 기억을 남기게 되기 때문이 아닐까 한다.

사례 1—전생을 기억하는 아이들

스티븐슨은 환생이라는 주제를 다양한 시각에서 연구했는데 그의 연구 과정은 대체로 두 개의 단계로 나눌 수 있다. 첫 번째 단계는 단순히 아이의 전생만 조사하는 단계다. 이에 대해서는 앞에서 충분히 이야기했으니 더 이상 언급하지 않아도 되겠다. 자신의 전생을 발설하는 아이가 나타났다는 보고가 있으면 그 아이에게 가서 현생과 전생의 가족들뿐만 아니라 관련된 이웃 사람들까지 조사해서 그의 말이 참인지 검증하는 것이다. 이에 대한 연구 결과는 다음의 두 책, 즉 앞에서 본 『Twenty Cases Suggestive of Reincarnation』과 『Children Who Remember Previous Lives: A Question of Reincarnation』(1987) 등에 실려 있는데 여기에 나온 사례를 살펴보자.

첫 번째 사례는 인도의 차타라는 도시에 사는 프라카슈(1951년 8월생)라는 아이의 사례다. 이 아이가 4살 반쯤 되었을 때 (1955년) 어느 날 밤 갑자기 길로 나가더니 '나는 (이곳이 아니라) 코시 칼란에 살았던 니르말(1950년 4월에 10세로 죽음)인데 집으로 가고 싶다(그 생의 아버지는 볼라나트라고 밝힘)'라고 외쳤다. 코시 칼란이라는 도시는 프라카슈가 사는 차타에서 10km 정도 떨어져 있다고 한다. 이것을 정리해 보면, 프라카슈라는 어린아이가 자신의 전생은 그가 태어나기 1년여 전에 죽은 니르말이고 그때 살던 곳은 현재 사는 곳에서 약 10km 떨어진 코시 칼란이라는 도시라고 주장한 것이다.

이 일이 있고 난 뒤에 프라카슈는 계속해서 전생의 집으로 데려가 달라고 보챘다. 프라카슈가 하도 징징대니까 그의 아버지는 프라카슈의 전생 기억을 없애려고 구타도 서슴지 않았다고 한다. 그래도 그의 주장이 계속되니 1956년에 그의 삼촌이 마지못해 그를 데리고 코시 칼란에 갔다. 그들은 먼저 전생의 아버지인 볼라나트의 가게에 갔는데 마침 문이 닫혀 있어 볼라나트는 만나지 못했다. 그러나 이 방문으로 볼라나트 쪽 사람들도 프라카슈의 존재를 알게 되었다. 그러나 그 뒤에 금방 두 가족이 만나는 일이 이루어졌던 것은 아니다. 두 가족이 재차 만난 것은 그로부터 5년이 지난 뒤의 일이었다. 볼라나트가 프라카슈가 사는 차타에 갈 일이 있어 메모라는 딸과 함께 그의 집을 들리게 되었는데 프라카슈는 첫눈에 볼라나트가 전생의 아버지라는 것을 알아차렸다. 그런데 메모에 대해서는 다른 자매와 혼동했는데 그것은 메모가 니르말이 죽은 다음에 태어났기 때문이라고 한다.

며칠 뒤에는 니르말의 엄마, 누나, 그리고 형제들이 프라카슈를 찾아 왔는데 그는 그들을 보고 뛸 듯이 기뻐하면서 자신을 코시 칼란으로 데려가 달라고 채근했다. 얼마 뒤에 프라카슈가 두 번째로 니르말의 집에 가게 되는데 전생에 살던 집 앞에 가더니 조금 주춤했다고 한다. 입구가 너무 많이 달라져 알아보지 못한 것이다. 그러나 그곳에서 그는 다른 형제나 고모, 이웃, 그리고 집의 여러 구석을 정확히 알아보았다고 한다. 이 사례는 대체로 이런 식으로 진행되었는데 스티븐슨은 프라카슈가 두 번째로 코시 칼란을 방문하고 3주 정도 지난 뒤에 인도로 가서 이 사례를 조사하기 시작했다. 이때 스티븐슨은 자신이 상대적으로 현장에 일찍 온 것을 다행으로 생각했다. 왜냐하면 이 사례는 때가 아직 많이 묻지 않았기 때문이다.

이렇게 보면 조사가 별문제 없이 이루어진 것 같지만 스티븐슨에 따르면 조사가 순조롭게 진행되는 경우는 별로 없다고 한다. 사실 현지인들의 입장에서 보면 느닷없이 한 번도 보지 못한 백인들이 몰려와 조사한다고 여기저기 들쑤시고 다니면 좋게 보일 리가 없지 않겠는가. 또 전생이 확실하게 밝혀지면 현생의 부모가 자기 자식을 전생의 부모에게 빼앗길지도 모른다는 두려움 때문에 조사를 막는 일도 있었다고 한다. 실제로 이 조사에서도 프라카슈의 부모가 그에게 전생에 대해 발설하는 것을 막아서 스티븐슨이 어려움을 많이 겪었던 모양이었다. 이것 말고도 다른 뒷이야기들이 많은데 번거로워 생략했다.

두 번째 사례는 조금 특이한 사례이다. 당사자의 국적이 바뀌면서 태어났기 때문이다. 이 사람은 스리랑카인으로 이름은 란지트인데 자신은 전생에 영국의 전투기 조종사였다고 주장했다. 란지트는 3살 반에서 4살쯤 되었을 때 엄마와 형제들에게 '당신들은 내 엄마나 내 형제가 아니다. 내 진짜 가족은 영국에 있다'라고 하면서 자신은 전생에 영국 군인이었다고 밝혔다. 그런데 정작 전생의 영어 이름이나 부모 이름은 기억하지 못한 반면 두 형제와 자매 이름은 기억했다고 한다. 그에게 '(이번 생에) 너는 왜 스리랑카의 부모 밑에 태어났느냐'라고 물으니 전생에 자신이 근무했던 영국 공군 부대가 이번 생에 태어난 집에서 멀지 않은 곳에 있었다고 한다. 그런데 그가 어디서 어떻게 죽었는가는 밝히지 않아 구체적인 사인은 모른다. 추정컨대 공중에서 비행기 타고 전투하다 죽은 것 아닌지 모르겠다.

그러면서 그는 또 전생에 자신은 지금처럼 불교도가 아니고 기독교도였다고 주장했다. 당시 교회에 갈 때 오토바이에 형제자매를 태우고 갔다는 말도 첨언했다. 그리고 엄마는 창백할 정도로 하얗다고 했는데 그것은 그녀가 백인일 터이니 당연한 것인데 스리랑카 사람과 비교해 보니 그녀의 피부가 더 하얗게 느껴졌을 것 같다. 게다가 그녀는 스리랑카 여인들이 입는 사리가 아니라 스커트와 재킷을 입었다고 한다. 또 자신의 집에 마차가 와서 얼음을 가져가기도 했다는데 이 발언도 심상치 않았다고 스티븐슨은 전하고 있다. 왜냐하면 스리랑카에는 얼음이나 마차가 없어서 어린 란지트가 이것들을 보았을 리가 없기 때문이었다. 스리랑카는 열대 지방에 속하니 얼음이 있을 리 없고 당시 란지트가 살던 마을은 깡촌이라 마차가 없었다고 한다. 이렇게 한 번도 보지 못한 것을 보았다고 하니 신기한 것이다.

어찌 됐든 란지트는 스리랑카 사람으로 살았는데 10대 때 학교에 다니다가 뜬금없이 학교는 그만 다니고 자동차 정비소에 가서 일을 하겠다고 했다. 그런데 이런 일은 서양에서는 쉽게 발견할 수 있지만 스리랑카에서는 절대로 일어나지 않는다고 한다. 이런 사정은 한국도 마찬가지다. 한국서도 자식이 학교 그만두고 정비소에 가서 이른바 '노가다' 일을 한다고 하면 어느 부모가 환영하겠는가? 그러나 다행히 란지트의 아버지는 좋은 아버지였던 모양이라 란지트의 소원대로 그를 정비소로 보냈다. 그런데 놀랍게도 그곳에서 란지트는 믿을 수 없이 빠른 속도로 자동차 정비 기술을 익혔다고 한다. 이 일에 대해 스티븐슨은 별 언급하지 않았지만 내 짐작에는 이번에도 전생의 습력이 작용한 것 같다. 즉 그가 전생에 전투기 조종사였던 만큼 엔진과 같은 기계에 대해 잘 알고 있었을 터이고 그것이 그대로 이번 생에 전달되어 자동차에 대해서도 빨리 터득한 것 아닌가 하고 추정해본다.

그러다 란지트가 18살이 되었을 때 그의 아버지가 그에게 영국에 가서 자동차 공학을 공부하면 어떻겠냐고 슬며시 권유했다. 그러자 그는 아버지와 상의도 하지 않고 그길로 영국행 배편을 예약했다. 그동안 속으로 너무나 영국에 가고 싶었는데 아버지가 제의하니 재빨리 행동에 옮긴 것이다. 그는 그렇게 영국에 갔는데 영국 생활을 아주 익숙해하고 편안하게 즐겼다고 한다. 런던 거리를 별 어려움 없이 돌아다녔다고 하는데 그렇다고 그가 전생에 살았던 도시나 집을 생각해낸 것은 아니었다. 스티븐슨의 책에는 란지트의 영국 생활에 대해 더 많은 설명이 있지만 그것을 다 소개할 필요는 없어 생략한다.

이번 사례는 앞의 것과 달리 검증할 수 있는 것은 아니다. 검증하려고 시도할 수는 있겠지만 쉬운 일은 아닐 것이다. 그런데 란지트의 설명을 들어 보면 그가 전생에 영국 사람이었을 개연성이 상당히 있다. 심증이 가는 것이다. 그렇다고 의문이 들지 않는 것은 아니다. 가장 크게 드는 의문은, 영국인으로 죽은 당사자가 왜 자신의 가족과 친구들이 있는 영국으로 돌아가지 않았느냐는 것이다. 이에 대해서는 란지트가 밝히지 않아 우리도 그 이유를 알 수 없다. 사실 스티븐슨의 사례에는 이런 경우가 꽤 있다. 특히 일본 병사가 동남아시아에 왔다가 죽었는데 일본으로 가서 환생하지 않고 죽은 곳 근처에 있는 가정에 태어나는 경우가 종종 있었다.

그 같은 예를 하나 들어보면, 미얀마의 어떤 쌍둥이 소녀는 주장하기를 자신들은 전생에 일본군 병사 형제였는데 1945년 4월에 이번 생 집에서 약 100m 떨어진 곳에서 영국군에 의해 살해되었다고 한다. 그런 다음 곧 인근의 집에서 쌍둥이로 태어났다고 하니 이들도 란지트처럼 국적을 달리하면서 태어난 것이다. 아마도 이 일본군 병사 형제는 죽어서 영혼으로 그곳에서 배회하다가 마침 근처에 사는 여인이 쌍둥이를 임신하자 그 몸을 택해 간 것 아닌지 모르겠다. 이 경우도 검증할 수 없지만 이와 비슷한 사례가 뒤에 또 나오니 그때 다시 보기로 하자.

사례 2—전생의 언어를 말하는 사람들

위의 연구를 할 때 스티븐슨은 또 다른 재미있는 현상에 대해 주목했다. 이것은 제노글로시(Xenoglossy)라 불리는 것으로 당사자가 한 번도 접해본 적이 없는 언어를 말하는 능력을 지칭한다. 마땅한 단어가 없어 번역하지 않고 그냥 제노글로시라고 부른다. 스티븐슨이 이 현상에 대해 관심을 갖게 된 것은 이 현상이 전생과 관계되기 때문이다.

제노글로시 현상은 대체로 이런 식으로 진행된다. 어떤 사람이 어느 날 갑자기 인격이 바뀌면서 그가 전혀 모르는 언어를 말하기 시작한다. 그런데 나중에 조사해 보니 그 언어는 이 사람이 전생에 쓰던 언어인 것으로 판명된다. 이 사건은 그렇게 당분간 진행되다 일정 기간이 지나면 원래 인격이 돌아오게 된다. 그런데 이 사람은 지난 수일 동안 자신이 무슨 일을 했는지 기억하지 못한다. 스티븐슨은 이 현상을 연구하고 『Xenoglossy: A Review and Report of A Case』(1974)와 『Unlearned Language: New Studies in Xenoglossy』(1984)와 같은 두 권의 책을 썼다. 이 주제는 스티븐슨의 주된 연구 대상은 아니지만 아주 흥미로운 예가 하나 있어 소개해야겠다. 이 사례에서는 여러 현상이 겹쳐서 일어나 더욱더 우리의 관심을 끈다.

이번 사례의 주인공은 '우타라 하더'라는 인도 여성이다. 그녀는 19세기에 '슈라다'라는 이름으로 살았던 직전생이 있었다. 그녀의 이야기는 특이한 것으로 가득했다. 우선 재미있는 것은 우타라가 태어나기 전에 그녀의 모친이 뱀에 의해 오른쪽 엄지발가락이 물리는 꿈을 반복해서 꾼 것이다. 그런데 나중에 우타라는 자신이 전생에 슈라다로 살았을 때 뱀에게 물려 죽었다고 실토했다. 그래서 그랬는지 우타라는 평생 뱀을 소스라치게 싫어했을 뿐만 아니라 강한 공포증을 갖고 있었다고 한다. 이 한 가지 사실만 가지고도 우리는 우타라가 전생에 슈라다로 살았다는 심증을 가질 수 있다. 이처럼 한 사물에 대해 설명할 수 없는 이상한 공포증을 갖는다는 것은 그 원인이 전생에 있을 확률이 높다.

그다음에 주시해야 할 것은 슈라다가 자신의 환생을 암시하는 꿈을 미래의 어머니에게 반복해서 꾸게 한 것이다. 우리는 앞에서 환생이 일어날 때 전생의 영혼이 현생의 어머니 꿈에 나타난다고 주장했다. 보통의 경우는 당사자의 영혼이 직접 꿈에 나타나 환생하고 싶다고 말하는데 우타라의 경우에는 자신의 모친이 뱀에게 물리는 꿈을 꾸게 한 것이 특이하다. 이것은 본인이 직접 알리기보다 상징적인 사건을 통해 자신의 탄생을 알린 것 아닌가 한다. 스티븐슨에 따르면 그가 검증한 약 1,200개의 사례 중에 22%가 다음 생에 어머니가 될 사람의 꿈에 나타나 자신의 탄생을 예고했다고 한다. 이런 것을 통해 우리는 지상에 태어나기를 원하는 영혼들이 나름대로 사전 계획을 세우고 지상에 있는 사람과 소통한다는 사실을 알 수 있다.

본론은 아직 시작되지 않았다. 우타라는 영어와 행정학에 석사학위가 있어 대학에서 강사 생활을 하고 있었다. 그렇게 살던 중 그녀는 병에 걸려 병원에 입원하게 되었다. 그런데 그 병원에서는 특이하게 요가 선생을 불러다 환자들에게 요가를 가르쳤다. 우타라도 이 모임에 참여했는데 이때 명상을 하다가 일이 터지고 말았다. 그녀의 인격이 갑자기 19세기에 벵골 지역에 살았던 슈라다로 바뀌어 벵골어를 지껄이기 시작한 것이다. 이것은 슈라다의 영혼이 우타라의 의식을 완전히 접수했기 때문에 가능한 일이었을 것이다. 물론 우타라는 벵골어를 전혀 몰랐다. 그녀가 이번 생에 쓰는 말은 마라티(Marathi)어인데 지역적으로 보면 벵골어를 쓰는 지역과 마라티어를 쓰는 지역이 많이 떨어져 있어 그녀가 벵골어를 접할 수 있는 기회는 전무했다고 한다. 그때 슈라다는 자신이 전생에 벵골에 살 때 주위에 있었던 친척들의 이름을 10~12개를 기억해 냈다고 하는데 이것은 검증할 수 없었다고 한다.

이 현상은 40여 일 동안 계속되었는데 당시 그 지역에는 벵골어를 아는 사람이 없어 통역가를 따로 불러서 그녀가 하는 말을 통역했다고 한다. 게다가 이렇게 나타난 슈라다는 자신이 19세기에 벵골에 살고 있다고 굳게 믿어 부엌에서 가스로 요리하는 방법을 전혀 몰랐다고 한다. 당시는 나무로만 불을 지폈기 때문에 가스레인지 쓰는 방법을 몰랐던 것이다. 더 가관인 것은 자신은 현생에 마라티어를 썼으면서도 마라티어 쓰는 사람을 경멸했다는 것이다. 당시의 인도 상황은 잘 알 수 없지만 우타라가 자신은 마라티어를 쓰면서 그 말을 쓰는 사람을 경멸했다는 게 웃긴다. 이것은 우타라가 현생 인격을 전혀 기억하지 못했다는 것을 말해준다. 또 재미있는 것은 언어 전문가들이 우타라가 하는 벵골어를 녹음해서 연구했다는 것이다. 왜냐하면 그녀가 쓰는 벵골어는 19세기 것이라 지금 것과 달랐기 때문이다. 백 년 전의 말을 직접 듣는 것은 아마 언어를 전문으로 연구하는 사람들에게는 매우 훌륭한 자료가 되었을 것이다.

물론 나중에 우타라의 인격이 돌아와 그녀는 다시 일상생활로 돌아갔지만 이 환생 사례는 좋은 사례 중의 하나로 손꼽힌다. 왜냐하면 앞에서 말한 것처럼 세 가지 요소, 즉 자신의 탄생을 미리 알린 꿈과 전생에서 영향받은 것 같은 공포증, 그리고 전생에 사용하던 언어를 구사한 사건이 동시에 발생했기 때문이다. 이 사례는 검증할 수 없다는 약점은 있지만 환생을 증명하는 세 요소가 동시에 등장한 드문 사례라고 하겠다. 그러나 의문이 생기지 않는 것은 아니다. 가령 전생의 인격인 슈라다의 인격은 어디에 있다가 갑자기 튀어나온 것일까 하는 의문이 그것이다. 다른 사례를 보면 전생을 기억하는 경우는 많지만 전생의 인격이 갑자기 나타나 현생의 인격을 밀어내는 경우는 아주 드물다. 이번 사례의 경우는 전생의 인격이 밖에서 온 건지 아니면 우타라의 무의식 속에 있다가 갑자기 그녀를 접수한 건지 알 수 없다. 이 이외에도 이 여인에게 왜 이런 일, 즉 전생의 인격이 현생의 인격을 당분간 바꿔치기하는 일이 발생했는지 그것도 궁금하다. 이에 대한 답도 알 수 없지만 이번 경우도 전생을 상정하지 않으면 설명이 안 되는 전형적인 예가 아닐까 한다.

이 부분의 설명을 끝내기 전에 또 하나 재미있는 사례가 있어 소개해 볼까 한다. 앞에서 잠깐 언급했지만 정신과 의사인 셈키우가 밝힌 것으로 전생의 인물과 현생의 인물이 그 외모가 비슷한 경우 말이다. 이것은 언뜻 생각하면 황당한 것이다. 왜냐하면 환생을 인정한다고 해도 전현생의 인물이 외모까지 비슷하다는 것은 너무 나간 주장처럼 보이기 때문이다. 우선 전생과 현생의 부모가 엄연히 다른데 어떻게 두 인격의 외모가 비슷할 수 있느냐는 반문이 가능할 것이다. 그런데 셈키우가 제시하는 전현생 인물의 사진을 보면 외모가 정말로 많이 닮은 것을 알 수 있다. 셈키우의 이러한 연구는 스티븐슨의 연구를 바탕으로 이루어진 것이다. 그런데 스티븐슨은 이 주제에 대해서 그렇게 깊게 연구하지는 않았다. 그래서 그런지 스티븐슨이 밝혀낸 사례가 그 자신의 책이 아니라 다른 사람이 쓴 책에 소개되고 있다. 그 책은 탐 슈로더(Tom Shroder)가 쓴 『Old Souls: The Scientific Evidence For Past Lives』(1999)인데 슈로더는 스티븐슨이 조사 나갈 때 동행한 기자였다. 이 책에 실려 있는 사례 하나를 소개할 터인데 이야기가 장황해서 간단하게만 보겠다.

하난 만수르는 1932년 레바논에서 태어나 20세에 결혼했는데 레일라라는 큰 딸이 있었다. 그녀는 심장 수술을 받기 위해 1972년 미국 버지니아주의 리치먼드로 갔는데 수술받다가 그만 죽고 만다. 그때 그녀는 마지막으로 큰 딸인 레일라의 이름을 부르며 죽었다고 한다. 죽을 때가 되니 큰 딸이 보고 싶었던 것인데 레일라는 먼 곳에 있어 엄마에게 오지 못했다. 그리고 하난은 건강이 악화되었을 때 남편에게 '나는 환생할 것이다'라고 말했다고 하는데 어떻게 자신이 다시 태어나리라는 것을 아는지는 그녀가 밝히지 않아 알 수 없다.

이렇게 세상을 뜬 그녀는 죽은 지 10일 만에 레바논에 다시 태어나 수잔 가넴이라는 이름을 얻게 된다. 그녀는 일찍부터 말을 했다고 하는데 첫 마디가 '안녕 레일라'였다고 한다. 이것은 전생에 죽을 때 딸이 너무 보고 싶어 마지막에 딸의 이름을 부른 것이 이번 생으로 연결된 것이리라. 그런가 하면 어린 그녀는 자주 전화기를 부여잡고 레일라를 불러댔다고 한다. 수잔의 부모는 이런 일이 반복되자 그녀에게 레일라가 누구냐고 물으니 수잔은 전생에 자신의 딸이었다고 답했다. 그뿐만 아니라 전생과 관계해서 자신의 전생 이름과 부모의 이름, 형제자매들의 이름, 그리고 남편의 이름 등 총 13개에 달하는 전생 가족의 이름을 발설했다고 한다.

그런가 하면 그녀가 서너 살밖에 되지 않았을 때 전생 가족의 전화번호를 휘갈겨 쓴 일이 있었는데 나중에 확인해 보니 끝의 두 숫자만 틀렸을 뿐 다른 번호는 다 맞았다고 한다. 이런 소문이 나면서 이 두 가족이 마침 연락되어 서로 만나게 되는데 수잔은 그때 전생의 남편이나 아들, 형제자매 등 가족들을 모두 알아보았다. 그런데 여기에 재미있는 일이 발생한다. 수잔의 전생 남편은 하난이 죽은 후 재혼했는데 수잔(전생엔 하나)이 전생에 낳았던 아들이 새엄마를 엄마라고 부르는 데에 분개했다는 것이다. 내 아들이 다른 여자 보고 어머니라고 하니 샘이 났던 모양이다.

 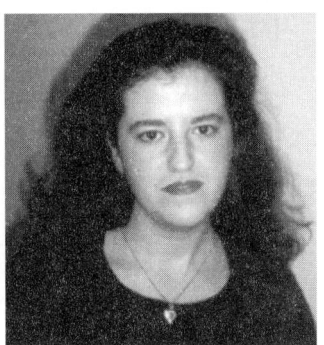

결혼식 날의 하난 만수르, 20세(1952년).   25세의 수잔 가넴(1998년)

그런데 여기서 우리가 주시해야 할 것은 하난과 수잔의 얼굴이 너무도 닮았다는 것이다. 지금 여기 있는 사진은 20세의 하난과 25세의 수잔인데 한눈에 봐도 두 사람이 매우 닮았다는 것을 알 수 있다. 만일 위의 사정을 전혀 모르는 사람에게 이 사진을 제시하면 분명히 두 사람이 같은 사람이라고 대답할 것이다. 스티븐슨은 이런 사례를 별로 제시하지 않았지만 셈키우의 저서를 보면 이런 사례가 수두룩하게 나온다. 그 사진들을 보면 전/현생의 얼굴이 닮은 사람들이 많은 것을 알 수 있는데 이 분야는 학계에서 그다지 환영받는 분야는 아니다. 그러나 매우 흥미로운 주제라 간단하게 소개해 보았다.

사례 3—모반과 선천적 결함

인생의 후반기에 들어가면서 스티븐슨은 연구를 더 심화시켜 이번에는 전생에 있었던 사고로 인해 생긴 상처가 후생의 몸에 흔적을 남긴다는 대담한 주장을 한다. 그러니까 만일 전생에 총을 맞고 죽거나 칼에 찔려 죽으면 다음 생의 몸에 그때 입은 상처에 모반(birth mark)이 생긴다는 것이다. 즉 그 부분에 반점 같은 것이 생긴다는 것이다.

그런가 하면 당사자가 만일 전생에 사고 등으로 몸이 훼손되면 다음 생에 몸의 그 부분이 훼손된 대로 태어나는 경우가 있다고 한다. 예를 들어 전생에 사고로 손가락이 잘렸다면 다음 생에 그 손가락에 장애가 있는 상태로 태어난다는 것이다. 선천적 결함이 생기는 것이다. 물론 전생의 사고가 항상 후생의 몸에 흔적을 남기는 것은 아니지만 몇몇 아이에게서 이런 증상이 나온다고 하니 이것은 연구해 볼만한 가치가 있었을 것으로 생각된다.

사실 위에서 말한 이야기들은 황당하기 그지없는 것들이다. 그러나 이런 일이 생기게 한 요인을 추정해 볼 수는 있겠다. 우선 드는 생각은 당사자가 총에 맞거나 칼에 찔려 죽는 사건이 발생했을 때 그 충격이 너무나 커 그때의 생각이 강한 에너지가 되어 그들의 영혼에 저장되었을 것 같다. 그래서 다음 생에서 새로운 몸을 받을 때 이 영혼과 새로운 몸이 서로 정보 교환하는 과정에서 전생의 사고에 대한 기억이 새로운 몸에 투사된 것 아닐까 하는 생각이다. 이에 대해 스티븐슨은 주의 집중이나 몰입이 강하게 일어날수록 다음 생의 몸에 흔적을 남기기 쉽다고 주장했다.

이렇게 죽은 아이들은 자연사한 사람들보다 전생의 사건을 더 잘 기억하는 것으로 보고되었다. 전생에 겪은 극적인 죽음에 대한 생각이 지워지지 않아 환생했을 때 그 기억이 잘 떠오르는 모양이다. 스티븐슨은 이런 사례를 좋아했다고 하는데 그 이유는 확실한 근거를 확보할 수 있었기 때문이었다. 스티븐슨은 그 같은 근거를 어떻게 확보할 수 있었을까? 자연사를 한 사람은 경찰에서 부검을 하지 않는 반면 사고사를 당한 사람은 그 사인을 정확하게 밝혀야 하기 때문에 경찰이 시신을 부검해서 보고서를 만들어서 보관한다. 이 부검 보고서가 정확한 근거가 되는 것이다. 독자들의 이해를 돕기 위해 사례 하나를 소개해 보자.

1955년 인도에서 태어난 하누만트의 경우인데 그는 세 살 무렵 자신이 전생에 산탄총을 맞고 죽은 마하라고 주장했다(죽은 해는 1954년). 그런데 신기하게도 하누만트의 엄마가 그를 임신하고 얼마 안 되어서 같은 마을에 살던 마하가 꿈에 나타나 자기가 그녀에게 태어날 것이라고 알려주었다고 한다. 이렇게 해서 태어난 하누만투는 가슴에 몇 개의 모반(흰 점)이 있었는데 그는 그것을 가리키면서 전생에 그곳에 총을 맞고 죽었다고 주장했다. 이 사례에 대해 들은 스티븐슨은 인도로 날아갔는데 마침 그의 동료인 인도 의사가 마하의 부검 보고서를 발견한 모양이다. 이 사건은 형사 사건이라 부검 보고서가 남아 있었던 것이다. 이 의사는 그 보고서를 보고 마하의 배에 남아 있는 총알 자국을 그림으로 그렸다. 스티븐슨이 접한 것은 이 그림이었는데 비교해 보니 하누만투의 가슴에 있는 모반과 이 그림에 그려져 있는 상흔의 위치가 대부분 일치하는 것으로 판명되었다.

이런 식으로 스티븐슨은 수많은 사례를 조사했는데 그 가운데 200여 개를 선별해 1997년에 『Reincarnation and Biology: A Contribution to the Etiology of Birthmarks and Birth Defects』(vol.1, 2)라는 두 권의 책에 싣는다. 그런데 이 책의 양이 장난이 아닌 게 두 권을 합해서 2천 페이지가 넘는다. 이 사례 중에 가장 전형적인 예는 1935년 터키에서 태어난 세밀의 경우인데 그의 머리를 그린 그림은 인터넷에서도 쉽게 찾아볼 수 있다. 그의 사례는 스티븐슨이 선정한 사례 가운데 가장 일반적인 것에 속한다고 할 수 있다. 전생에 입은 상처가 현생의 몸에 정확하게 나타났기 때문이다. 그는 먼 친척인 하익이 환생한 것으로 믿어졌는데 그의 스토리는 대강 이렇게 전개되었다(복잡해서 아주 간단하게 줄였다).

하익은 범죄자로 경찰에 쫓기다 총으로 자살했는데 총구를 턱에 대고 발가락으로 방아쇠를 당겨 죽었다고 한다. 이러한 사정은 세밀이 2살 경 말문이 터졌을 때 하익의 삶과 죽음에 대해 말하기 시작하면서 알려졌다. 세밀은 자신이 전생에 하익이라는 인물로 살았고 자살로 생을 마쳤다고 주장했다. 세밀은 잘 때에도 경찰과 싸우는 악몽에 시달렸다고 하는데 실제 생활에서는 군인이나 경찰에 대해 극도의 적대감을 나타냈다고 한다. 이것은 아마도 전생에 경찰과 엮였던 악연 때문이 아닌가 한다. 처음에 조사할 때 스티브슨은 세밀의 턱에서만 모반을 발견했다고 한다. 그러다 세밀의 다른 가족으로부터 하익을 죽인 총알이 머리 위를 뚫고 나가 그곳의 뼈가 들렸다는 정보를 입수했다. 이에 스티븐슨은 세밀에게 다시 물으니 그는 주저 없이 머리의 윗부분에 있는 모반을 보여주었다. 그곳에는 머리가 자라나지 않아 하얀 반점이 있었다. 이렇게 되면 전생의 총알이 꿰뚫고 지나가면서 정확하게 흔적을 남겼다고 할 수 있다. 그런 의미에서 이 사례는 '해결된 사례'라고 할 수 있을 것이다.

다음 사례는 선천적 결함(혹은 불구)에 대한 예이다. 테인은 1956년에 태어난 미얀마 여성이다. 그녀의 모친이 그녀를 임신했을 때 그녀의 부친 꿈에 마웅이라는 사람이 나타나 당신 가족으로 태어나고 싶다고 말했다고 한다. 부친은 마웅에 대해서 아무런 정보가 없어 그가 누구인지 전혀 몰랐다. 그런데 다음 날 알아보니 그 전날 마웅이 여러 명이 휘두른 칼에 의해 죽었다는 소식을 접하게 된다. 마웅의 시체를 본 사람이 전하길 마웅의 시신은 처참했다고 한다. 왜냐하면 양쪽 손의 손가락은 거의 다 잘려 나갔고 목은 간신히 붙어 있었다고 하니 말이다. 스티븐슨의 책에 사진으로 나와 있는 테인의 손을 보면 꼭 그런 처참한 모습이었다. 양쪽 손을 보면 엄지손가락을 제외하고 모든 손가락이 뭉뚝뭉뚝 잘려 있었으니 말이다.

테인은 다른 아이와 달리 5살이 되어서야 자신의 전생에 대해 발설하기 시작했다. 자신은 전생에 마웅이라고 불렸으며

3~4명의 괴한이 휘두르는 칼에 죽임을 당했다고 주장했다. 거기에서 더 나아가 그녀는 더 구체적인 이야기를 전했다. 당시 괴한들은 '다'라고 불리는 크고 긴 칼을 가져와서 마웅을 내리쳤는데 그가 그것을 손으로 막다가 손가락이 잘려 나갔다는 것이다. 그리고 그다음에는 그들이 마웅의 목을 내려쳐서 그는 죽임을 맞이할 수밖에 없게 되었다고 한다. 이 때문인지 몰라도 테인은 마웅이 죽은 장소에 대해 공포증을 갖고 있었고 실제로 그곳을 지나가면 심하게 몸을 떨었다고 한다. 스티븐슨은 그 외에 마웅이 테인의 전생 인격이라는 것을 방증할 만한 근거들을 더 제시했지만 이 정도만 보아도 그가 주장하고 싶은 바를 알 만하다. 마웅이 살해될 때 받은 상처가 테인으로 환생할 때 그녀의 육체에 흔적을 남겨 전생과 같은 모습으로 태어난 것이다. 그런데 영향이 매우 강렬했던지 테인의 손가락이 마웅의 손상된 손의 모습처럼 처참한 모습으로 되어 있었다. 이 정도의 일치를 보이니 이 사례도 '해결된 사례'로 분류됐을 것이다.

다음 사례는 앞에서 본 전생이 영국 조종사였던 사례와 비슷한 경우인데 재미있는 점이 있어 소개해본다. 주인공인 아웅은

1972년 생으로 미얀마 북부 출신인데 말문이 터지자 자신은 그곳에서 400km 떨어진 랑군에서 1945년에 죽은 일본 병사라고 주장했다. 제2차 세계대전에 참전했다가 죽은 것이다. 그에 따르면 당시 영국군이 진격해 오자 동료 4명과 함께 랑군에 있는 동물원으로 피신했다고 한다. 그런데 패색이 짙어 포로가 될 것 같자 그 일본군 5명은 목을 칼로 그어 자살하고 말았다. 이것은 일본군의 매뉴얼을 따른 결과일 것이다. 당시 일본 군대에서는 적군의 포로가 될 상황이 되면 주저 없이 천황폐하를 위해 자살하라는 명을 내렸다고 하니 말이다.

그런데 이 일본 병사(일본 이름은 알려지지 않음)는 죽어서 일본으로도 가지 않고 저승으로도 가지 않은 모양이다. 그곳에서 1972년까지 있었다고 하니 말이다. 이때 믿지 못할 일이 벌어진다. 즉 1972년에 이번 생에 아버지가 될 사람이 동물원에 오자 그는 무슨 생각이 들었는지 그를 따라갔다. 그 남자가 사는 곳은 400km나 떨어진 도시인데 이 일본 병사는 그리로 가서 그 남자 밑에서 태어났다. 이 두 사람이 도대체 어떤 인연으로 이번 생에 부자의 인연을 맺게 되었는지 궁금한데 스티븐슨이 이것까지는 말하지 않아 나도 알 수 없다. 그런데 아웅은 태어났을 때부터 목의 앞부분 전체에 폭이 1cm 정도 되는 상처의 흔적이 있었다고 한다. 당연히 스티븐슨은 이 흔적은 그가 일본군으로 죽을 때 목에 낸 상처에서 비롯되었을 것이라고 추정했다.

아웅은 일본과 관련해 발언을 많이 했는데 그에 따르면 전생의 일본 부모 가운데 부친은 죽었고 모친은 생존해 있었다고 한다. 그가 이런 정보를 어떻게 알았는지 모르겠는데 아마 영혼 상태로 있을 때 가서 보고 온 것 아닌가 한다. 그러면서 그의 일본 집은 잘살기 때문에 그곳에 가서 돈을 가져오겠다는 말도 서슴지 않았다고 한다. 그뿐만이 아니라 아웅은 행동거지가 일본인 같은 점이 많았다고 전해진다. 즉 앉는 자세도 일본인처럼 꿇어앉기를 좋아했고 음식도 미얀마 사람답지 않게 단 것을 좋아했다. 또 불상 앞에서 예불할 때도 미얀마식이 아닌 일본식으로 했다고 한다. 더 재미있는 것은 누가 일본에 대해 부정적인 발언을 하면 좋아하지 않았다고 하는데 이렇게까지 전생 습력이 남아 있는 게 신기하다. 이상이 대강 정리한 아웅의 사례인데 이번에도 의문이 많이 생기지만 이 자리는 그것을 살펴보는 자리가 아니니 그냥 넘어가기로 한다.

이제 마지막 사례를 보기로 하는데 이 예는 한 사람이 2대에 걸쳐 같은 가족 내에 환생하는 희귀한 사례라 소개해 본다. 1967년에 미얀마에서 태어난 미인트는 1살 반이 되었을 때 다음과 같은 자신의 전생을 발설했다. 자신의 직전 생은 1936년에 태어난 자신의 삼촌인 마웅(1967년 졸)이었고 또 그 전생은 1917년에 태어난 사촌 할아버지인 카우 킨(1934년 졸)이었다는 것이다. 카우 킨은 국수를 먹다가 죽었다고 하는데 마웅이 2살이었을 때 이 사실을 밝혔다. 그 외에도 마웅이 카우 킨에 대해 말한 것이 있는데 분량이 얼마 되지 않아 여기서는 직전 생의 인격인 마웅에 집중하려고 한다.

마웅은 성격이 아주 괄괄했던 모양이다. 그는 친구들과 술을 마시다가 싸움이 일어나 그만 죽고 말았다. 상대방이 대못 같은 무기로 그의 오른쪽 가슴을 찔러 사망에 이르게 한 것이다. 이 이야기를 듣고 스티븐슨은 랑군에 있는 병원에 가서 마웅의 사후 보고서를 찾았는데 발견하지 못했다고 한다. 그런데 미인트가 태어나기 일주일 전에 마웅이 미인트의 모친 꿈에 나타나 당신의 아이로 태어날 것이라고 고지했다고 한다. 그런데 미인트가 태어났을 때 전생에서 마웅이 찔린 자리에 모반이 발견되었는데 이상하게도 그곳에서 피가 났다고 한다. 다행히도 한 달 반 뒤에 피가 그치고 치유됐다고 하는데 전생에 입은 상처에서 피가 나는 일은 그리 흔한 일은 아니다. 미인트는 태어나서도 전생의 인격인 마웅의 그늘에서 못 벗어났는지 자신의 '이모할머니'를 전생의 촌수에 따라 엄마라고 부르는 한편 현생의 모친은 인정하지 않았다고 한다. 그뿐만이 아니라 자신의 전생에 대해 말하길 자기에게 처가 둘이 있었는데 자식은 없었고 또 자기가 어떻게 죽었는지에 대해 상세하게 설명했다.

재미있는 것은 어린 미인트가 어른 마웅의 일상 습관을 그대로 따라 했다는 것이다. 어린아이가 마웅이 그랬던 것처럼 뱀장어와 술을 좋아하고 담배를 피웠는데 담배도 마웅이 피던 회사의 담배만 피웠다고 한다. 스티븐슨이 이렇게 적고 있지만 이런 이야기는 참으로 받아들이기 힘들다. 아무리 전생의 영향이 강하다고 하더라도 어린아이가 전생 인격을 따라 술을 좋아하고 담배를 피울 수 있느냐는 것이다. 게다가 전생에 피우던 담배의 회사를 어떻게 알고 그 담배만 피웠다는 것인지 알 수 없는 노릇이다. 이에 비해 다음과 같은 현상은 외려 이해할 만하다. 미인트는 비뇨기 폐쇄라는 특이한 병에 걸려 붉은 소변을 보았다고 하는데 이것 역시 마웅이 전생에 앓던 병이었다고 한다. 전생의 병적인 결함이 이번 생에 그대로 이어진 것이다. 이것은 선천적 결함이 전생에서 유래했다고 보는 전형적인 사례라 하겠다.

그런데 이 사례가 정말로 재미있는 것은 전생에 마웅을 죽였던 살인자가 여전히 근처에 살고 있었다는 것이다. 어린 미인트는 전생에 자신을 죽은 살인자가 이웃에 살고 있다는 소식을 듣고 언젠가 보복하겠다는 강한 복수심을 표현했다고 한다. 그런데 이 살인자도 자기가 죽인 사람이 환생해서 이웃에 살고 있다는 소식을 들은 모양이다. 비록 어린아이이지만 그 살인자는 미안했던지 미인트에게 사과하고 용서를 구하기 위해 찾아왔다. 그러나 미인트는 용서할 수 없다고 하면서 그를 만나주지 않고 쫓아버렸다. 그런데 나중에 이 살인자가 싸우다가 죽었다는 소식이 들렸다. 이에 미인트는 '그래도 싸다'라는 태도를 보였다고 한다(그런데 사실은 이 살인자는 죽지 않고 병원에서 치료받고 살아났다고 한다).

이 사례가 특이한 것은 한 사람이 2대째 연속해서 같은 가족 내에 환생한 점도 있지만 자신의 전생 인격을 살해한 사람이 현생 인격의 옆에 있었다는 점이다. 그런데 그 살인자가 자신이 죽인 사람이 현생에 환생했다는 것을 수용하고 당사자에게 사과하러 오겠다는 것은 차라리 코미디에 가깝다. 이 동네는 삶과 죽음이나 전생과 현생의 경계선이 없이 모든 것이 혼재되어 있다는 느낌을 받는다.

이런 사례는 얼마든지 더 인용할 수 있다. 예를 들어 TV 프로그램에도 나와 유명해진 제임스 레이닝거 같은 사례는 내가 굳이 여기서 예로 들 필요가 없을 것이다. 이 아이는 전생에 제2차 세계대전 때 미군 전투기 조종사로 참전했다가 이오지마[유황도, 硫黃島] 전투에서 격추되어 죽었다고 하는데 이번 생에 그 기억이 되살아났다. 그래서 그 기억을 정리해서 추적해 보니 모두 사실로 드러났다. 이 이외에도 스티븐슨의 저서에는 사례가 넘치는데 어떤 것은 정말로 믿을 수 없어 다루지 않았다. 예를 들어 스티븐슨이 주장하길, 산모가 특정한 생각을 하면 그것이 태아의 몸에 투영되어 몸이 변형되어 태어난다고 한다. 예를 들어 산모가 다리가 불편한 사람을 보고 자신의 아기가 저렇게 태어나면 어떻게 하나 하고 걱정하면 아이가 실제로 그렇게 태어나는 경우가 있다는 것이다. 또 다른 경우인데 사람이 죽었을 때 그 시신에 표시를 해놓으면 다음 생의 몸에 그 흔적이 생긴다는 주장도 있다. 예를 들어 죽은 사람의 목 뒤쪽에 선을 그어 놓으면 다음 생에 태어난 몸에도 똑같은 선이 있다는 것인데 이런 것들은 도저히 믿을 수 없어 이번 설명에서 모두 제외했다.

이제 스티븐슨의 연구에 대한 설명을 마치려 하는데 한 가지 부연해 설명할 것이 있다. 스티븐슨은 인간이 환생한 것처럼 보이는 사례를 그렇게 많이 제시하고도 '인간은 환생한다'라고 명확하게 주장하지는 않았다. 대신 그가 제시한 여러 사례들은 다른 어떤 설명보다도 환생이라는 개념으로 설명하는 게 제일 낫다는 식으로 자신의 의견을 표명했다. 그러니까 환생이 유일한 설명이 아니라 제일 나은 설명이라는 것인데 이것은 매우 조심스러운 입장이라고 하겠다.

그는 또 자신이 제시한 수백수천 개의 사례는 전체 인류를 대표하기에는 너무 적은 수이기 때문에 그것을 가지고 인간은 환생한다고 주장하기에는 보편성이 부족하다고 설파했다. 이런 것을 통해 보면 스티븐슨이 얼마나 꼼꼼하고 빈틈없는 학자인지 알 수 있다. 인간의 환생과 같은 개념은 수학 공식이나 과학 공식처럼 깨끗하게 증명할 수 있는 것이 아니기에 강력하게 주장하지 않은 것이다. 그러나 짐작하건대 스티븐슨은 마음속으로는 인간이 환생한다는 사실을 철석같이 믿고 있었을 것이다. 심증으로는 인간이 환생한다는 사실을 의심하지 않았다는 것이다. 그런 생각이 없었다면 이 주제에 대한 연구를 40년 이상 지속할 수 없었을 것이다. 그가 이 주제를 가지고 평생 매달렸다는 것은 인간의 환생을 빼도 박도 못하는 진리라는 것을 확신했기 때문이었을 것이다.

책을 마치며

우리는 지금까지 사후생(그리고 영혼)이 존재한다는 근거를 대기 위해 여러 학자들이 애써서 연구한 결과를 검토해 보았다. 사실 여기서 본 것 외에도 다른 근거가 적지 않게 있다. 예를 들어 서문에서 밝힌 것처럼 세계 종교나 신비가들이 주장한 것이 그것인데 이 책에서는 모두 생략했다. 이유는 간단하다. 종교학을 전공한 나는 이런 주장들에 매우 익숙하고 그 내용을 잘 알기 때문에 그 주장이 참이라는 것을 믿어 의심치 않지만 그렇지 않은 일반 독자들에게는 그 내용을 받아들이기가 다소 부담스러울 수 있기 때문이다. 그렇지 않겠는가? 스베덴보리가 주장한 것처럼 자신이 탈혼하여 천사를 대동하고 천계와 하계라 불리는 영계를 내 집처럼 드나들었다는 이야기는 과학 교육을 받은 현대인들에게는 전혀 와닿지 않는 이야기일 것이다.

그에 비해 이 책에서 제시하는 사후생 존재의 근거 다섯 가지는 모두 학자들이 연구한 것들이라 일단 믿음이 간다. 게다가 이 학자들의 면면을 보면 그렇고 그런 학자가 아니라 사계에서 인정받는 사람들이다. 그런 학자인지라 그들의 연구 태도도 매우 성실하고 과학적이다. 그리고 객관적인 태도를 잃어버리지 않으려고 노력하는 모습도 역력해서 매우 믿음직스럽다. 그런데 여기서 내가 환기하고 싶은 게 있다. 이들이 주장하는 것은 사후생이 존재한다는 근거를 제시한 것이지 증명한 것은 아니라는 것이다.

근거(evidence)와 증거(proof)는 그 의미에 약간의 차이가 있다. '근거'는 어떤 일이 가능할 수 있다는 개연성을 보여주는 것인 반면 '증거'는 어떤 일이 어떠한 조건에서도 무조건 참이라는 것을 보여주는 것이라 할 수 있다. 예를 들어 삼각형 내각의 합이 180도라는 것은 증명할 수 있으니 참이라고 할 수 있다. 이 명제는 어떤 조건에서도 바뀌지 않는다. 이에 비해 사후에 우리의 의식이 존속한다는 것은 이 같은 식으로 증명할 수 있는 사안이 아니다. 대신 많은 근거를 제시해서 그 명제가 참일 수 있다고 많은 사람들의 이해를 구할 수 있을 뿐이다. 그래서 이에 동의하는 사람에게는 이 명제가 참이 되는 반면 그 근거를 수용하지 못하겠다는 사람에게는 그 명제가 참이 되지 못한다. 부연 설명하면, 아마도 우리 주위에는 삼각형의 내각의 합이 180도라는 것을 부정하려는 사람은 없을 것이다. 그것은 앞에서 말한 것처럼 '참'으로 증명되었기 때문이다. 그러나 사후생이 존재한다는 것은 과학적으로 '증명'된 것이 아니기 때문에 얼마든지 부정당할 수 있다.

그러나 이 책에서 제시한 내용을 보면 사후생을 부정하는 일은 쉽지 않을 것이다. 내가 보기에 인류 역사에서 사후생을 이렇게 많이 연구하고 사후생의 존재를 객관적으로 혹은 학술적으로 긍정한 시기는 우리 시대밖에 없었다. 이 일은 인류가 20세기 중반에 들어오면서 이룩한 결과이다. 인류의 머리가 개명되면서 학문의 수준이 높아져 이런 멋진 연구를 한 것이다. 따라서 이 시대를 사는 우리들은 이런 연구 결과를 가능한 한 많이 흡수해서 내 것으로 만들어야 한다. 그렇게 하지 않는다면 현세를 사는 의미가 퇴색된다. 세계가 개명해 영적으로 높은 진리를 선뜻 알려주는데 그것을 외면한다면 가장 손해 보는 것은 우리일 수밖에 없다.

우리는 이처럼 세계의 석학들이 연구한 것을 토대로 삶을 재조명해야 한다. 사후생의 존재를 받아들인다면 자신이 삶을 어떻게 바꿀지에 대해 진지하게 생각해야 한다는 것이다. 본문에서 말했지만 한 생만 인정하는 타조 같은 시각에서 벗어나 현생과 사후생을 동시에 인정하는 독수리 같은 차원 높은 가치관을 받아들인다면 내 생활에 많은 변화가 있지 않겠는가?.

부록

　다음은 2025년 4월 19일에 한국죽음학회(회장 최준식)와 옥스퍼드 휴먼즈 코리아(대표 지영해)가 공동으로 발표한 "인간의식의 사후존속에 관한 서울 선언" 전문이다. 양 단체는 인간의 의식(영혼)이 죽음 이후에도 존속한다는 것을 밝히기 위해 장기간에 걸쳐 온라인과 오프라인으로 세미나를 진행했다. 세미나가 끝나갈 무렵 우리는 이 결과를 세상에 알리자는 데에 의견이 모아져 가장 효과적인 방법으로 선언문을 만들기로 합의했다. 이에 우리는 선언문 초안을 만들고 수차례 수정하면서 아래와 같은 선언문을 만들었다.

　선언문을 만든 뒤 우리는 우리와 뜻을 같이하는 사람들의 서명을 받았는데 세계적으로 유명한 연구자들도 기꺼이 동참했다. 그 가운데에는 한국에도 잘 알려진 이븐 알렉산더(전 하버드대 신경외과 교수)와 핌 밤 롬멜(전 아넴 레인스타트 병원 심장외과 교수)와 칼 베커(교토대학교 의과대학 교수)와 로와 윌리엄즈(영국 제104대 캔터베리 대주교) 등이 포함되어 있다. 우리는 앞으로 이 선언문을 업그레이드할 예정이며 서명자도 계속해서 늘릴 생각이다.

인간 의식의 사후 존속에 관한 서울 선언 (2025)

배경

1. 이 선언문의 작성자들은 다년간 인간 의식의 사후(死後) 존속(存續) 문제에 대해 관심을 갖고 연구해 왔다.

2. 그 결과 인간의 의식은 대뇌에서 이루어지는 뇌신경생리학적 과정에 영향을 받지만, 그 기원과 존재 자체는 독립적으로 존재한다는 데에 의견을 모았다.

3. 2024년 12월 21일, 우리는 상기 주제를 심도 있게 논의하는 모임을 갖고 인간 의식의 사후 존속과 이에 대한 지식이 실제 삶에 미치는 영향이 매우 크다는 점에 깊이 공감하였다. 이 연구와 논의의 결과를 공적인 선언문으로 명문화하고, 이를 통해 더 긍정적인 사회 변혁을 위해 함께 나아가기로 뜻을 모았다.

주장

4. 현대인의 생명과 죽음에 대한 이해는 환원주의적 유물론에 뿌리를 두고 있다. 이에 따르면, 인간의 의식은 단순히 뇌신경 회로망에서 일어나는 생리화학적 과정의 부산물에 불과해 육체적 죽음과 함께 완전히 소멸된다고 보는 견해가 주류를 형성해 왔다

5. 지난 세기 동안 유물론과 과학주의가 지배적인 사상적 흐름으로 자리 잡으면서, 생명과 의식을 순전히 물질적 현상으로 환원해 이해하려는 경향이 강화되었다. 그러나 지난 2,500여 년 동안 기독교, 불교, 힌두교, 이슬람교를 비롯한 동서양의 주요 종교들은, 인간의 의식이 단순한 물질적 산물이 아니라 우주, 하늘(天), 신 등으로 표현되어 온 초월적 존재로부터 기원하며, 육체와는 독립적으로 존재한다고 가르쳐 왔다. 이러한 가르침은 수천 년에 걸쳐 수많은 종교 지도자와 영적 수행자, 그리고 일반인들이 경험해 온 육체와 의식의 분리에 대한 방대한 증언들로도 뒷받침된다. 이는 곧 의식의 독립성이 단순히 종교적 교리에 기초한 형이상학적 주장에 그치지 않고, 역사적으로 축적된 거

대한 경험적 데이터, 즉 일종의 빅데이터(Big Data)로 지지되는 사실임을 시사한다.

6. 의식의 사후 존속에 대한 우리의 이해는 서양의 선구적 연구자들에게도 적지 않은 빚을 지고 있다. 이미 19세기에 프레드릭 마이어스(Frederic W. H. Myers)나 윌리엄 배릿(William Barrett) 같은 학자들은 영매 통신, 근사 체험, 사후 통신, 텔레파시, 원격 투시 등 다양한 사례를 연구하여 죽은 자의 의식과 소통할 수 있음을 시사했다. 이어 20세기에는 이안 스티븐슨(Ian Stevenson), 피터 펜윅(Peter Fenwick) 등 영미권 연구자들이 이러한 연구를 확장하여 이른바 의식의 비국소성(非局所性, nonlocality), 즉 인간 의식이 뇌 기능에만 국한되지 않는다는 견해를 꾸준히 피력해 왔다.

7. 이러한 학문적 배경에서 우리는 2015년, 미국 애리조나주 투손(Tucson)에서 서구 실증 연구자들이 발표한 "의식의 비국소성을 반영하는 통합적 근거중심의 말기돌봄을 위한 선언(Declaration for Integrative, Evidence-Based, End-of-

Life Care that Incorporates Nonlocal Consciousness)"을 전폭적으로 지지한다. 이들은 (1) 근사 체험, (2) 사후 통신, (3) 임종 시 영적 경험, (4) 영매를 통한 죽은 자와의 교신, (5) 어린이들의 전생 기억을 포함하는 환생 사례 등 다섯 가지 분야를 탐구하여 육체적 죽음 이후에도 의식이 지속될 가능성을 실증적으로 제시했다. 또한 이를 통해 공공선을 증진하는 부분에도 깊은 관심을 표했는데, 특히 의료 현장의 말기 돌봄에 적용할 것을 강력히 촉구했다.

8. 의식의 사후 존속은 과학적 방법에만 의존해서 확인된 것이 아니다. 우리는 일반인의 종교적·영적 체험을 폭넓게 분석해 온 여러 인문학자들 역시 이 현상을 다양한 시각에서 인정하고 있음을 확인했다. 더불어 말기 환자들을 돌보는 임상 현장에서도 국내외 의료진들이 임종 시 의식의 존속을 시사하는 특이한 경험을 꾸준히 보고하고 있다. 이처럼 의식의 사후 존속은 과학적 실증 연구와 더불어 인문학적 고찰, 그리고 의료 현장에서의 체험이 꾸준히 축적되어 동서양을 막론하고 인류가 보편적으로 공유하는 경험으로 확인되고 있다.

적용

9. 우리는 인간 의식의 사후 존속을 뒷받침하는 폭넓은 연구 결과와 고찰을 이 지식이 가장 시급하게 요구되는 두 가지 핵심 분야부터 적용할 것을 제안한다.

10. 첫째, 의료 현장의 생애 말기 돌봄 영역이다. 의식의 사후 존속에 대한 지식 공유는 임종을 앞둔 환자들이 막연하게 갖고 있는 죽음에 대한 두려움을 덜어내고, 좀 더 차분하게 죽음을 준비하도록 도움을 줄 수 있다. 이는 자신의 죽음을 '당하는 죽음'이 아닌 '맞이하는 죽음'으로 바라볼 수 있게 함으로써, 환자들에게 심리적인 안정감을 줄 뿐 아니라, 유족들에게도 '재회'에 대한 희망을 제공하여 애도 과정을 이겨내는 데 기여할 수 있다. 또한 환자의 죽음을 자주 경험하는 의료진이 성숙한 사생관을 확립하도록 돕고, 심리적 외상을 덜 받게 하며, 생애 말기 돌봄 현장에서 더 나은 의료 결정을 내릴 수 있도록 인도할 것이다. 이는 한국 사회에 만연한 과도한 연명 치료를 줄이고, 암울한 죽음 문화를 극복하는 데에도 중요한 역할을 할 것으로 기대된다.

11. 둘째, 청소년 교육 영역이다. 생명 경시 풍조와 높은 자살률은 상당 부분 어린 시절부터 형성된 왜곡된 사생관에 뿌리를 두고 있다고 할 수 있다. 이러한 잘못된 사생관을 바로잡기 위해서는 청소년 시기부터 죽음에 대한 올바른 인식을 심어주는 교육이 필요하다. 따라서 사후에도 인간의 의식이 존속한다는 내용을 청소년 교육과정에 포함할 것을 제안한다. 이러한 교육을 효과적이고 안전하게 실시하기 위해서는 아동 심리 및 교육 전문가들이 참여하는 교과과정 개발 위원회를 구성하고 기존 교육 내용을 보완해야 할 것이다.

결론

12. 현대 사회에 만연한 '죽으면 모든 것이 끝'이라는 피상적인 죽음의 이해는 깊은 실존적 불안과 고통을 야기한다. 이는 개인 차원에서는 분노와 절망을 일으키고, 사회 차원에서는 천박한 경쟁을 부추기며, 문명 차원에서는 과소비와 전쟁으로 이어진다. 이러한 현실 속에서 죽음에 대한 새로운 이해는 개인과 공동체 모두가 한층 더 성숙하고 지속 가능한 방식으로 삶과 문명을 영위할 수 있는

계기를 마련해 줄 것이다.

13. 사후 의식의 존속에 관한 우리의 지식은 아직 제한적이므로 이에 대한 심도 있는 연구가 지속적으로 이루어져야 한다. 이를 위해 연구와 실천을 꾸준히 이어갈 수 있는 심적·물질적 지원 체계의 구축이 시급하다. 동시에, 이 지식을 우리의 삶과 교육에 다각도로 적용할 수 있는 프로그램도 적극적으로 개발해야 한다. 이러한 실천적 노력을 토대로 행복한 미래 세대를 키워 내고, 새로운 한국 사회를 열어 갈 수 있도록 함께 나아갈 것을 촉구한다.

2025년 4월 19일

선언문 대표작성자
최준식 PhD (한국죽음학회 회장)
지영해 DPhil (옥스퍼드 휴먼즈 코리아 집행부장)
조명진 MD (옥스퍼드 휴먼즈 코리아 연구부장)

(영문판)

THE SEOUL DECLARATION ON THE POSTMORTEM CONTINUITY OF HUMAN CONSCIOUSNESS (2025)

Background

1. The authors of this Declaration have, for many years, maintained a research interest in the question of whether human consciousness persists after death.

2. In consequence, we have reached a shared conclusion that, while human consciousness is indeed influenced by neurophysiological processes in the brain, its origin and very existence are, in fact, independent entities unto themselves.

3. On 21 December 2024, we convened a gathering for in-depth discussion of this subject, collectively affirming that the postmortem continuity of human consciousness, and the knowledge thereof, exert a profound influence on real life. As a culmination of this research and discussion, we have agreed to articulate our findings in a public declaration and to unite our efforts toward a more positive social transformation.

Claims

4. Modern society's predominant understanding of life and death has been rooted in reductionist materialism. According to this view, human consciousness is merely a by-product of biochemical processes within neural circuitry and is thus believed to vanish entirely upon physical death.

5. Throughout the past century, materialism and scientism have come to dominate intellectual discourse, intensifying the tendency to reduce both life and consciousness to purely material phenomena. However, for more than 2,500 years,

the major religious traditions of East and West—including Christianity, Buddhism, Hinduism, and Islam—have taught that human consciousness does not originate solely from material processes but instead from a transcendent entity variously described as the Universe, Heaven, or God. They have further asserted that consciousness exists independently of the physical body. These teachings are substantiated by copious testimony, accumulated over millennia from religious leaders, spiritual practitioners, and ordinary individuals alike, attesting to the "separation of the body and consciousness." This extensive body of evidence indicates that the independence of consciousness is not merely a metaphysical claim grounded in religious doctrine, but rather a fact supported by a vast historical trove of experiential data, a form of "Big Data," so to speak.

6. Our understanding of postmortem consciousness is also significantly indebted to the pioneering research by Western scholars. As early as the 19th century, researchers such as

Frederic W. H. Myers and William Barrett examined diverse phenomena - mediumistic communications, near-death experiences, after-death communications, telepathy, and remote viewing - to suggest the possibility of communicating with the deceased. In the 20th century, researchers in the English-speaking world, including Ian Stevenson and Peter Fenwick, expanded these studies, consistently advocating the concept of "nonlocality" of consciousness, namely, that human consciousness is not confined to brain function alone.

7. Against this scholarly background, we wholeheartedly endorse the "Declaration for Integrative, Evidence-Based, End-of-Life Care that Incorporates Nonlocal Consciousness" presented in 2015 in Tucson, Arizona, by Western empirical researchers. They examined five specific fields, i.e., (1) near-death experiences, (2) after-death communications, (3) spiritual experiences at the end of life, (4) mediumship-based contact with the deceased, and (5) reincarnation cases including past-life memories in children, to empirically propose that consciousness may continue after

physical death. Additionally, these researchers expressed a deep concern for the enhancement of the public good, most notably advocating the application of their findings to end-of-life care in clinical settings.

8. Confirmation of consciousness's persistence beyond death does not rely solely on scientific methods. We have also ascertained that numerous scholars in Humanities, who have conducted wide-ranging analyses of religious and spiritual experiences among the general public, acknowledge this phenomenon from various perspectives. Furthermore, clinicians in both domestic and international settings who work with terminally ill patients have consistently reported unusual experiences at the end of life that point to the continuity of consciousness. Thus, across both Eastern and Western contexts, the notion that human consciousness survives death has steadily been corroborated by empirical research, humanistic inquiry, and consistent observations in clinical practice, thereby confirming it as a universal human experience.

Applications

9. We propose that the broad body of research and critical reflection supporting the postmortem continuity of human consciousness be applied first and foremost to two key areas in which this knowledge is most urgently needed.

10. First, we recommend integrating these insights into end-of-life care in medical settings. Shared knowledge regarding the continuity of consciousness after death can help to ease the fears surrounding mortality that terminally ill patients often harbour, enabling them to approach death with greater composure. In shifting the concept of death from something that one merely "undergoes" to something that one can consciously "embrace," patients may gain psychological stability, while their families, inspired even by the prospect of eventual reunion, may find solace that eases the grieving process. Additionally, healthcare providers who frequently witness patient deaths may be guided to adopt a more mature perspective on life and death, suffer fewer psychological

traumas, and make improved clinical decisions in end-of-life care. Such an understanding could also play a pivotal role in reducing the overuse of life-sustaining treatments pervasive in Korean society, thereby helping to overcome the prevailing grim culture of death.

11. Second, we suggest the incorporation of this knowledge into youth education. A prevalent disregard for life and elevated suicide rates may in large part be traced to distorted perceptions of life and death formed early in life. Correcting these misconceptions about life and death requires instilling an appropriate understanding of mortality during childhood. Therefore, we propose including the concept of postmortem continuity of human consciousness in the youth education curriculum. To ensure the safe and effective implementation of such educational initiatives, it is imperative to form a curriculum development committee that includes experts in child psychology and education, and to improve existing educational content accordingly.

Conclusion

12. The superficial view of death, namely, "once you die, everything ends" that permeates modern society breeds profound existential anxiety and distress. On the individual level, it often manifests in anger and despair; on the societal level, it encourages crass competition; and at the level of civilization, it can precipitate overconsumption and warfare. Against this backdrop, a renewed understanding of death may provide both individuals and communities with an opportunity to sustain life and civilization in a more mature and enduring manner.

13. Our current knowledge regarding the continuity of consciousness after death is still limited, thereby necessitating ongoing, in-depth research. To this end, it is urgent to establish a robust support system, both psychological and material, that ensures the continuity of research and practice. Concurrently, we must actively develop programs that can integrate this knowledge into our lives and educational frameworks from

multiple angles. We urge collective action, grounded in these practical endeavours, to foster a happier future generation and usher in a new era for Korean society.

19 April 2025

Drafted by

CHOI Joon-sik, PhD (President, Korean Society for Death Studies)
CHI Young-hae, DPhil (Executive Director, Oxford Humans KOREA)
CHO Agnes Myongjin, MD (Director of Research, Oxford Humans KOREA)

**죽은 이후에도
삶은 계속된다**

지은이 | 최준식
펴낸이 | 최병식
펴낸날 | 2025년 11월 17일
펴낸곳 | 주류성출판사
주소 | 서울특별시 서초구 강남대로 435 주류성빌딩 15층
전화 | 02-3481-1024(대표전화)   팩스 | 02-3482-0656
홈페이지 | www.juluesung.co.kr

값 22,000원

잘못된 책은 교환해 드립니다.

ISBN 978-89-6246-564-8 03110